U0750351

罗碎海 ★ 著

聊聊数语

LIAO LIAO SHU YU

暨南大学出版社
JINAN UNIVERSITY PRESS

中国·广州

图书在版编目（CIP）数据

聊聊数语/罗碎海著 . —广州：暨南大学出版社，2021. 1（2021. 3 重印）
ISBN 978 - 7 - 5668 - 2950 - 4

Ⅰ . ①聊…　　Ⅱ . ①罗…　　Ⅲ . ①数学课—教学研究—中小学　　Ⅳ . ①G633. 602

中国版本图书馆 CIP 数据核字（2020）第 165281 号

聊聊数语
LIAO LIAO SHU YU
著　者：罗碎海

出 版 人：张晋升
责任编辑：周玉宏　黄　颖
责任校对：刘舜怡
责任印制：周一丹　郑玉婷

出版发行：暨南大学出版社（510630）
电　　话：总编室（8620）85221601
　　　　　营销部（8620）85225284　85228291　85228292　85226712
传　　真：（8620）85221583（办公室）　85223774（营销部）
网　　址：http：//www. jnupress. com
排　　版：广州市天河星辰文化发展部照排中心
印　　刷：佛山市浩文彩色印刷有限公司
开　　本：787mm×1092mm　1/16
印　　张：15. 25
字　　数：295 千
版　　次：2021 年 1 月第 1 版
印　　次：2021 年 3 月第 2 次
定　　价：49. 80 元

（暨大版图书如有印装质量问题，请与出版社总编室联系调换）

序　言

我在小学二年级时，曾对老师所教的加、减、乘、除有些疑惑．加、减、乘

的竖式运算是：$\begin{array}{r}36\\+25\end{array}$，$\begin{array}{r}36\\-25\end{array}$，$\begin{array}{r}36\\\times25\end{array}$，但除法为什么不是 $\begin{array}{r}36\\\div25\end{array}$ 这样写，而是写成

$25\overline{)36}$呢？这些写法是谁发明的？有没有别的写法？本书中的一些问题就是从那时开始思考的．

　　随着年龄增长，我思考的问题越来越多：数学是怎么来的？是从现实生活中来的吗？是发现的还是发明的？它又是怎样发展的？也许大家与我一样，从小就伴随着这些问题学习，但可能一直说不太清楚．

　　早期的数学是从人类经验认知中而来的，这点从两河流域苏美尔人的几何学、中国的勾股定理以及古希腊欧几里得（Euclid）几何学可以看出来．这时的数学是经验的工具化，属于经验公理化体系．作为思维工具，数学发展到后来，已经摆脱了来源于经验认知的束缚，人类可以将原有的观念内容（即数学概念）进行思维上的拓展，从而根据逻辑重新建立起新的数学体系，这时的数学体系已经不是源自经验认知了，而是建立在观念基础上的，属于观念公理化体系．观念理论无法证伪，但它是符合逻辑的．

　　近现代人看到数学方程通过条理清晰的内在逻辑、自身的美妙以及广泛应用的潜力，似乎完全能够反映真正的现实，认为数学是宇宙的永恒真理．有一些科学家支持这一观点，他们认为数学是宇宙真实性的基础，而非人类思维的工具．这种观点进一步认为，在数学上可以发生的任何事情都会在某个独立的宇宙中发生．科学的发展事实上也证明了这句话具有经验类认知的属性，因为几个世纪以来的发现已经提供了大量证据，表明数学有能力揭示世间万物不为人知的真相．正是在数学强有力的引领之下，科学才发生了一个又一个意义非凡的巨变．

　　数学自身获得发展的动力，超越直接实用的局限．数学是发明与发现的精妙融合．一般说来，概念是发明的产物，即便概念之间所有正确的关系在被发现之前就已经存在，人们依然需要选择研究哪些关系．这个发明指符号与概念；这个发现不是用眼睛发现，而主要是通过逻辑与运算得到．

　　数学概念的形成有两条途径：一条是客观现实的途径，这是指数学概念作为现实的摹写被提出，如自然数、点、线、体等；另一条是指数学概念之间相互作用的途径，这一类作用有运算、推理、结构等，由此产生的概念则有虚数、函数、向量、矩阵以及庞大的现代数学的许多概念. 数学概念之间相互作用具体化的一个方面就是形式逻辑的演变，另一个方面就是代数符号的演变. 我们对数学的感悟首先有这样两个体会（可叫作发现问题之思想），其一，逻辑的三段论（在数学上大前提只是假定）；其二，每一个代数形式的变化都意味着新的代数也可能有对应的几何内容. 明白数学的这种内在规律，并应用这种思想就可解决许多数学问题和发现更多数学问题.

　　例如，对排列数、组合数及二项式定理中的正整数 n，可以从代数形式上推广到任意数.

　　（1）对于排列数：$A_5^3 = 5 \times 4 \times 3 = 60$. 撇开实际意义，从形式上理解为 5 开头依次乘比前数少 1 的数，共 3 个数相乘.

　　（2）排列数的形式推广：$A_{-2}^3 = (-2)(-2-1)(-2-2) = -24$. 撇开实际意义，进入数学形式演变，$-2$ 开头依次乘比前数少 1 的数，共 3 个数相乘.

　　（3）组合数的形式推广：$C_{-2}^3 = \dfrac{A_{-2}^3}{A_3^3}$.

　　（4）二项式定理的形式推广：

$$(1+x)^{\frac{1}{2}} = 1 + C_{\frac{1}{2}}^1 x + C_{\frac{1}{2}}^2 x^2 + C_{\frac{1}{2}}^3 x^3 + C_{\frac{1}{2}}^4 x^4 + \cdots$$

$$= 1 + \frac{1}{2}x + \frac{\frac{1}{2} \cdot \left(\frac{1}{2}-1\right)}{2 \cdot 1}x^2 + \frac{\frac{1}{2} \cdot \left(\frac{1}{2}-1\right)\left(\frac{1}{2}-2\right)}{3 \cdot 2 \cdot 1}x^3 +$$

$$\frac{\frac{1}{2} \cdot \left(\frac{1}{2}-1\right)\left(\frac{1}{2}-2\right)\left(\frac{1}{2}-3\right)}{4 \cdot 3 \cdot 2 \cdot 1}x^4 + \cdots$$

$$= 1 + \frac{1}{2}x - \frac{1 \cdot 1}{2 \cdot 4}x^2 + \frac{1 \cdot 1 \cdot 3}{2 \cdot 4 \cdot 6}x^3 - \frac{1 \cdot 1 \cdot 3 \cdot 5}{2 \cdot 4 \cdot 6 \cdot 8}x^4 + \cdots$$

$$= 1 + \frac{1}{2}x - \frac{1}{8}x^2 + \frac{1}{16}x^3 - \frac{5}{128}x^4 + \cdots$$

　　（5）发现与泰勒公式完全一致，若令 $x = 1$，

则 $\sqrt{2} = 1 + \dfrac{1}{2} - \dfrac{1}{8} + \dfrac{1}{16} - \dfrac{5}{128} + \cdots$

这样便得到了计算 $\sqrt{2}$ 的公式，说明这种形式是很有价值的.

　　从本例我们可以看到，（1）是来自现实，为感性知识；（2）至（4）脱离了现实，来自数学形式演变，为理性知识；（5）为理性知识回到现实，使数学得到检

验．离开现实的数学思维知识，大家可能觉得毫无意义、毫无用处，最后它却发挥了作用．其实数学发展大多从无用开始，最后人们发现其结果与现实吻合，具有无用之大用．正像刚出生的婴儿是"无用"的，养大了才有用．这也是科学研究的基本思路与方法：经验（有用）—抽象理论（进入无用）—理论指导实际（大用）．英国学者乔瑟芬·李约瑟（Joseph Needham）在其编著的 15 卷《中国科学技术史》中提出："尽管中国古代对人类科技发展做出了很多重要贡献，但为什么科学和工业革命没有在近代的中国发生？"1976 年，美国经济学家肯尼思·艾瓦特·博尔丁（Kenneth Ewart Boulding）将其称为李约瑟难题．

其实，中西方文化的起源与发展就能回答李约瑟难题，因为科学精神出现在古希腊而不是中国．为什么？冯友兰在 19 世纪 20 年代写过一篇文章探讨这个问题，他说中国文化没有产生科学的主要原因不是中国人不聪明，而是就中国文化的价值观而言我们不需要科学，因此我们对科学既说不上喜欢也说不上厌恶，总而言之，跟我们没有关系．我们古代优秀的知识分子都在做其他事情，比如吟诗作赋，他们倾向于在审美、诗性的角度精雕细琢，所以没有走上科学发展的道路．

中国社会总的来讲是农耕社会，农耕社会的基本标志是定居，定居成了中国文化非常重要的结构性因素，影响了中国文化的基本特点．定居的结果就是周边全是熟人，所有人跟你都有关系，不是直接认识就是间接认识．因此，中国社会是熟人社会，熟人社会通过血缘构建文化，所以中国社会非常讲究血缘亲情．

血缘文化生成了特有的仁爱精神，儒家将之概括成"仁"，认为人的标志就是有情有义有爱，没有仁爱之心的人就是禽兽．儒家通过"礼"，把人教化成有仁爱之心的人，"以礼立人"，因此，以儒家为代表的中国文化本质上是"礼"的文化，不管是皇亲国戚还是贩夫走卒，所有人都要讲"礼"，礼文化弥漫在中国文化的各个环节之中．

中国的天文学，表面上看与西方科学非常相似，可实际上，中国的天文学只是礼学的一部分．它的目标是奠定皇权统治的合法性，以及规范每个老百姓的日常礼仪行为．所以，中国的天文学不是西方意义上的科学．

西方文化以两希文明为主体，希腊文明和希伯来文明一开始就是迁徙频繁的文化．希腊是海洋民族，重视贸易，因此迁徙成为常态．迁徙文化的特点是生人文化．生人文化怎么构建社会秩序呢？靠契约精神，通过契约构建社会秩序．契约文明要求每个人都是独立的个体，独立自主的个体被西方思想家抽象为两个字——自由，所以自由精神是西方文化的核心价值，这种核心价值是理解两希文明非常重要的关键词．希腊人认为要培养一个自由人，就要让他学习自由的科学．

科学从一开始就是自由的，是超功利的，是自我演绎的、证明的、推理的，是无用的．数学更是自由的，是超功利的，是自我演绎的、证明的、推理的，是无用的．只盯着有用，永远就是小用，经历自由发展的无用，才能发挥大用．这就是庄子的思想"无用之用，方为大用"．数学与科学是统一体，没有科学就没有数学的发展，没有数学的经验，科学的发展也会受到制约．

例如，我们知道的牛顿万有引力定律不是通过实验得出来的，是牛顿借用开普勒第三定律和自己的分析通过数学推导出来的．

开普勒第三定律也叫行星运动定律，指以绕太阳为焦点的椭圆轨道运行的所有行星，其运动轨迹的半长轴的立方与其运动周期的平方的比值为常量．

为简化推导，设行星运动轨迹为圆，其轨道半径为 r，周期为 T．相应地有：

$$\frac{r^3}{T^2} = K\ (\text{常量})$$

设太阳质量为 M，行星的质量为 m，行星的加速度为 a．则根据牛顿第二定律，行星作匀速圆周运动的线速度：$v = \frac{2\pi r}{T}$．

行星所受到的向心力（太阳对行星的吸引力）：

$$F = ma = m\,\frac{v^2}{r} = \frac{m}{r}\left(\frac{4\pi^2}{T^2}\right)r^2 = (4\pi^2)\cdot\frac{r^3}{T^2}\cdot\frac{m}{r^2} = (4\pi^2)\cdot K\cdot\frac{m}{r^2} = C_1\cdot\frac{m}{r^2}.$$

可见 F 正比于 m．于是牛顿想到，既然力的作用是相互的，那地球对太阳也有吸引力，则

$$F_2 = C_2\,\frac{M}{r^2}.$$

$$F = F_2,\ \ \frac{C_1}{M} = \frac{C_2}{m} = G,\ \ C_1 = GM,\ \ F = GM\cdot\frac{m}{r^2} = G\cdot\frac{M\cdot m}{r^2}.$$

比例系数 G 即为我们所熟知的万有引力常量．而 K 的大小与中心天体的质量有关．

伽利略是第一个站出来力挺"数学乃科学之语言"这一观点的人，而我们也接受了他的看法，并期望用数学的语言来解释实验结果，乃至预测新的现象．不管怎么说，数学的神通都令人瞠目．看看苏格兰物理学家麦克斯韦（Maxwell）那个著名的方程组吧．麦克斯韦方程组的 4 个方程，不仅囊括了 19 世纪 60 年代所有已知的电磁学知识，还预测了无线电波的存在，此后又过了差不多 20 年，德国物理学家赫兹（Hertz）才通过实验探测到电磁波．能够将如此海量的信息以极其简练、精准的方式表述出来的语言，可谓凤毛麟角．无怪乎爱因斯坦会发出这样的感叹："数学本是人类思维的产物，与实际经验无关，缘何却能与具有物理现实性的种种客体吻合得如此完美，令人叫绝呢？" 1960 年，诺贝尔奖得主、美国物理学家尤金·维格纳（Eugene Wigner）以"有用得说不通"来阐述

数学的伟大.

　　数学有时"不合理"，它通过两种截然不同的方式体现出来，其中一种可称为主动方式，另一种可称为被动方式. 有时，科学家会针对现实中的现象专门打造一些方法来进行定量研究. 例如，牛顿创立微积分学，就是为了了解运动与变化的规律，其方法就是把运动和变化的过程分解为一系列逐步演化的无穷小片断. 这类主动的发明自然非常有效率，因为它们都是针对需要定向打造的. 不过，它们在某些情况下所达到的精度更让人啧啧称奇.

　　还有更令人惊讶的事实. 有时，数学家在开创一个个完整的研究领域时，根本没想过它们会起怎样的作用. 然而过了几十年，甚至若干世纪后，物理学家才发现，正是这些数学分支能够圆满诠释他们的观测结果. 这类能体现数学"被动效力"的实例不可胜数. 比如，法国数学家埃瓦里斯特·伽罗华（Évariste Galois）在 19 世纪初期建立群论时，只是想要弄清高次代数方程可否用根式求解. 广义地说，群是一类由特定范围的若干元素（例如整数）组成的代数结构，它们能够进行特定的代数运算（例如加法），并满足若干具体的条件（其中一个条件是存在单位元，拿整数加群来说，单位元就是 0，它与任何整数相加，仍然得到这个整数本身）. 但在 20 世纪的物理学中，这个相当抽象的理论竟然衍生出了最有成效的基本粒子分类方法（基本粒子是物质的最小结构单元）. 20 世纪 60 年代，美国物理学家默里·盖尔曼（Murray Gell‒Mann）和以色列物理学家尤瓦尔·尼曼（Yuval Ne'eman）各自证明，一个名为 $SU(3)$ 的特殊的群反映了所谓强子这类亚原子粒子的某项特性，而正是群与基本粒子之间的这一联系，最终为描述原子核是如何结合的现代理论奠定了基础.

　　数学更神奇的地方反映在动植物身上. 对于蜂巢的构造，著名数学家华罗庚专门做了研究，蜂巢正六边形以及底对底的 109°28′ 的菱形，使其固定面积得到最大体积数学极值，不由得我们不发出由衷的赞叹. 同样，我小时候问父亲的问题"飞蛾为什么扑灯而不飞向明亮的月亮"，也能用数学来解释.

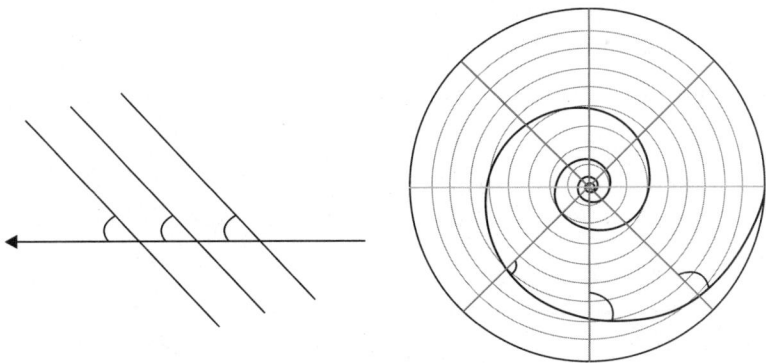

因为飞蛾在夜间飞行时，是依靠月光（相当于平行光线）来判定方向的.它总是使月光从一个方向投射到它的眼里（保持飞行路径与月光线夹角不变）.当它绕过障碍物转弯以后，只要再转一个弯，月光从原先的方向射来，它也就找到了方向.在没有月亮的时候，飞蛾看到灯光时，错误地认为这是"月光".于是，它就用这个假"月光"来辨别方向.可是，由于灯光离飞蛾很近，飞蛾为了使自己同光源保持着固定的角度，就会不停地绕着灯光打转.

扑灯飞蛾飞行的路径就是等角螺线，也称对数螺线或生长螺线，是在自然界常见的螺线.在极坐标系中，这个曲线可以写为：

$$r = ae^{b\theta} \text{或} \theta = \frac{1}{b}\ln\left(\frac{r}{a}\right)$$

每种生物身上都可发现与数学有关的问题，有些动物的超能力，目前还不能解释，也许说明数学还没发展到那一步.

是什么因素赋予了数学如此强大的解释能力与预测本领？毫无疑问，正因我们在使用数学方法时对题材进行了精心挑选，于是数学给我们留下了非常有效的印象.但如果本来就没有什么普遍存在的规律等着我们去发现，那数学就完全无用武之地了.为何会存在放之四海而皆准的自然法则？或者说，为何我们的宇宙被某些对称性以及局域性支配？只能说，在一个不存在上述特性的宇宙中，复杂性和生命或许永远也不会出现.

本书所写内容就是中小学所学的数学知识，只是从自然的发展、形式的演变、科学的理解角度，让人们感受到数学与人的思维、数学与生物、数学与科学是一个统一体，自然、简单、优美是数学的本性，是科学的追求.

罗碎海

2020 年 12 月 20 日

目　录

数学欣赏一例

"借腹生子"除法与"克隆"除法

纯数学这门科学，就它的现代发展而论，可以说是人类精神最独特的创造.

——A. N. 怀特海

在小学，学习数学四则运算，对于乘法总结了许多快速得出答案的方法，如计算 35×35，只需先给 3 乘比它大 1 的数 4，即 $3 \times 4 = 12$，然后在 12 后跟 25，即为答案 1 225. 但除法比较麻烦，它与加法、减法、乘法的竖式计算完全不同，如何改进除法或快速算除法可能是小学生当年思考得最多的问题. 本文介绍几种怪异的除法算法.

1. 化 $\frac{1}{7}$ 为小数的非正常方法

算术中有一道光芒四射、诡异万分的"借腹生子"的怪题. 众所周知，分数 $\frac{1}{n}$（n 是一个与 10 互质的自然数）是数学里的一个"怪胎". 例如最平常的 $\frac{1}{7}$，就可以产生一个六位循环小数，它们就像元宵节的走马灯，转来转去绕圈子.

怎样计算 $\frac{1}{7}$ 呢？当然是用 1 去除以 7，即 $\frac{1}{7} = 0.\dot{1}4285\dot{7}$. 就像夫妻结婚，生儿育女一样. 有没有其他办法，通过"非正常途径"来算出 $\frac{1}{7}$ 呢？有！

方法是：起先两步，仍执行普通除法，就是拿 1 除以 7，得到部分商 14 之后，出现余数 2；到了这个时候，下面就不用 7 而改用 5 去除 14，把此步所得到的商数 2 写在 14 的正下方，使 2 与 4 对齐，余数 4 与 14 的十位数 1 对齐；再下去，用 42 作被除数，除数仍为 5，如法炮制. 显然，这样的除法要比常规除法 $1 \div 7$ 快得多，直至"一曲告终"，出现循环为止. 详细步骤如下：

14·　　　走马灯数的产生

42·　　　使用"借腹生子"法

28·　　　$\dfrac{1}{7}=0.\dot{1}4285\dot{7}$

35·　　　合法母亲（正式除数）：7

07·　　　代理母亲（代理分母）：5

21·　　　出现循环，算到此结束

……

右边的数字 142857 出现.

2. 其他数的代理分母

$\dfrac{1}{7}$ 的代理分母是 5，我们可以找到别的数的代理分母.

$\dfrac{1}{19}$ 的代理分母是 2，验证如下：

先算 $\dfrac{1}{19}$ 的前两位小数 0.05，接下来用代理分母 2 仿以上 $\dfrac{1}{7}$ 的操作算出：

$$\dfrac{1}{19}=0.\dot{0}52\ 631\ 578\ 947\ 368\ 42\dot{1}$$

在 $\dfrac{2}{13}$ 中代理分母是 4，先算出 0.15，接下来用代理分母 4 除 15，仿以上 $\dfrac{1}{7}$ 的操作算出 $\dfrac{2}{13}=0.\dot{1}5384\dot{6}$. 在 $\dfrac{1}{39}$ 中代理分母是 4，只不过需先算出 $\dfrac{1}{39}$ 的前三位小数 0.025，接下来用代理分母 4 除 25，仿以上 $\dfrac{1}{7}$ 的操作算出 $\dfrac{1}{39}=0.0\dot{2}564\dot{1}$. 在 $\dfrac{1}{29}$ 中代理分母是 3，只不过需先算出 $\dfrac{1}{29}$ 的前五位小数 0.034 48，接下来用代理分母 3 去除 8. 在 $\dfrac{1}{23}$ 中代理分母是 7，只不过需先算出 $\dfrac{1}{23}$ 的前九位小数 0.043 478 260，接下来用代理分母 7 去除 60. 再仿以上 $\dfrac{1}{7}$ 的操作算出：

$$\dfrac{1}{29}=0.\dot{0}34\ 482\ 758\ 620\ 689\ 655\ 172\ 413\ 793\ \dot{1}$$

$$\dfrac{1}{23}=0.\dot{0}43\ 478\ 260\ 869\ 565\ 217\ 391\ \dot{3}$$

正常分母与代理分母之间有何关系？代理分母从哪一位开始执行？本质的规律到底是什么？

3. "克隆"除法

时代在发展，社会在进步，过去的"遗传"问题发展成当代的"借腹生子"，而今天"克隆"技术已发展，我们的除法能否像绵羊自身"生出"新绵羊一样，由商来决定商呢？这种技术在数学上早已存在，我们姑且叫它"克隆"除法吧！

为了看清这种新除法，我们以 $\frac{1}{19}$ 为例进行计算（表 1 中第三列）. $\frac{1}{19}$ 的"克隆"除法的操作步骤是：先用 0.1 除以 2，商 0.05，余 0；这时将最后的商数 5 复制放到余数 0 之后为 05，再用 05 除以 2，商 2 余 1；再将商数 2 复制放到余数 1 后为 12，继续除以 2，一直除下去到循环为止.

表 1

传统除法	"借腹生子"除法	"克隆"除法
0.0526315789	0.05	0.05263157894
$19)\overline{1.0000000000}$	12	$2)\overline{0.10000000000}$
95	06	10
$\overline{50}$	03	$\overline{05}$
38	11	4
$\overline{120}$	15	$\overline{12}$
114	17	12
$\overline{60}$	18	$\overline{06}$
57	09	6
$\overline{30}$	14	$\overline{03}$
19	07	2
$\overline{110}$	13	$\overline{11}$
95	16	10
$\overline{150}$	08	$\overline{15}$
133	04	14
$\overline{170}$	02	$\overline{17}$
152	01	16
$\overline{180}$	10	$\vdots$
171	05	
$\overline{9}$	出现循环	
$\vdots$		

"克隆"除法即带有时间延迟，把商数作为"遗传因子"，传给下一代的

"革命性"除法（用 $0.1 \div 2$ 代替 $1 \div 19$）. 它与"借腹生子"除法一样，其速度是传统除法望尘莫及的，而且还不容易出错. "克隆"除法的本质是什么呢？这种除法有没有普遍性？

4. 代理分母的求法

$\frac{1}{7}$ 的代理分母是 5，$\frac{1}{39}$ 的代理分母是 4，$\frac{1}{29}$ 的代理分母是 3，实际上代理分母的数值受正常分母与循环节的末位数影响（循环节末位数×正常分母所得积的个位数必为 9），$\frac{1}{7}$ 的循环节末位数是 7，$\frac{1}{39}$ 的循环节末位数是 1，$\frac{1}{29}$ 的循环节末位数是 1，那么我们可以发现：

$$(7 \times 7 + 1) \div 10 = 5$$
$$(39 \times 1 + 1) \div 10 = 4$$
$$(29 \times 1 + 1) \div 10 = 3$$

5 即为 7 的代理分母，4 即为 39 的代理分母，3 即为 29 的代理分母，…所以当正常分母为 n 时（这里先设 n 与 2、5 互质，否则为混循环小数），设 $\frac{1}{n}$ 的循环节末位数是 m，那么代理分母为 $s = \dfrac{mn+1}{10}$，即 $10s = mn + 1$.

5. 代理分母何时上岗

在"借腹生子"除法中，正常除法除到哪一位开始用代理分母？其实我们可以从循环节末位数开始，如 $\frac{1}{7}$ 的循环节末位数是 7，代理分母是 5. 7 除以 5 商 1 余 2，21 除以 5 商 4 余 1，…一直除下去直到循环（表 2 第一列）. 在 $\frac{1}{23}$ 中循环节末位数是 3，代理分母是 7. 3 除以 7 商 0 余 3，30 除以 7 商 4 余 2，…一直除下去直到循环（见表 2 第二列）.

到此我们也明白了 $\frac{1}{19}$ 的"克隆"除法中 0.1 的来源：循环节末位数前加小数点，然后用代理分母 2 作"克隆"除法. 当然，在 $\frac{1}{23}$ 中，应该是"0.3 除以 7"的"克隆"除法了（循环节末位数为 3，代理分母为 7）.

由此可知，"借腹生子"除法与"克隆"除法具有普遍性.

表 2

$\dfrac{7}{21}$	$\dfrac{3}{30}$
14	24
42	33
28	54
35	57
07	18
21	42
⋮	⋮

6. "借腹生子" 除法本质探究

在 $\frac{1}{23}$ 中，循环节末位数为 3（循环节末位数和除数 23 的乘积的个位数必为 9），代理分母为 $(23 \times 3 + 1) \div 10 = 7$，代理分母的除法从循环节末位数 3 开始；正常分母的除法为 $1 \div 23$，余数为 1，即从 10 开始除. 下面比较一下用正常分母和代理分母的除法的异同：

表3

正常分母的除法	代理分母的除法
$10 \div 23 = 0 \cdots\cdots 10$	$3 \div 7 = 0 \cdots\cdots 3$
$100 \div 23 = 4 \cdots\cdots 8$	$30 \div 7 = 4 \cdots\cdots 2$
$80 \div 23 = 3 \cdots\cdots 11$	$24 \div 7 = 3 \cdots\cdots 3$
$110 \div 23 = 4 \cdots\cdots 18$	$33 \div 7 = 4 \cdots\cdots 5$
$180 \div 23 = 7 \cdots\cdots 19$	$54 \div 7 = 7 \cdots\cdots 5$
$190 \div 23 = 8 \cdots\cdots 6$	$57 \div 7 = 8 \cdots\cdots 1$
$60 \div 23 = 2 \cdots\cdots 14$	$18 \div 7 = 2 \cdots\cdots 4$
$\vdots$	$\vdots$

以此类推，我们发现左右两边的商都对应相等，即对于 $\frac{1}{23}$ 从循环节末位数开始做代理分母的除法是可行的. 此外，我们还能发现：（左边的被除数 $\times 3$）/10 = 右边的被除数，即左右两边的被除数之比为 $10 : 3$.

下面我们证明对于任意与 2、5 互质的 n，$\frac{1}{n}$ 都能通过代理分母的除法得到：

设 $\frac{1}{n}$ 的循环节末位数是 m，代理分母为 $s = \frac{mn+1}{10}$，那么 $10s = mn + 1$. 代理分母从循环节末位数 m 开始除以 s，此时按照正常分母的除法，余数为 1，即从 10 开始除以 n. 两个被除数之比为 $10 : m$. 那么此时设（考虑到下一步，统一用 $10k$，mk）：

$10k = n \times t_1 + r_1$，$mk = s \times t_2 + r_2$，$0 \leqslant r_1 < n$，$0 \leqslant r_2 < s$，$k \in \{1, 2, 3, \cdots, n-1\}$.

首先我们证明 $t_1 = t_2$：

$$t_1 = \left[\frac{10k}{n}\right], \quad t_2 = \left[\frac{mk}{s}\right]$$

$$\frac{10k}{n} - \frac{mk}{s} = \frac{k(10s - mn)}{ns} = \frac{k}{ns} < \frac{1}{s}$$

当 $\frac{mk}{s}$ 为整数时，$t_2 = \frac{mk}{s}$，又因为 $\frac{10k}{n} - \frac{mk}{s} < \frac{1}{s} < 1$，所以 $t_1 = \left[\frac{10k}{n}\right] = t_2$；

当 $\frac{mk}{s}$ 不为整数时，因为 m，k，s 都为自然数，所以 $\left[\frac{mk}{s}\right] + 1 - \frac{mk}{s} \geqslant \frac{1}{s}$，又因

为 $\frac{10k}{n} - \frac{mk}{s} < \frac{1}{s}$，所以 $\frac{mk}{s} < \frac{10k}{n} < \left[\frac{mk}{s}\right] + 1$，故 $\left[\frac{10k}{n}\right] = \left[\frac{mk}{s}\right]$，即 $t_1 = t_2$.

综上所述，$t_1 = t_2$ 得证，即当两种除法的被除数的比是 $10 : m$ 时，商相等.
现设 $t = t_1 = t_2$，则有 $10k = n \times t + r_1$，$mk = s \times t + r_2$，下面我们观察一下两种除法下一步的被除数之间的关系：

第一种：按照正常分母的除法，余数为 r_1，所以下一步的被除数为 $10r_1$；

第二种：利用代理分母做除法，商为 t，余数为 r_2，所以下一步的被除数为 $10r_2 + t$；

$$\because 10k = n \times t + r_1, \quad mk = s \times t + r_2$$

$$\therefore (mn - 10s)t + mr_1 - 10r_2 = 0$$

$$\therefore 10r_2 + t = mr_1$$

即第二种除法中，下一步的被除数为 mr_1，此时两种除法的被除数的比仍然是 $10 : m$，故商依然相等，且再下一步的被除数也会满足 $10 : m$ 的关系. 以此类推，两种除法中每一步的商都相等，且被除数都满足 $10 : m$ 的关系，所以代理分母的除法是可行的.

$\frac{1}{n}$（n 为与 2，5 互质的正整数）的问题已经解决了，那么把分子换成 $p(1 < p < n, p \in \mathbf{N})$ 又如何解决呢？

$\frac{p}{n}$ 的求法跟 $\frac{1}{n}$ 类似，设 $\frac{1}{n}$ 的循环节末位数为 m，代理分母为 $s = \frac{mn + 1}{10}$，此时只要从 mp 开始做代理分母的运算即可.

最后我们来看 $\frac{1}{n}$（n 含有质因子2或5）的情况：

首先设 $n = 2^\alpha \times 5^\beta \times n_1$（$\alpha$，$\beta \in \mathbf{N}$，$n_1$ 与 2，5 互质），则

（1）当 $\alpha > \beta$ 时，$\frac{1}{n} = \frac{1}{2^\alpha \times 5^\beta \times n_1} = \frac{5^{\alpha - \beta}}{10^\alpha \times n_1} = \frac{1}{10^\alpha} \times \frac{5^{\alpha - \beta}}{n_1}$，此时由于 n_1 与 2，

5 互质，$\frac{5^{\alpha - \beta}}{n_1}$ 可以用上述代理分母的除法算出来，然后小数点向左移动 α 位即可；

（2）当 $\alpha < \beta$ 或 $\alpha = \beta$ 时，方法同（1）．

随着 $\dfrac{1}{n}$（n 含有质因子2或5）的情况的解决，对于任意 m，$n \in \mathbf{N}$，$\dfrac{m}{n}$ 都能用代理分母的除法得出．

7. "克隆"除法的本质

我们可看到

$$\frac{1}{19} = 0.052\ 631\ 5\cdots$$

$$= \frac{0.105\ 263\ 15\cdots}{2}$$

$$= \frac{1.052\ 631\ 5\cdots}{20}$$

$$= \frac{1 + 0.052\ 631\ 5\cdots}{20}$$

$$= \frac{1 + \dfrac{1}{19}}{20}$$

即 $\dfrac{20}{19} = 1 + \dfrac{1}{19}$．

到此，有何难哉！有点像哥伦布竖鸡蛋，一旦竖起来，旁观者就会嗤之以鼻了．

这个"克隆"除法具有普遍意义，凡是除数以9结尾的数都可用，不过这时的代理分母已不一定是 2 了．如 $\dfrac{400}{399} = 1 + \dfrac{1}{399}$，即 $\dfrac{1}{399} = \dfrac{1 + \dfrac{1}{399}}{400}$，这时的代理分母为40．

8. 新的问题

除了上面介绍的两种除法外，还有一些更怪异的除法，请看下面的问题：

87 是一个合数：$87 = 3 \times 29$．怎样求出 87 倒数的小数呢？用传统除法求出部分商 0.011 494 25 时，余数为25．$25 = 5^2$，将 5 换成 2，得到 $2^2 = 4$．4 便是代理分母！

下面我们就可以丢掉"合法分母"而自行其是了．先在纸上记下原先除得的前三位小数 0.011，后面的五个数字形成一个直角拐弯，如图 1.

011	011	011
4	34	34
9	9	29
4	4	14
2	2	22
5	5	25
⋮	2	12
	⋮	8
		7
		3
		5
		6
		⋮
图1	图2	图3

下一步是用 11 作为被除数，4 作为除数，很明显，$11 \div 4$ 得到商数 2，余数 3. 仍把商数 2 记在最下面的 5 的下方，而把余数 3 记在第二排数字 4 的左方，这时，就演变成图 2 的模式.

将上述步骤反复执行下去：$34 \div 4$ 得到商数 8，余数 2，将商数 8 写在 2 的下面，将余数 2 写在 34 下面的 9 的左方，第三排得到 29；$29 \div 4$ 得到商数 7，余数 1，将 7 沿着竖线写在 8 的下面，将 1 写在 29 下面的 4 的左方，第四排得到 14，以此类推，这样，就可以把 $\dfrac{1}{87}$ 的循环节一股脑儿都求出来，

$$\frac{1}{87} = 0.\dot{0}11\ 494\ 252\ 873\ 563\ 218\ 390\ 804\ 597\ \dot{7}$$

一共 28 位. 你能说出其中的奥妙吗？

数学的奥妙无穷，我们从自然数开始慢慢分析，请看下一章.

1 自然数的自然演化及其运算

由于人类生产生活需要而产生的数学起源于数，数起源于数数. 远古时代，人们都用一点、一竖或者一横来记录一，用两点、两竖或者两横来记录二，这样的记录特征孕育了加法.

1.1 数的起源

上帝创造了自然数，其余的是人的工作.

——L. 克隆内克

自然数是表示物体个数的数，即自然而然的数，所以说"上帝创造了自然数".

"数"有自然数、整数、分数和小数，这些很容易理解，随后我们学了无理数及虚数，虚数较难理解. 那么后面还会有哪些新数？数到底是如何产生的？我们有必要系统分析其中的发展道路与奥秘. 想要了解数，首先应从哪儿开始呢？只有退到源头，找到道路，才能走向尽头. 显然我们要从自然数开始探索.

中国的哲学以"道"（自然）开说，所谓"道"就是自然及其规律. "道生一，一生二，二生三，三生万物." 西方文化认为上帝创造了亚当（一），从其身上取一根肋骨变成夏娃（二），亚当与夏娃互动有了孩子（三），从此有了人类. 虽然中西方文化差异很大，但本源如出一辙，只是表述不同而已. 与现代科学的细胞分裂、克隆技术完全吻合.

智人开蒙，认识世界，从 1 开始. 太极两仪，阴阳演变，生生不息. 自然数最初不含 0，后来人们根据实际需要把没有物体表示为零个物体，引入数字 0，得到现在的自然数集 $\mathbf{N}$，不含 0 的自然数集记作 $\mathbf{N}^*$.

1.2 数的运算与数的发展

数学是符号加逻辑.

——罗素

任何事物要产生新东西,按照《易经》的说法,必须动,动则产生新东西,而且要相互动. 数要相互动,首先是加法运算,数与运算是联系在一起的.

1.2.1 正运算

$$a, b \in \mathbf{N}^*, a + b = c \in \mathbf{N}^*$$

加法的特殊情形(同一个数连续相加):$a \in \mathbf{N}^*$,$\underbrace{a + a + \cdots + a}_{n\uparrow} = a \cdot n$,乘法由此产生.

$$a, b \in \mathbf{N}^*, a \cdot b = c \in \mathbf{N}^*$$

乘法的特殊情况(同一个数连续相乘):$\underbrace{a \cdot a \cdot \cdots \cdot a}_{n\uparrow} = a^n$,一般的乘方由此产生.

$$a, b \in \mathbf{N}^*, a^b = c \in \mathbf{N}^*$$

乘方之后怎样发展? 应该想到:

一般乘方的特殊情况:$a^{a^{a^{\cdot^{\cdot^{\cdot^a}}}}}$,应该按照乘方的运算一步一步进行. 再往下,也只是这种形式的继续. 可以说,到了乘方,自然数的自然运算就到头了.

通过以上三种运算自然发现以下运算关系:$a, b, c \in \mathbf{N}^*$

①加法与乘法的交换律:$a + b = b + a$,$a \cdot b = b \cdot a$.

②加法与乘法的结合律:$(a + b) + c = a + (b + c)$,

$(a \cdot b) \cdot c = a \cdot (b \cdot c)$.

③乘法对加法的分配律:$a \cdot (b + c) = a \cdot c + b \cdot c$.

④乘方与乘方的乘法律:$a^b \cdot a^c = a^{b+c}$.

到此,自然数的自然运算就结束了,上帝给人们展示的就到此为止了. 探究上帝的工作只能靠人的工作. 人的工作如何做? 罗素(Bertrand Arthur William Russell)曾说:"数学是符号加逻辑." 那么人的工作就是符号与逻辑的形式演变！最简单的做法就是探究逆运算（倒着想问题）.

1.2.2 加法的逆运算（减法）与负数

我们知道，若 a，$b \in \mathbf{N}^*$，则 $a+b$，$a \cdot b$，$a^b \in \mathbf{N}^*$. 乘法是加法的特殊情况，乘方是乘法的特殊情况，加、乘、乘方三种运算都源于加法. 如果考虑运算的逆运算，就会出现麻烦——数不够用.

首先考虑加法的逆运算. 以下 a，b，c 代表任意非零自然数.

$$a + b = c \xrightarrow{\text{移项（逆运算）}} \begin{cases} a = c - b \\ b = c - a \end{cases}$$

若给出一个加数（a 或 b）及其和（c），求另一个加数，则减法产生，但会遇到两数相等的减法和小数减大数的情况，这就是生出的新东西. 存在的东西必有其合理性，为了使减法运算能永远进行（满足人的意愿与要求），需要引入零与负数，数的范围扩大到整数集 $\mathbf{Z}$. 但原来的运算律必须满足.

在含 0 的自然数集 $\mathbf{N}$ 中，对 $a \in \mathbf{N}^*$，

$a + 0 = 0 + a = a$，$a \times 0 = 0 \times a = 0$，$0^a$ 与 a^0 如何呢？

0^a 表示 a 个 0 相乘，应该是 0，即 $0^a = 0$（$a \in \mathbf{N}^*$）.

a^0 表示 0 个 a 相乘，如何理解？不清楚，先放一放.

特殊的：$0 + 0 = 0$，$0 \times 0 = 0$. 而 0^0 如何呢？不清楚，也先放一放.

1.2.3 负负得正

如果在整数集中考虑三种运算，$(-1) + (-1) = -2$ 与 $(-1) - (-1) = 0$ 容易理解. 但 $(-1) \times (-1) = ?$ 就得理解"负负得正"了.

"负负得正"可以从生活中得到解释：

某气象站测得海拔每升高 1 千米，温度降低 0.6℃，观察地表的气温是 0℃. 问：在观察地点以下 3 千米的地方气温是多少摄氏度？我们规定，气温升高为正，气温下降为负. 观察地点以下为负，观察地点以上为正. 易得上述问题的算式为：$(-0.6) \times (-3) = 1.8$.

从运算律的角度很容易推导（用字母也一样）：

$$(-1) \times (-1)$$
$$= (-1) \times (-1) + 0 \times 1$$
$$= (-1) \times (-1) + [(-1) + 1] \times 1$$
$$= (-1) \times (-1) + (-1) \times 1 + 1 \times 1$$
$$= (-1) \times [(-1) + 1] + 1$$

$$= (-1) \times 0 + 1$$
$$= 0 + 1$$
$$= 1$$

等到引入虚数后，我们就能对运算与"负负得正"有深刻理解了.

数的范围扩大到整数集 **Z** 后，对任意 a，$b \in$ **Z**，$a + b$，$a - b$，$a \cdot b$ 都可运算，其结果仍在整数集 **Z** 中.

但对乘法 a^b，$(-2)^3 = (-2) \times (-2) \times (-2)$ 容易理解. a^b 中的 b 能取负数吗? 具体计算中 $4^{-1} = ?$ 暂且放下.

1.2.4　乘法的逆运算（除法）与分数

人们习惯认为数学的发展是线性的，感觉就是在学校学的那样，先有加法，再有减法，之后有乘法与除法等. 其实真实的情况往往是爆炸式的，几种情况一下子出现，就像上面所说的乘和乘方运算，是与加法并行的运算.

在考虑加法的逆运算时，应考虑乘法的逆运算.

以下 a，b，c 代表非 0 自然数. 在乘法式子 $a \cdot b = c$ 中，不论是已知 b，c 求 a，还是已知 a，c 求 b，要使这种运算能进行，需要引入分数，即

$$a \cdot b = c \xrightarrow{\text{移项（逆运算）}} \begin{cases} a = \dfrac{c}{b} \\[2mm] b = \dfrac{c}{a} \end{cases}$$

乘法的逆运算除法产生分数. 由分数的性质及"负负得正"可知任意两个整数都可以做除法（除数不为 0）. 如：$\dfrac{-2}{3} = \dfrac{2}{-3} = -\dfrac{2}{3}$. 但在分数中，涉及 0 的问题就比较麻烦.

对 $\dfrac{0}{2}$，自然认为就是两个人分 0 个东西，应该每人 0 个，即 $\dfrac{0}{2} = 0$.

对 $\dfrac{1}{0}$ 应如何理解呢? 可以从运动变化的角度去理解：

$$\frac{1}{1} = 1, \quad \frac{1}{0.1} = 10, \quad \frac{1}{0.01} = 100, \quad \frac{1}{0.001} = 1\ 000, \quad \cdots$$

所以，在 $\dfrac{1}{0}$ 中 0 要看成一个趋向于 0 的变量，$\dfrac{1}{0}$ 是一种趋向于无穷大的问题，所以 $\dfrac{1}{0}$ 不能叫数，也没有这种写法.

对 $\dfrac{0}{0}$ 应如何理解? 如果从 $0x = 0$ 角度理解，$\dfrac{0}{0}$ 可以为任何数. 如果从运动变

化的角度理解，$\dfrac{0}{0}$ 就是很小的两个数做除法，结果不确定，也不是数.

由于运算是两个数运算得到一个确定的数，0 做分母时得数不确定，所以规定：0 不能做分母，也就是 0 做分母没意义.

在整数范围内进行加、减、乘、除运算，使得数的范围扩大到有理数集 **Q**（整数与分数统称为有理数）. 这时在有理数集中，加、减、乘、除法可以任意进行（分母不为 0），其结果仍在有理数集中.

1.2.5　乘方推广

（1）先来分析 "$4^0 = ?$" 的问题.

我们知道 4^3 是对 $4 \times 4 \times 4$ 的缩写，并且容易推出如下计算规则：

$$4^2 \times 4^3 = 4^5$$

显然 $4^5 \div 4^2 = 4^3$，即 $\dfrac{4^5}{4^2} = 4^3$，$4^3 = 4^{5-2}$，即 $\dfrac{4^5}{4^2} = 4^{5-2}$. 显然：

$$4^0 = 4^{2-2} = \dfrac{4^2}{4^2} = 1$$

有结论：若 $a \neq 0$，则 $a^0 = 1$.

（2）再来分析 "$4^{-1} = ?$" 的问题.

我们添加负数之后，希望指数幂的规则依然适用，即

$$4^{-1} \times 4^1 = 4^0 = 1$$

所以 $4^{-1} = \dfrac{1}{4}$ 很合理，更一般的有：

$$a^{-n} = \dfrac{1}{a^n} \ (a \in \mathbf{Q}, \ a \neq 0, \ n \in \mathbf{Z}^*)$$

并且还惊喜地发掘出负数次方的意义，如果说正数次方是对乘法的缩写，那么负数次方（正数的相反数）是对除法（乘法的逆运算）的缩写：

$$4^3 = 4 \times 4 \times 4$$
$$4^{-3} = 1 \div 4 \div 4 \div 4$$

回头再看 0^0，可理解为 $0^0 = 0^{1-1} = 0^1 \times 0^{-1} = \dfrac{0}{0}$，根据 1.2.4 的分析，规定 0^0 无意义.

从运算次序加、减、乘、除的角度考虑，减法在除法之前产生，因此负数应在分数之前产生. 但在历史上，分数几乎与自然数一样古老. 早在公元前 2 100 多年，古巴比伦人就使用了分母是 60 的分数. 最早认识负数的国家是中国，早

在两千多年前的战国时期即有记载，比西方早了 1 000 多年．负数在历史上是人们很难接受的数，英国著名代数学家德·摩根（Augustus de Morgan）在 1831 年仍认为负数是虚构的．同样，虚数像负数一样，在数学上也是自然产生的．其实虚数与自然数是同样的数，就像我们在物理上把眼睛能看到的实体当成物质，把看不见的电磁波等场也当物质．

有理数集中加、减、乘、除法可以任意进行（分母不为 0），其结果仍在有理数集中．但乘方 a^b 中的 b 能取分数吗？具体计算中 $2^{\frac{1}{2}} = ?$ 下一节再讨论．

1.3　乘方的认识

> 整数的简单构成，若干世纪以来一向是使数学获得新生的源泉．
>
> ——G. D. 伯克霍夫

有了分数之后，乘法 $a \cdot b$ 中的 a，b 可以是任意分数．如 $\frac{1}{5} \times \frac{2}{3}$，可以说成五分之一的三分之二，或说成五分之一个三分之二相加．

加法还有一种特殊情形（推广乘法）：a 个 a 相加（$a \in \mathbf{Q}$），即 $a \times a = a^2$，这也是乘法的特殊情况——平方，其逆运算如 $x^2 = 2$ 中的 x 是不是有理数（分数）？

乘法的特殊情况（1）：$a \in \mathbf{Q}$，$\underbrace{a \cdot a \cdot \cdots \cdot a}_{n个} = a^n$，一般的乘方产生，先考虑其次方为正整数的逆运算，

$$a^b = c \ (b \in \mathbf{N}) \xrightarrow{\text{移项（逆运算）}} \begin{cases} a = \sqrt[b]{c}，开方出现，产生什么数？ \\ b \neq \sqrt[a]{c}，产生什么数？ \end{cases}$$

即开方出现，$a^b = c$ 的逆运算（开方）不能任意进行，也不能在有理数集中任意进行．所以乘方是本质完全不同于加、减、乘、除的新运算，需要认真分析．

问题：为什么在加法与乘法中，经过移项（逆运算）后，a 和 b 的表示形式是一样的，但是在乘方中 $b \neq \sqrt[a]{c}$ 呢？因为 $a + b = c$，$a \cdot b = c$ 是加法与乘法，都有交换律，所以 a 和 b 的地位是一样的，移项后所得形式一样．但是乘方 $a^b = c$ 式中 a 和 b 的地位不一样，a，b 不具有交换律，所以 $b \neq \sqrt[a]{c}$，而是对数 $b = \log_a c$．由此发现了新的运算——对数．

乘法的特殊情况（2）：$a \in \mathbf{Q}$，a 个 a 相乘，即 a^a.

前面都是一个正运算、一个逆运算，现在 $a^b = c$ 有两个逆运算（开方与对数），世界更复杂了，只有数学才能认识这种复杂性. 数学仿佛是带 X 射线的高级照相机，不仅能照出实物，而且能将实物周围看不见的空气、电磁波也摄入照片，使人看透.

通过以上分析，我们已经找到了发现新数的道路. 我们看到，为了使得加法的逆运算减法能顺利进行，就引入了负数；为了使得乘法的逆运算除法能顺利进行，就引入了分数；为了使得乘方的逆运算开方与对数能顺利进行，我们到底该引入什么数？

1.4　世界上发现的第一个无理数——$\sqrt{2}$

数学是人类的思考中最高的成就.

——米斯拉

反思"加法—乘法—乘方"之路：

前文开始设 a，b，c 代表任意自然数，则

$$a + b = c \xrightarrow{\text{移项（逆运算）}} \begin{cases} a = c - b \\ b = c - a \end{cases}$$

引入负数后，数的范围就进入整数集了，任意两个整数相加、相减的结果都在整数集中. 而且在整数集中乘法 $a \cdot b$ 可以任意进行.

$$a \cdot b = c \xrightarrow{\text{移项（逆运算）}} \begin{cases} a = \dfrac{c}{b} \\ b = \dfrac{c}{a} \end{cases}$$

除法产生后，就产生了分数. 在整数集中，乘、除法（除数不为 0）任意进行，数的范围就扩大到有理数集. 任意两个有理数相加、相减、相乘、相除的结果仍在有理数集中. 我们能否根据"自然数中的加、减法，使得数扩充到整数集，在整数集中乘法 $a \cdot b$ 可以任意进行"，类比得出"整数集中的乘、除法，使得数扩充到有理数集，在有理数集中乘方 a^b 可以任意进行"的结论？这个结论不对，因为 a^b 中 b 是分数时得数可能超出有理数集. 看起来"乘法到乘方"的道路类似"加法到乘法"的道路，现在研究发现这并不是一条康庄大道，而是

布满了荆棘与歧路.

1.4.1 $\sqrt{2}$ 的历史

为了使得乘方的逆运算开方（$a^b = c \Rightarrow a = \sqrt[b]{c}$）能顺利进行，诸如满足 $x^2 = 2$（x 个 x 相加）的数 x，我们先引进 $\sqrt{2}$ 这样的无理数. 但历史上无理数的出现不像今天这样顺利，它有一段带血的历史.

毕达哥拉斯（Pythagoras）是古希腊的大数学家. 他证明了许多重要的定理，包括后来以他的名字命名的毕达哥拉斯定理（勾股定理）. 他试着将数学扩大到哲学领域，用数的观点去解释世界. 经过一番刻苦实践，他提出"万物皆数"的观点，他所说的"数"就是有理数（有理数即两个整数之比的数，也就是整数与分数）.

公元前 500 年，毕达哥拉斯学派的弟子希帕索斯（Hippasus）发现了一个惊人的事实，一个正方形的对角线与其一边的长度是不可公度的（若正方形的边长为 1，则对角线的长不是一个有理数），这一不可公度性与毕氏学派的"万物皆数"的观点相矛盾. 这一发现使该学派领导人非常惶恐，认为这将动摇他们在学术界的地位，于是极力封锁这一观点的传播。希帕索斯被迫流亡他乡，不幸的是，在地中海的一条海船上，他遇到了毕氏门徒，被投入海中，不幸身亡.

真理是封杀不了的，毕氏门徒抹杀真理这一行为才是"无理". 人们为了纪念希帕索斯这位为真理献身的可敬学者，就把不可通约的量取名为"无理数"——这就是无理数的由来.

由无理数引发的数学危机一直持续到 19 世纪下半叶. 1872 年，德国数学家戴德金（Julius Wilhelm Richard Dedekind）从连续性的要求出发，用有理数的"分割"来定义无理数，并把实数理论建立在严格的科学基础上，从而结束了无理数被认为"无理"的时代，也结束了持续 2 000 多年的数学史上的第一次大危机.

1.4.2 数集 $\mathbf{Q}(\sqrt{2}) = \{a + b\sqrt{2}; a, b \in \mathbf{Q}\}$

我们在有理数集中扔进 $\sqrt{2}$，让其与有理数进行四则运算. 即 $\sqrt{2}$ 与全体有理数加、减、乘、除运算的结果组成新的数集. 用符号 $\mathbf{Q}(\sqrt{2}) = \{a + b\sqrt{2}; a, b \in \mathbf{Q}\}$ 表示该数集.

（1）加法.

$$(a_1 + b_1\sqrt{2}) + (a_2 + b_2\sqrt{2}) = (a_1 + a_2) + (b_1 + b_2)\sqrt{2}, [(a_1 + a_2), (b_1 + b_2) \in \mathbf{Q}],$$

还是 $a + b\sqrt{2}$ 这类数. （合并同类项）

（2）减法：加法的逆运算.

设 $(a_1 + b_1\sqrt{2}) - (a_2 + b_2\sqrt{2}) = x + y\sqrt{2}$，

即 $(a_1 + b_1\sqrt{2}) = (a_2 + b_2\sqrt{2}) + (x + y\sqrt{2})$，

即 $\begin{cases} a_1 = a_2 + x, \\ b_1 = b_2 + y, \end{cases}$

解得 $\begin{cases} x = a_1 - a_2, \\ y = b_1 - b_2. \end{cases}$

所以 $(a_1 + b_1\sqrt{2}) - (a_2 + b_2\sqrt{2}) = (a_1 - a_2) + (b_1 - b_2)\sqrt{2}$

$[(a_1 - a_2), (b_1 - b_2) \in \mathbf{Q}]$，还是 $a + b\sqrt{2}$ 这类数.（合并同类项）

（3）乘法（显然要符合乘法对加法的分配律）.

$(a_1 + b_1\sqrt{2})(a_2 + b_2\sqrt{2}) = (a_1 + b_1\sqrt{2})a_2 + (a_1 + b_1\sqrt{2})(b_2\sqrt{2})$

$$= (a_1a_2 + 2b_1b_2) + (a_1b_2 + b_1a_2)\sqrt{2}$$

$[(a_1a_2 + 2b_1b_2), (a_1b_2 + b_1a_2) \in \mathbf{Q}]$，还是 $a + b\sqrt{2}$ 这类数.（多项式乘法）

（4）除法：从乘法逆运算得到.

设 $\dfrac{a_1 + b_1\sqrt{2}}{a_2 + b_2\sqrt{2}} = x + y\sqrt{2}$，即 $a_1 + b_1\sqrt{2} = (a_2 + b_2\sqrt{2})(x + y\sqrt{2})$

即 $a_1 + b_1\sqrt{2} = (a_2x + 2b_2y) + (b_2x + a_2y)\sqrt{2}$，

即 $\begin{cases} a_1 = a_2x + 2b_2y, \\ b_1 = b_2x + a_2y, \end{cases}$

解得 $x = \dfrac{a_1a_2 - 2b_1b_2}{a_2^2 - 2b_2^2}$，$y = \dfrac{b_1a_2 - a_1b_2}{a_2^2 - 2b_2^2}$.

所以 $\dfrac{a_1 + b_1\sqrt{2}}{a_2 + b_2\sqrt{2}} = \dfrac{a_1a_2 - 2b_1b_2}{a_2^2 - 2b_2^2} + \dfrac{b_1a_2 - a_1b_2}{a_2^2 - 2b_2^2}\sqrt{2}$.

从分母有理化得到（显然要满足分数的性质），

$$\frac{a_1 + b_1\sqrt{2}}{a_2 + b_2\sqrt{2}} = \frac{(a_1 + b_1\sqrt{2})(a_2 - b_2\sqrt{2})}{(a_2 + b_2\sqrt{2})(a_2 - b_2\sqrt{2})}$$

$$= \frac{a_1a_2 - 2b_1b_2}{a_2^2 - 2b_2^2} + \frac{b_1a_2 - a_1b_2}{a_2^2 - 2b_2^2}\sqrt{2}$$

$\left(\dfrac{a_1a_2 - 2b_1b_2}{a_2^2 - 2b_2^2}, \dfrac{b_1a_2 - a_1b_2}{a_2^2 - 2b_2^2} \in \mathbf{Q} \right)$，还是 $a + b\sqrt{2}$ 这类数.（分母有理化）

$\mathbf{Q}(\sqrt{2})$ 中的数的加、减、乘、除结果还在 $\mathbf{Q}(\sqrt{2})$ 中，我们称 $\mathbf{Q}(\sqrt{2})$ 对加、减、乘、除运算封闭.

在 $\mathbf{Q}(\sqrt{2})$ 中，数的形式为 $a+b\sqrt{2}$，当 $b=0$ 就是有理数了；$a=0$ 且 $b\neq0$ 就是纯无理数；$b\neq0$ 就是一般无理数.

思考　（1）如果在有理数集中扔进 $\sqrt{3}$ 即 $\mathbf{Q}(\sqrt{3})$ 会怎样？

与 $\mathbf{Q}(\sqrt{2})$ 的效果完全一致，这时的数具有 $a+b\sqrt{3}$ 的形式，也对加、减、乘、除运算封闭.

（2）形如 $a+b\sqrt{2}+c\sqrt{3}$（a，b，$c\in\mathbf{Q}$）的数集怎样呢？

若在 $\mathbf{Q}(\sqrt{2})$ 中再扔进 $\sqrt{3}$ 成 $\mathbf{Q}(\sqrt{2},\sqrt{3})$，如何？

发现形如 $a+b\sqrt{2}+c\sqrt{3}$ 这样的两个数做乘法，会产生 $\sqrt{6}$，所以 $\mathbf{Q}(\sqrt{2},\sqrt{3})$ 不封闭. 但 $\mathbf{Q}(\sqrt{2},\sqrt{3},\sqrt{6})=\{a+b\sqrt{2}+c\sqrt{3}+d\sqrt{6},(a,b,c,d\in\mathbf{Q})\}$ 对加、减、乘、除运算封闭. $\left(\dfrac{1}{1+\sqrt{2}+\sqrt{3}+\sqrt{6}}=\dfrac{1}{2}(1-\sqrt{2}-\sqrt{3}+\sqrt{6})\right)$

问题　形如 $a+b\sqrt{2}+c\sqrt{3}$ 这样的两个数如何做除法？如 $\dfrac{1}{1+\sqrt{2}+\sqrt{3}}$ 怎样进行分母有理化？$\left(\dfrac{1}{1+\sqrt{2}+\sqrt{3}}=\dfrac{1}{4}(2+\sqrt{2}-\sqrt{6})\right)$

这样的话，将发现的每一个无理数都往有理数集中扔，这个新数系统的运算就会越来越复杂，那么有没有更好的方法处理这些问题？

1.5　根式的认识

> 数学是一种理性的精神，使人类的思维得以运用到最完善的程度.
>
> ——克莱因

前文我们看到 a^b 在有理数集中不可任意进行运算. 引入 $\sqrt{2}$ 这类数后，式子 $\sqrt[n]{a}$ 叫作根式，这里的 n 叫根指数，a 叫被开方数. 进一步可以推广到分数指数.

因为 $\sqrt[5]{a^{10}}=a^2=a^{\frac{10}{5}}$（$a>0$），所以

$$a^{\frac{m}{n}}=\sqrt[n]{a^m}\ (a>0,\ m,\ n\in\mathbf{N}^*,\text{且}\ n>1)$$

根据前文，自然有

$$a^{-\frac{m}{n}}=\dfrac{1}{a^{\frac{m}{n}}}\ (a>0,\ m,\ n\in\mathbf{N}^*,\text{且}\ n>1)$$

我们将整数指数幂推广到有理数指数幂，原有的运算性质同样适用. 即对任意有理数 r, s, 均有下面的运算性质.

（1）$a^r \cdot a^s = a^{r+s}$ （$a > 0$, r, $s \in \mathbf{Q}$）;

（2）$(a^r)^s = a^{rs}$ （$a > 0$, r, $s \in \mathbf{Q}$）;

（3）$(ab)^r = a^r b^r$ （$a > 0$, $r \in \mathbf{Q}$）.

当引入这类数后，那么 a^b 在有理数集中是否可以任意进行运算? 还不行! 如 $(-1)^{\frac{1}{2}}$ 就没法运算. 不仅如此，即使是简单的运算，也可能出现问题，如 $(-1)^3 = -1$, 若计算为：$(-1)^3 = [(-1)^2]^{\frac{3}{2}} = (1)^{\frac{3}{2}} = 1$, 显然是错的. 所以乘方运算也就是指数问题，是比较深刻的运算，这个问题值得我们深入研究. 难怪历史上对数的发现早于指数.

1.6 算术的伟大发明——十进制小数

阿拉伯数字、十进制和对数是历史上数学计算方面的三大发明.

——克莱因《古今数学思想》

1.6.1 无理数与小数

我们先后将 $\sqrt{2}$, $\sqrt{3}$ 这样的无理数扔进有理数集中，从而产生许多形如 $a + b\sqrt{2} + c\sqrt{3} + d\sqrt{6}$ 这样的新无理数，但像 $\sqrt{2}$, $\sqrt{3}$ 以及进一步发现的 $\sqrt[3]{2}$, π, e 这样的无理数无穷无尽，如果把它们一个个扔进有理数集中去运算是多么浪费生命. 好在天无绝人之路，人们发明了十进制小数. $\sqrt{2}$, $\sqrt{3}$ 都可用小数表示：

$$\sqrt{2} = 1.414\ 213\ 562\cdots$$
$$\sqrt{3} = 1.732\ 050\ 807\cdots$$

它们都是无限不循环小数.

十进制小数的出现，是数学史上的一件大事. 美国数学史家卡约利（F. Cajori）认为十进制小数是近代数学史上关于计算基础方面的三大发明之一，他说："近代计算的异常势力是由于三大发明：印度计数法（阿拉伯数字）、十进分数和对数." 阿拉伯数字传入我国，大约是 13 世纪至 14 世纪. 由于我国古代有一种数字叫"算筹"，写起来比较方便，所以阿拉伯数字当时在我国没有得到及时的推广运用. 20 世纪初，随着我国对外国数学成就的吸收和引进，阿拉伯数字在我国才开始慢慢得到使用，阿拉伯数字在我国推广使用只有 100 多年的历史.

有理数由所有分数、整数组成. 有理数总能写成整数、有限小数或无限循环小数. 并且总能写成两个整数之比. 无理数是指实数范围内不能表示成两个整数之比的数. 简单地说，无理数就是十进制下的无限不循环小数. 有理数与无理数都可以用小数表示，共同组成实数集 **R**.

1.6.2　有理数与无理数

我们直观地来想象一下，假如面前有 10 个球，上面标着 0 到 9 的数字，闭着眼睛随机抓取一个球，球上标注的数字就作为小数点后面的第一个数字，把球放回去再抓，第二次抓的就作为第二个数字，无限地抓下去，生成有理数的概率有多大？实践证明有理数的概率为 0（概率学里面，概率为 0 并不意味着事件完全不可能发生，而是几乎不可能发生），几乎都是无理数.

图 1

显然无理数才是常态，有理数反而是没有道理的数.（历史上西方文化传入中国时，李善兰将有理数与无理数分别翻译成有比式与无比式，后来华蘅芳翻译《代数术》时将其译成有理、无理，由此流传开来.）

数可以与数轴上的点对应，数轴上有了有理数、无理数，那么任意一个点对应一个实数，实数填满了数轴，数轴上就再也不可能有别的数了.

1.6.3　数的连分数表示

无理数是无限不循环小数，如果用连分数表示，可发现个别"循环"规律. 形式揭示内容.

（1）将分数 $\dfrac{42\,897}{18\,644}$ 化成连分数的过程为：

$$\frac{42\,897}{18\,644}=2+\frac{5\,609}{18\,644}$$

$$= 2 + \cfrac{1}{\cfrac{18\ 644}{5\ 609}}$$

$$= 2 + \cfrac{1}{3 + \cfrac{1\ 817}{5\ 609}}$$

$$= 2 + \cfrac{1}{3 + \cfrac{1}{3 + \cfrac{158}{1\ 817}}}$$

$$= 2 + \cfrac{1}{3 + \cfrac{1}{3 + \cfrac{1}{11 + \cfrac{79}{158}}}}$$

$$= 2 + \cfrac{1}{3 + \cfrac{1}{3 + \cfrac{1}{11 + \cfrac{1}{2}}}}$$

（2）$\sqrt{2}$ 的连分数.

$$\sqrt{2} = 1 + (\sqrt{2} - 1)$$

$$= 1 + \cfrac{1}{2 + (\sqrt{2} - 1)}$$

$$= 1 + \cfrac{1}{2 + \cfrac{1}{2 + (\sqrt{2} - 1)}}$$

$$= 1 + \cfrac{1}{2 + \cfrac{1}{2 + \cfrac{1}{2 + \cdots}}}$$

（3）$\dfrac{4}{\pi}$ 的连分数.

$$\frac{4}{\pi} = 1 + \cfrac{1^2}{2 + \cfrac{3^2}{2 + \cfrac{5^2}{2 + \cdots}}}$$

无理数出现了规律. 形式改变，我们能进一步认识其本质.

有理数集中加入这些无理数后运算如何？显然加、减、乘、除仍按照以前的方法进行，但如果出现 $5^{\sqrt{2}}$ 等应如何计算？

我们通过逐步逼近法可求得满足精确位要求的 $5^{\sqrt{2}}$ 近似值，如表 1 所示：

表 1

$\sqrt{2}$ 的不足近似值	$5^{\sqrt{2}}$ 的近似值	$\sqrt{2}$ 的过剩近似值	$5^{\sqrt{2}}$ 的近似值
1.4	9.518 269 693	1.5	11.180 339 887
1.41	9.672 699 728	1.42	9.829 635 328
1.414	9.735 171 039	1.415	9.750 851 807
1.414 2	9.738 305 174	1.414 3	9.739 872 620
1.414 21	9.738 461 907	1.414 22	9.738 618 643
1.414 213	9.738 508 927	1.414 214	9.738 524 601
1.414 213 5	9.738 516 764	1.414 213 6	9.738 518 332

当 $\sqrt{2}$ 的不足近似值从小于 $\sqrt{2}$ 的方向逼近 $\sqrt{2}$ 时，$5^{\sqrt{2}}$ 的近似值从小于 $5^{\sqrt{2}}$ 的方向逼近 $5^{\sqrt{2}}$；当 $\sqrt{2}$ 的过剩近似值从大于 $\sqrt{2}$ 的方向逼近 $\sqrt{2}$ 时，$5^{\sqrt{2}}$ 的近似值从大于 $5^{\sqrt{2}}$ 的方向逼近 $5^{\sqrt{2}}$. 所以，$5^{\sqrt{2}}$ 就是一串有理数指数幂和另一串有理数指数幂按上述情形变化的结果.

一般地，无理数指数幂 a^{α}（$a>0$，α 是无理数）是一个确定的实数. 有理数指数幂的运算性质同样适用于无理数指数幂.

现在应该知道 $\sqrt{3}^{\sqrt{2}}$ 这类数怎样计算了，当然其结果是实数.

似乎没有新数了？回想新数的出现，都是为了使逆运算能顺利解决. 我们还有许多问题不能顺利解决，诸如：$x^2 = -1$，$x^x = -2$ 等问题中的 x 该如何求解，还需我们进一步探究.

1.7 虚数与复数

> 数学发明创造的动力不是推理，而是想象力的发挥.
> ——德摩

1.7.1 虚数及性质

在 $a^b = c$ 中，已知 b，c 求 a，即为了使得乘方的逆运算开方（$a^b = c \Rightarrow a = \sqrt[b]{c}$）

能顺利进行，我们引进诸如$\sqrt{2}$这样的无理数. 这类问题只是解决了当$c>0$时的问题，如果$c<0$呢？如$x^2=-1$，这样的x如何解？

为了使方程$x^2=-1$也有解，可以再引进一个新数 i，叫作虚数单位. 并且规定：

（1）它的平方等于-1，即$i^2=-1$.

（2）实数可以与它进行四则运算，在进行四则运算时，原有的加、乘运算律仍然成立.

说明：①数 i 与-1的关系：i 就是-1的一个平方根，即方程$x^2=-1$的一个根，方程$x^2=-1$的另一个根是$-i$.

②数 i 的周期性：$i^{4n}=1$，$i^{4n+1}=i$，$i^{4n+2}=-1$，$i^{4n+3}=-i$（$n\in\mathbf{N}$）.

形如$a+bi$（a，$b\in\mathbf{R}$）的数叫作复数（复数的代数形式），其中实数a称为复数$a+bi$的实部（real part），记作 Re $z=a$，实数b称为复数$a+bi$的虚部（imaginary part），记作 Im $z=b$. 复数常用字母z表示.

$b\neq0$的复数$a+bi$称为虚数；$a=0$，$b\neq0$的复数$a+bi$称为纯虚数.

全体复数组成的集合叫作复数集，一般用字母$\mathbf{C}$表示. $\mathbf{C}=\mathbf{R}(i)$. 即$\mathbf{C}$是实数集加入 i 后形成的数域.

对于a，b，c，$d\in\mathbf{R}$，如果$a+bi=c+di$，那么$a=c$，$b=d$. 即复数相等，等价于实部等于实部，虚部等于虚部.

特殊　$a+bi=0\Leftrightarrow a=b=0$

一般地，虚数只能说相等或不相等，而不能比较大小. 为什么呢？如果两个复数都是实数，就可以比较大小.

假设虚数有大小，那么 i 与 0 就能比大小.

若$i>0$，则两端同乘 i，$ii>0i=0$，即$-1>0$，矛盾.

若$i<0$，则两端同乘 i，$ii>0i=0$，即$-1>0$，矛盾.

显然$i\neq0$.

由于 i 与 0 没法比较大小，其他虚数更无法比较大小，所以虚数不能比较大小.

复数集$\mathbf{C}=\mathbf{R}(i)$中的四则运算与$\mathbf{Q}(\sqrt{2})$中的运算相差无二. 复数集$\mathbf{C}=\mathbf{R}(i)$中哪些运算能任意进行？

1.7.2　复数的运算（代数运算）

设$z_1=a+bi$，$z_2=c+di$，（a，b，c，$d\in\mathbf{R}$）

（1）加法：实部与实部相加，虚部与虚部相加.

$(a+bi)+(c+di)=(a+c)+(b+d)i$.

（2）减法：加法的逆运算.

设 $(a+bi)-(c+di)=x+yi$，

则 $(a+bi)=(c+di)+(x+yi)=(c+x)+(d+y)i$.

得 $a=c+x$，$b=d+y$，

所以 $\begin{cases}x=a-c,\\ y=b-d.\end{cases}$

所以 $(a+bi)-(c+di)=(a-c)+(b-d)i$.

（3）乘法：满足乘法对加法的分配律，符合多项式乘法.

$(a+bi)(c+di)=(ac-bd)+(ad+bc)i$.

（4）除法：乘法的逆运算.

设 $\dfrac{a+bi}{c+di}=x+yi$，$(c+di\neq0)$

即 $a+bi=(c+di)(x+yi)$

$\qquad\quad=(cx-dy)+(dx+cy)i$，

所以 $\begin{cases}a=cx-dy,\\ b=dx+cy,\end{cases}$

解得 $x=\dfrac{ac+bd}{c^2+d^2}$，$y=\dfrac{bc-ad}{c^2+d^2}$.

所以 $\dfrac{a+bi}{c+di}=\dfrac{ac+bd}{c^2+d^2}+\dfrac{bc-ad}{c^2+d^2}i$.

发现可以通过分母实数化完成除法.

$\dfrac{a+bi}{c+di}=\dfrac{(a+bi)(c-di)}{(c+di)(c-di)}=\dfrac{ac+bd}{c^2+d^2}+\dfrac{bc-ad}{c^2+d^2}i$.

例　计算 $\dfrac{(1-4i)(1+i)+2+4i}{3+4i}$

解：$\dfrac{(1-4i)(1+i)+2+4i}{3+4i}$

$\qquad=\dfrac{1+4-3i+2+4i}{3+4i}$

$\qquad=\dfrac{7+i}{3+4i}$

$\qquad=\dfrac{(7+i)(3-4i)}{3^2+4^2}$

$\qquad=\dfrac{21+4+3i-28i}{25}$

$$= \frac{25 - 25i}{25}$$
$$= 1 - i$$

（5）乘方：乘法的特殊情况.

对于 $(1+2i)^2$ 这类的乘方，可以按照乘法进行.

（6）开方：乘方的逆运算.

对于求 i 的二次方根问题，可以按照这样进行：

设 i 的二次方根为 $a+bi$，即 $(a+bi)^2 = i$，

即 $a^2 + 2abi - b^2 = i \Leftrightarrow \begin{cases} a^2 - b^2 = 0, \\ 2ab = 1, \end{cases}$

解得 $a = b = \frac{\sqrt{2}}{2}$ 或 $a = b = -\frac{\sqrt{2}}{2}$，

所以，虚数 i 的平方根为 $z_1 = \frac{\sqrt{2}}{2} + \frac{\sqrt{2}}{2}i$，$z_2 = -\frac{\sqrt{2}}{2} - \frac{\sqrt{2}}{2}i$.

现在可发现，在复数集中，n 次方程有 n 个根（重根按重数计算）. 这是很简单、很对称、很优美的结论，称为代数基本定理.

如方程 $x^3 = 1$ 的三个根为：1，$-\frac{1}{2} + \frac{\sqrt{3}}{2}i$，$-\frac{1}{2} - \frac{\sqrt{3}}{2}i$. 一般表示符号为 $\omega = -\frac{1}{2} + \frac{\sqrt{3}}{2}i$，显然 $\omega^2 = -\frac{1}{2} - \frac{\sqrt{3}}{2}i$.

我们看到，引入虚数 i 后，数集扩充到复数集，在复数集中，任意两个复数都可以进行加、减、乘、除运算，其结果在复数集中. 也可进行乘方与开方运算，似乎没有什么不能运算的问题了.

仔细想想，我们的理解有些偏差. 乘法最初来自 $\underbrace{a + a + \cdots + a}_{n\text{个}} = a \cdot n$，这里的 $n \in \mathbf{N}^*$，但最后一般乘法为 $a \cdot b$，n 可以是与 a 同类的数，如：$\sqrt{2} \times \sqrt{3}$，$(1+i) \times (2+3i)$ 等. 但由 $\underbrace{a \cdot a \cdots a}_{n\text{个}} = a^n$ 所得的 a^b 中，b 仅仅只由自然数推广到有理数. 如果这里的 b 能取无理数或虚数，如 $5^{\sqrt{2}}$，2^i，甚至如 i^i，$(1+2i)^i$，那该如何计算？为了使计算进行下去，需要引入新数吗？

我们还需要更深入地分析. 为了能把上面的问题说清楚，我们先从外围做些准备.

1.8　对数

对数的发现，因其节省劳力而延长了天文学家的寿命.

——拉普拉斯

在前文中有：

$$a^b = c \xrightarrow{\text{移项（逆运算）}} \begin{cases} a = \sqrt[b]{c}, \ \text{开方出现，产生什么数？} \\ b \neq \sqrt[a]{c}, \ \text{产生什么数？} \end{cases}$$

我们知道，要从 $a^b = c$ 中得到 b，以前的符号便不能表示了，要用新记号 $b = \log_a c$ 表示，这个新记号称为对数. 即在 $a^b = c$ 中把 a，b 一视同仁. 有两种逆运算，一种是开方，另一种就是对数. 于是我们发现了新的运算——对数.

$$a^b = c \xrightarrow{\text{移项（逆运算）}} \begin{cases} a = \sqrt[b]{c}, \ \text{开方出现，} \\ b = \log_a c, \ \text{对数出现.} \end{cases}$$

前文中已谈到，在 a^b 中只有对 $a > 0$，$b \in \mathbf{Q}$ 的数我们清楚它的运算，这时的运算结果 $a^b > 0$. 所以在对数 $\log_a c$ 中，我们现在只能对 $a > 0$ 且 $a \neq 1$，$c > 0$ 的对数进行运算. 很明显，这样的对数值是实数.

由对数定义可得对数性质：

$a > 0$，且 $a \neq 1$，$M > 0$，$N > 0$，$n \in \mathbf{Q}$，

（1）$\log_a(M \cdot N) = \log_a M + \log_a N$；

（2）$\log_a\left(\dfrac{M}{N}\right) = \log_a M - \log_a N$；

（3）$\log_a M^n = n \log_a M$.

苏格兰数学家纳皮尔（John Napier）在研究天文学的过程中，为了简化其中的计算而发明了对数. 对数发明是数学史上的一件大事，曾被 18 世纪法国大数学家、天文学家拉普拉斯（Pierre-Simon Laplace）评价为"用缩短计算时间延长了天文学家的寿命". 1637 年，法国数学家笛卡儿（René Descartes）开始使用指数符号，比对数的发明晚了二十多年. 1770 年，欧拉（Leonhard Euler）才第一个指出："对数源于指数"，这时对数和指数已经发明一百多年了. 对数发现早于指数在数学史上更是一件奇事.

1.9 自然之数 e 的发现

> 没有哪门学科能比数学更为清晰地阐明自然界的和谐性.
>
> ——卡罗斯

　　人们发明了对数后，为了方便应用，就试图编制对数表. 分析常用对数 $\lg N$（以 10 为底的对数），发现真数 N 与 $\lg N$ 的增长表现出明显的不对称性，N 从 $1 \rightarrow 10\,000$，而 $\lg N$ 从 $0 \rightarrow 4$.

　　如果编制精确到万分位的常用对数表（让对数值连续变化），就会遇到把 10，100，1 000 等开 10 000 次方的问题，而开方又是相当困难的一件事（如下表所示）.

表 2

$\lg N$	N
0. 000 0	$10^0 = 1$
0. 000 1	$10^{0.000\,1} = \sqrt[10\,000]{10} = ?$
0. 000 2	$10^{0.000\,2} = \sqrt[10\,000]{100} = ?$

　　为了让真数避免开方造成的困难，不妨以 $a = 2^{10\,000}$ 为底求对数（如下表所示）.

表 3

以 $a = 2^{10\,000}$ 为底的对数 $\log_a N$	对应的真数 N
0. 000 0	$(2^{10\,000})^{0.000\,0} = 1$
0. 000 1	$(2^{10\,000})^{0.000\,1} = 2$
0. 000 2	$(2^{10\,000})^{0.000\,2} = 2^2 = 4$
0. 000 3	$(2^{10\,000})^{0.000\,3} = 2^3 = 8$

　　由于底数很大，则相应的真数间隔也很大，这样很多数（如 3，5 等）的对数就无法获得. 而且，无论是以 10 为底的对数还是以 $a = 2^{10\,000}$ 为底的对数，对数均匀增长时，真数增长很不均匀；真数均匀增长时，对数增长也是很不均匀

的. 为了克服这种不对称性, 人们尝试用较小的底.

数学家发现以 $a = b^{10\,000}$ 为底制作 4 位对数表, b 越接近 1, 相应的真数间隔就越小.

表 4

$\log_a N$	$a = 1.1^{10\,000}$	$a = 1.01^{10\,000}$	$a = 1.000\,1^{10\,000}$
0.000 0	1.000 0	1.000 0	1.000 0
0.000 1	1.100 0	1.100 0	1.000 1
0.000 2	1.210 0	1.020 1	1.000 2
0.000 3	1.331 0	1.030 3	1.000 3
0.000 4	1.464 1	1.040 6	1.000 4

数学家编制 4 位对数表时发现, 以 $a = 1.000\,1^{10\,000}$ 为底时, 真数与对数同步变化. 很自然, 编制 5 位对数表时发现, 以 $a = 1.000\,01^{100\,000}$ 为底时, 真数与对数同步变化, 当然能以 $a = 1.000\,01^{100\,000}$ 为底编制 4 位对数表.

进而, 采用 1.1^{10}, 1.01^{100}, $1.001^{1\,000}$, $1.000\,1^{10\,000}$, $\cdots$ 为底的对数, 原来的不对称性将不断改进, 考虑底的变化极限, 最终为 $\lim\limits_{n \to \infty} \left(1 + \dfrac{1}{n}\right)^n$. 这样, 以 e 为底的对数就是最理想的, 这种对数叫自然对数, 记为 $\ln x$ ($\ln x = \log_e x$). 这就发现了一个新的无理数 e.

在历史上, 瑞士数学家比尔吉 (Burgi Joost) 用的底是 $\left(1 + \dfrac{1}{10^4}\right)^{10^4}$, 纳皮尔用的底是 $\left(1 + \dfrac{1}{10^7}\right)^{10^7}$, 它们的近似值为 e, 真是英雄所见略同.

记 $\lim\limits_{n \to \infty} \left(1 + \dfrac{1}{n}\right)^n = e$, 称为数学上第二个重要极限. 一般情况为: $\lim\limits_{x \to \infty} \left(1 + \dfrac{1}{x}\right)^x = e$.

由二项式定理可知:

$$\left(1 + \frac{1}{n}\right)^n = 1 + C_n^1 \frac{1}{n} + C_n^2 \left(\frac{1}{n}\right)^2 + C_n^3 \left(\frac{1}{n}\right)^3 + \cdots$$

$$= 1 + 1 + \frac{n(n-1)}{2!} \cdot \frac{1}{n^2} + \frac{n(n-1)(n-2)}{3!} \cdot \frac{1}{n^3} + \cdots$$

$$= 1 + \frac{1}{1!} + \frac{1}{2!}\left(1 - \frac{1}{n}\right) + \frac{1}{3!}\left(1 - \frac{1}{n}\right)\left(1 - \frac{2}{n}\right) + \cdots$$

当 $n \to \infty$ 时, 可得:

$$e = 1 + \frac{1}{1!} + \frac{1}{2!} + \frac{1}{3!} + \cdots + \frac{1}{n!} + \cdots = 2.718\ 281\ 82\cdots$$

1665 年牛顿得到：

$$e^x = 1 + x + \frac{x^2}{2!} + \frac{x^3}{3!} + \cdots + \frac{x^n}{n!} + \cdots$$

很明显，对数在实数范围内不能任意进行运算. 如 $\ln(-1) = ?$ 我们是不是还需要引入新数？

2 三角函数与欧拉公式

2.1 三角函数

在数学的天地里，重要的不是我们知道什么，而是我们怎么知道什么.

——毕达哥拉斯

2.1.1 六个三角函数的定义

平面上的点 $P(x_0, y_0)$ 与以原点 O 为起点，点 P 为终点的向量 $\overrightarrow{OP}$ 对应. 如图，向量又与 (r, θ) 对应. 我们将 x_0，y_0，r 之间的比值定义为三角函数.

将 $\angle AOP$ 放在坐标系中（顶点在原点，角的始边与 x 轴非负半轴重合），角终边上任取一点（非原点）$P(x_0, y_0)$，设 $\angle AOP = \alpha$.

正弦：$\sin \alpha = \dfrac{y_0}{r}$，余弦：$\cos \alpha = \dfrac{x_0}{r}$，

正切：$\tan \alpha = \dfrac{y_0}{x_0}$，余切：$\cot \alpha = \dfrac{x_0}{y_0}$，

正割：$\sec \alpha = \dfrac{r}{x_0}$，余割：$\csc \alpha = \dfrac{r}{y_0}$.

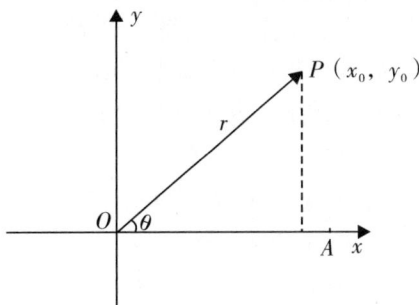

图 1

2.1.2 单位圆中的有向线段表示

如图 2 所示，过 P（角终边与单位圆交点）作 $PM /\!/ y$ 轴交 x 轴于点 M；点 A 为单位圆与 x 正半轴的交点，过 A 作 y 轴的平行线交直线 OP 于点 T；点 B 为单位圆与 y 正半轴的交点，过 B 作 x 轴的平行线交直线 OP 于点 S；过点 P 作圆的切线分别交 x，y 轴于点 K，G.

则有向线段 MP，OM，AT，BS，OK，OG 数量［有大小、正负（与坐标正方向相同为正）］分别是六个三角函数的值. 我们称为单位圆中的三角函数线.

$$MP = \sin \alpha = \frac{y_0}{r}, \quad OM = \cos \alpha = \frac{x_0}{r}, \quad AT =$$

$$\tan \alpha = \frac{y_0}{x_0},$$

$$BS = \cot \alpha = \frac{x_0}{y_0}, \quad OK = \sec \alpha = \frac{r}{x_0}, \quad OG =$$

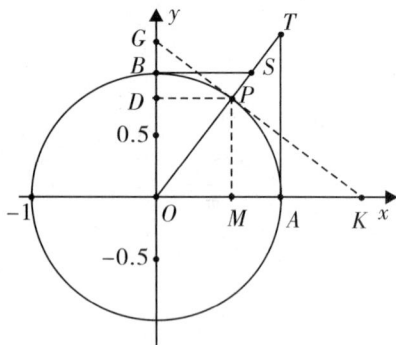

$$\csc \alpha = \frac{r}{y_0}.$$

图 2

2.1.3　同角三角函数关系

（1）倒数关系：$\sin \alpha \cdot \csc \alpha = 1$，$\cos \alpha \cdot \sec \alpha = 1$，$\tan \alpha \cdot \cot \alpha = 1$.

（2）商关系：$\tan \alpha = \dfrac{\sin \alpha}{\cos \alpha} = \dfrac{\sec \alpha}{\csc \alpha}$，$\cot \alpha = \dfrac{\cos \alpha}{\sin \alpha} = \dfrac{\csc \alpha}{\sec \alpha}$.

（3）平方关系：$\sin^2 \alpha + \cos^2 \alpha = 1$，$1 + \tan^2 \alpha = \sec^2 \alpha$，$1 + \cot^2 \alpha = \csc^2 \alpha$.

我们可以用下面的图 3 来记忆上面的三类关系：

（1）记忆倒数关系：对角线的两个三角函数值成倒数关系.

（2）记忆商关系：边界上的任一三角函数等于其相邻两函数的乘积. 所以上面发现的公式里还缺了六条公式，下面以乘积形式给出：

$$\tan \alpha \cdot \cos \alpha = \sin \alpha,$$
$$\sin \alpha \cdot \cot \alpha = \cos \alpha,$$
$$\cos \alpha \cdot \csc \alpha = \cot \alpha,$$
$$\cot \alpha \cdot \sec \alpha = \csc \alpha,$$
$$\csc \alpha \cdot \tan \alpha = \sec \alpha,$$
$$\sec \alpha \cdot \sin \alpha = \tan \alpha.$$

图 3

（3）记忆平方关系：在有阴影的三角形里，两个上顶角的平方和等于下顶角的平方.

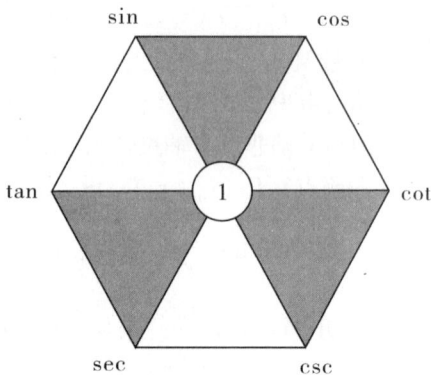

2.1.4　六个三角函数的图像

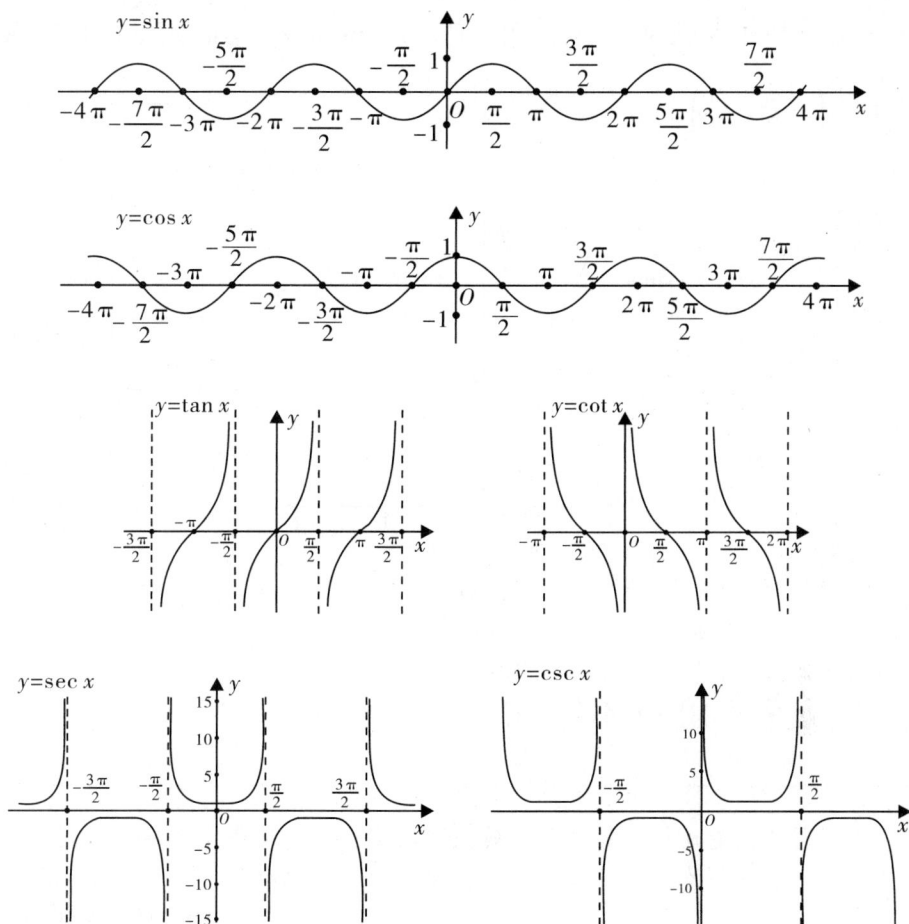

图4

2.1.5　反三角函数

（1）函数 $y = \sin x$，$x \in \left[-\dfrac{\pi}{2}, \dfrac{\pi}{2} \right]$ 的反函数为反正弦函数，记为 $y = \arcsin x$，$x \in [-1, 1]$. 反正弦函数的定义域为 $[-1, 1]$，值域为 $\left[-\dfrac{\pi}{2}, \dfrac{\pi}{2} \right]$.

（2）函数 $y = \cos x$ 在区间 $[0, \pi]$ 上是一一对应的，此时称函数 $y = \cos x$，$x \in [0, \pi]$ 的反函数为反余弦函数，记为 $y = \arccos x$，$x \in [-1, 1]$. 反余弦函

数的定义域为 $[-1,1]$，值域为 $[0,\pi]$．

（3）函数 $y=\tan x$ 在区间 $\left(-\dfrac{\pi}{2},\dfrac{\pi}{2}\right)$ 上是一一对应的，此时称函数 $y=\tan x$，$x\in\left(-\dfrac{\pi}{2},\dfrac{\pi}{2}\right)$ 的反函数为反正切函数，记为 $y=\arctan x$，反正切函数的定义域为 **R**，值域为 $\left(-\dfrac{\pi}{2},\dfrac{\pi}{2}\right)$．

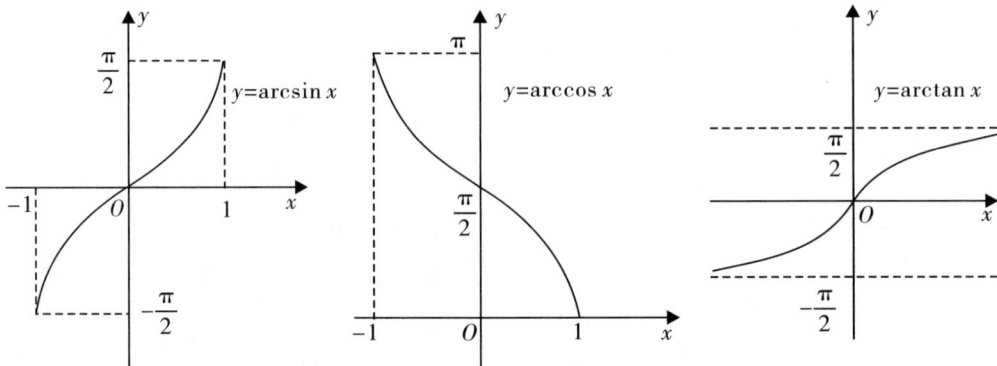

图 5

2.2　三角函数不等式与重要极限

　　几何看来有时候要领先于分析，但事实上，几何先行于分析，只不过像一个仆人走在主人的前面一样，是为主人开路的．

——西尔维斯特

2.2.1　一个重要的三角函数不等式

当 $0<x<\dfrac{\pi}{2}$ 时，有 $\sin x<x<\tan x$．

证明：画单位圆（如图 6），设 $\angle POA=x$，作正弦线 MP 与正切线 AT，

显然 $|MP|<|AP|<\overset{\frown}{AP}$，即 $\sin x<x$．

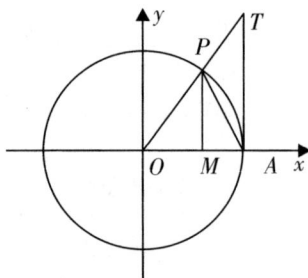

图 6

又 $S_{扇形POA} < S_{\triangle TOA}$

即 $\dfrac{1}{2}OA \cdot \overset{\frown}{AP} < \dfrac{1}{2}OA \cdot AT$,

即 $\overset{\frown}{AP} < AT$, 即 $x < \tan x$.

所以 $\sin x < x < \tan x$.

2.2.2　一个重要极限：$\lim\limits_{x \to 0} \dfrac{x}{\sin x} = 1$

证明：因为 $\sin x < x < \tan x$，所以 $1 < \dfrac{x}{\sin x} < \dfrac{1}{\cos x}$

又 $\lim\limits_{x \to 0} \cos x = 1$，所以 $\lim\limits_{x \to 0} \dfrac{x}{\sin x} = 1$.

一个直接推论为：$\lim\limits_{x \to 0} \dfrac{\tan x}{x} = 1$.

以上极限式说明：当 $x \to 0$ 时，$\sin x = x = \tan x$.

此式说明：当 $x \to 0$ 时，$\sin x$，$\tan x$ 的函数值与自变量值相当，从而可得：当 $x \to 0$ 时，$\arcsin x$，$\arctan x$ 的函数值与自变量值相当，即 $\lim\limits_{x \to 0} \dfrac{x}{\arcsin x} = 1$，$\lim\limits_{x \to 0} \dfrac{\arctan x}{x} = 1$.

2.2.3　几个重要函数求导

（1）函数 $y = \sin x$ 的求导过程.

$$
\begin{aligned}
\dfrac{\mathrm{d}y}{\mathrm{d}x} &= \lim_{\Delta x \to 0} \dfrac{\sin(x + \Delta x) - \sin x}{\Delta x} \\
&= \lim_{\Delta x \to 0} \dfrac{2\cos\left(x + \dfrac{\Delta x}{2}\right)\sin\dfrac{\Delta x}{2}}{\Delta x} \\
&= \lim_{\Delta x \to 0} \left[\dfrac{\sin\dfrac{\Delta x}{2}}{\dfrac{\Delta x}{2}}\cos\left(x + \dfrac{\Delta x}{2}\right)\right] \\
&= \lim_{\Delta x \to 0} \dfrac{\sin\dfrac{\Delta x}{2}}{\dfrac{\Delta x}{2}} \cdot \lim_{\Delta x \to 0}\cos\left(x + \dfrac{\Delta x}{2}\right) \\
&= \cos x
\end{aligned}
$$

（2）对数函数 $y = \log_a x$ 的求导过程.

$$
\dfrac{\mathrm{d}y}{\mathrm{d}x} = \lim_{\Delta x \to 0} \dfrac{\log_a(x + \Delta x) - \log_a x}{\Delta x}
$$

$$= \lim_{\Delta x \to 0} \frac{1}{\Delta x} \log_a \frac{x + \Delta x}{x}$$

$$= \lim_{\Delta x \to 0} \frac{1}{\Delta x} \log_a \left(1 + \frac{\Delta x}{x} \right)$$

令 $\dfrac{\Delta x}{x} = h$，则 $\Delta x = hx$，当 $\Delta x \to 0$，$h \to 0$，而 $\dfrac{1}{\Delta x} = \dfrac{1}{x} \cdot \dfrac{1}{h}$，从而

$$\frac{\mathrm{d}y}{\mathrm{d}x} = \lim_{h \to 0} \frac{1}{x} \cdot \frac{1}{h} \cdot \log_a (1 + h)$$

$$= \lim_{h \to 0} \frac{1}{x} \log_a (1 + h)^{\frac{1}{h}}$$

$$= \frac{1}{x} \lim_{h \to 0} \log_a (1 + h)^{\frac{1}{h}}$$

$$= \frac{1}{x} \log_a \mathrm{e}$$

（3）指数函数 $f(x) = a^x (a > 0, a \neq 1)$ 的求导过程.

方法一（直接法）：

$$f'(x) = \lim_{h \to 0} \frac{a^{x+h} - a^x}{h} = a^x \lim_{h \to 0} \frac{a^h - 1}{h} \quad （因为 a^x 与 h 无关）$$

而 $f'(0) = \lim\limits_{h \to 0} \dfrac{a^{0+h} - a^0}{h} = \lim\limits_{h \to 0} \dfrac{a^h - 1}{h}$

所以 $f'(x) = a^x f'(0)$

设 $f'(0) = b$

因为 $f'(0) = \lim\limits_{h \to 0} \dfrac{a^h - 1}{h} = b$

所以 $\dfrac{a^h - 1}{h} \approx b (h \to 0)$

所以 $a^h \approx 1 + bh (h \to 0)$

令 $h = \dfrac{1}{n}$（当 $n \to \infty$ 时，有 $h \to 0$）

所以 $a^h \approx 1 + bh (h \to 0) \Leftrightarrow a^{\frac{1}{n}} \approx 1 + \dfrac{b}{n} (n \to \infty)$

$$\Leftrightarrow a \approx \left(1 + \frac{b}{n} \right)^n$$

$$= \left[\left(1 + \frac{b}{n} \right)^{\frac{n}{b}} \right]^b \to \mathrm{e}^b (n \to \infty)$$

所以 $b = \ln a$，从而 $(a^x)' = a^x \ln a$

方法二（反函数法）：

$$y = a^x \Leftrightarrow x = \log_a y$$

$$(a^x)' = \lim_{n \to \infty} \frac{\Delta y}{\Delta x} = \lim_{n \to \infty} \frac{1}{\dfrac{\Delta x}{\Delta y}} = \frac{1}{(\log_a y)'} = \frac{1}{\dfrac{1}{y \ln a}} = y \ln a = a^x \ln a$$

有了以上知识，数学的大门已经为你打开，你的眼前将呈现一个精彩的世界．如果你还有什么问题，不妨用此思维去分析，并尝试解决．

2.3　复数的几何意义及其模与幅角

> 算术符号是书写出来的图形，而几何图形是绘画出来的公式．
>
> ——希尔伯特

复数有多种表示形式，常用形式 $z = a + bi$（a，$b \in \mathbf{R}$）叫作代数形式．还有另外几种复数的表达形式．

2.3.1　复数的几何形式与向量形式

在直角坐标系中，以 x 为实轴，y 为虚轴，O 为原点形成的坐标系叫作复平面，这样所有复数都可以用复平面上的唯一点表示．

复数 $z = a + bi$ 用复平面上的点 Z（a，b）表示．这种形式使复数的问题可以借助图形来研究，也可反过来用复数的理论解决一些几何问题．

复数 $z = a + bi$ 用一个以原点 O 为起点，点 Z（a，b）为终点的向量 $\overrightarrow{OZ}$ 表示．这种形式使复数的加、减法运算得到恰当的几何解释．

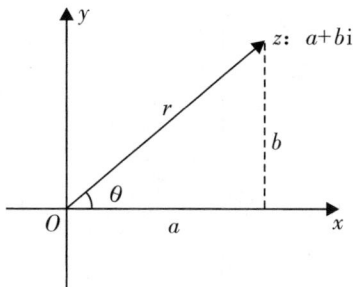

图7

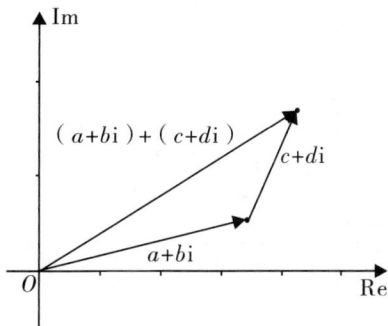

图8

加法：$(a+bi)+(c+di)=a+c+(b+d)i$

乘法：$(a+bi)(c+di)=ac+(ad+bc)i+bdi^2$

加法的几何意义和向量一样，符合平行四边形法则（或三角形法则）．复数的乘法符合多项式乘法．但向量没有乘法（点积、叉积和实数乘法不一样），这就是复数和向量的区别．

2.3.2 复数的模与幅角

如图 9 与 $z=a+bi$ 对应的向量 $\overrightarrow{OZ}$ 的模 r 叫作这个复数的模，并且

$$r=\sqrt{a^2+b^2}$$

以 x 轴的正半轴为始边、向量 $\overrightarrow{OZ}$ 所在的射线（起点是 O）为终边的角 θ，叫作复数 $z=a+bi$ 的幅角．

（1）不等于零的复数的幅角有无限多个值，这些值相差 2π 的整数倍．例如，复数 i 的幅角是 $\frac{\pi}{2}+2k\pi$（$k\in\mathbf{Z}$）．

（2）为了使所研究的问题有唯一的结果，我们规定，适合于 $0\leqslant\theta<2\pi$ 的幅角 θ 的值，叫作幅角的主值，通常记作 $\arg z$，即 $0\leqslant\arg z<2\pi$．

（3）每一个不等于零的复数有唯一的模与幅角的主值，并且可由它的模与幅角的主值唯一确定．因此，两个非零复数相等，当且仅当它们的模与幅角的主值分别相等．

特例 1 ①当 $a\in\mathbf{R}_+$ 时，

$$\arg(a)=0,\arg(-a)=\pi,\arg(ai)=\frac{\pi}{2},\arg(-ai)=\frac{3\pi}{2}.$$

②如果 $z=0$，那么与它对应的向量 $\overrightarrow{OZ}$ 缩成一个点（零向量），这样的向量方向是任意的，所以复数 0 的幅角也是任意的．

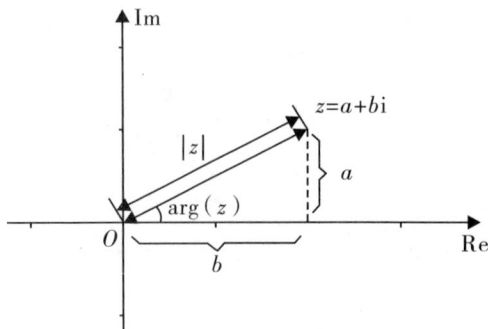

图 9

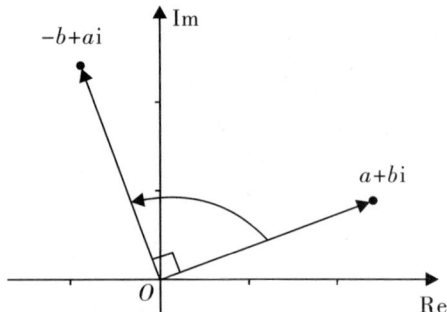

图 10

2.3.3 复数乘法的几何意义

根据复数的乘法规则，$(a+bi)i = -b+ai$，画出来发现两者是正交的，见图 10.
还可以从另外一个角度来理解这一点，i 在复平面上是图 11 这样的：

那么，$a+bi$ 乘以虚数 i，就是：$a+bi$ 对应向量逆时针旋转 $90°$ 对应的复数.

表 1

	长度	幅度
$z = a+bi$	$|z|$	$\arg(z)$
i	$|i| = 1$	$\arg(i) = 90°$
$z \times i$	$|i| \times |z|$	$\arg(z) + \arg(i)$

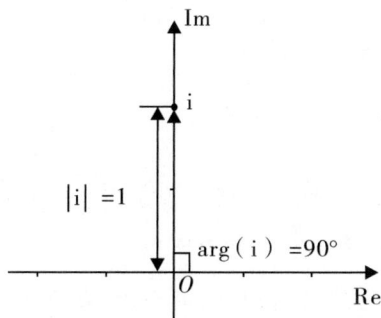

图 11

对于一般的复数 $c+di$，也符合这个规律，即复数相乘，模相乘，幅角相加.

表 2

	长度	幅度
$z_1 = a+bi$	$|z_1|$	$\arg(z_1)$
$z_2 = c+di$	$|z_2|$	$\arg(z_2)$
$z_1 \times z_2$	$|z_1| \times |z_2|$	$\arg(z_1) + \arg(z_2)$

2.4　复数的三角形式及其运算

> 　　纯粹几何学的学说往往会给出，而在许多问题中会给出多个简单而自然的办法来洞察诸真理的来源，去揭露那连接它们的神秘链索，去使它们独特地、明白地、完全地被认识．
>
> 　　　　　　　　　　　　　　　　　　　　——卓斯拿斯

2.4.1　复数的三角形式

对一个复数 $z = a + bi$，它的实部 a、虚部 b 与幅角 θ、模 r 的关系从图 12 中可看出：

$$\begin{cases} a = r\cos\theta, \\ b = r\sin\theta. \end{cases}$$

所以 $a + bi = r\cos\theta + ir\sin\theta = r(\cos\theta + i\sin\theta)$

其中 $r = \sqrt{a^2 + b^2}$，$\cos\theta = \dfrac{a}{r}$，$\sin\theta = \dfrac{b}{r}$．

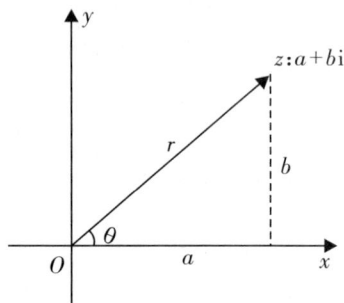

图 12

当 z 对应的点 Z 不在实轴或虚轴上时，z 的幅角 θ 的终边所在的象限就是点 Z 所在的象限．当点 Z 在实轴或虚轴上时，幅角 θ 的终边就是从原点 O 出发，经过点 Z 的半条坐标轴．

总结　任何一个复数 $z = a + bi$ 都可以表示成 $r(\cos\theta + i\sin\theta)$ 的形式．

$r(\cos\theta + i\sin\theta)$ 叫作复数 $a + bi$ 的三角形式．为了同三角形式区别开来，$a + bi$ 叫作复数的代数形式．

分析　复数的三角形式 $z = r(\cos\theta + i\sin\theta)$ 必须满足：①r 为非负数；②同角；③括号中的实部为 $\cos\theta$，虚部为 $\sin\theta$；④连接符号 "＋"．

因此，一个表示复数的式子能否叫作这个复数的三角形式，不是只看它是否含有三角函数符号，而在于这个式子是否正确地给出了模、幅角及连接符号．

复数的三角形式，实质上也是用一个有序实数对 (r, θ) 来确定一个复数的．

例　把下列复数表示成三角形式．

(1) $\sqrt{3} + i$；(2) $1 - i$；(3) -1．

解：（1）$r = \sqrt{3+1} = 2$，$\cos\theta = \dfrac{\sqrt{3}}{2}$；

因为 $\sqrt{3} + i$ 对应的点在第一象限，$\arg(\sqrt{3} + i) = \dfrac{\pi}{6}$，于是：

$$\sqrt{3} + i = 2\left(\cos\frac{\pi}{6} + i\sin\frac{\pi}{6}\right)$$

（2）$r = \sqrt{1+1} = \sqrt{2}$，$\cos\theta = \dfrac{1}{\sqrt{2}} = \dfrac{\sqrt{2}}{2}$；

因为与 $1 - i$ 对应的点在第四象限，所以 $\arg(1-i) = \dfrac{7\pi}{4}$，于是：

$$1 - i = \sqrt{2}\left(\cos\frac{7\pi}{4} + i\sin\frac{7\pi}{4}\right).$$

（3）$r = \sqrt{1+0} = 1$；

因为与 -1 对应的点在 x 轴的负半轴上，所以 $\arg(-1) = \pi$，于是：

$$-1 = \cos\pi + i\sin\pi$$

点评 在化复数的代数形式为三角形式时，不一定要求幅角取主值，如例（2）也可以表示成：

$$1 - i = \sqrt{2}\left(\cos\left(-\frac{\pi}{4}\right) + i\sin\left(-\frac{\pi}{4}\right)\right)$$

如果幅角在主值范围内是特殊角，可把幅角化成它的主值，在其他情况下，一般不要求.

2.4.2 复数三角形式的运算

设复数 z_1，z_2 的三角形式分别为 $r_1(\cos\theta_1 + i\sin\theta_1)$ 和 $r_2(\cos\theta_2 + i\sin\theta_2)$，那么：

（1）复数乘法：$z_1 \cdot z_2 = r_1 r_2 [\cos(\theta_1 + \theta_2) + i\sin(\theta_1 + \theta_2)]$，（复数乘法 $z_1 \cdot z_2$ 的几何意义：将 z_1 对应的向量 $\overrightarrow{OZ_1}$ 绕原点 O 旋转 θ_2，再将其模 r_1 拉长为原来的 r_2 倍，就是伸缩与旋转）.

特例 2 $(1 + i)i$ 就是将 $1 + i$ 对应向量逆时针绕原点 O 旋转 $\dfrac{\pi}{2}$ 所得向量对应的复数，即 $-1 + i$.

（2）复数除法：

$$z_1 \div z_2 = r_1 \div r_2 [\cos(\theta_1 - \theta_2) + i\sin(\theta_1 - \theta_2)].$$

（3）复数乘方：

若有一复数 $z = r(\cos\theta + i\sin\theta)$，则 $z^n = r^n(\cos n\theta + i\sin n\theta)$.

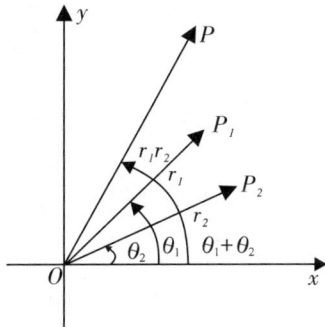

图 13

复数中的重要定理——棣莫弗定理（De Moivre's Theorem）：

$$(\cos\theta + \mathrm{i}\sin\theta)^n = \cos n\theta + \mathrm{i}\sin n\theta \ (n \in \mathbf{Z}^*)$$

（4）复数开方：若有一复数 $z = r(\cos\theta + \mathrm{i}\sin\theta)$，由 n 次方根的定义和棣莫弗定理得：

$$r(\cos\theta + \mathrm{i}\sin\theta) = \left[\rho(\cos\varphi + \mathrm{i}\sin\varphi)\right]^n = \rho^n(\cos n\varphi + \mathrm{i}\sin n\varphi)$$

根据复数相等的含义，两个复数模相等，幅角相差 $2k\pi$，$k \in \mathbf{Z}$，从而，

$$\begin{cases} \rho^n = r, \\ n\varphi = \theta + 2k\pi, \ k \in \mathbf{Z} \end{cases}$$

即 $$\begin{cases} \rho = \sqrt[n]{r}, \\ \varphi = \dfrac{\theta + 2k\pi}{n}, \ k \in \mathbf{Z} \end{cases}$$

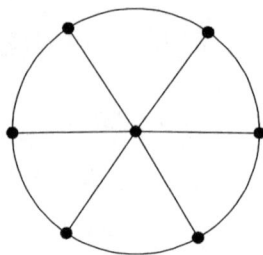

$$\sqrt[n]{z} = \sqrt[n]{r}\left[\cos\frac{2k\pi + \theta}{n} + \mathrm{i}\sin\frac{2k\pi + \theta}{n}\right](k = 1, 2, 3, \cdots)$$

由于幅角终边会重复，所以 z 的 n 次方根是 n 个复

图 14

数．它们的模都等于复数的模的 n 次算术根，它们的幅角分别等于这个复数的幅角与 2π 的 0，1，$\cdots$，$n-1$ 倍的和的 n 分之一．

可见，非零复数 z 的 n 次方根有 n 个，它们均匀地分布在以原点 O 为圆心，半径为 $\sqrt[n]{r}$ 的圆周上．

特例 3 方程 $z^n = 1$ 的 n 个根为 $\varepsilon_k = \cos\dfrac{2k\pi}{n} + \mathrm{i}\sin\dfrac{2k\pi}{n}(k = 0, 1, 2, 3, \cdots,$

$n-1)$，

由于复数对应于向量，共点力的平衡条件为合力是零，所以：

$$\varepsilon_0 + \varepsilon_1 + \varepsilon_2 + \varepsilon_3 + \cdots + \varepsilon_{n-1} = 0$$

即 $\cos\alpha + \cos\left(\alpha + \dfrac{2\pi}{n}\right) + \cos\left(\alpha + \dfrac{2\cdot 2\pi}{n}\right) + \cdots + \cos\left(\alpha + \dfrac{(n-1)\cdot 2\pi}{n}\right) = 0$

$$\sin\alpha + \sin\left(\alpha + \frac{2\pi}{n}\right) + \sin\left(\alpha + \frac{2\cdot 2\pi}{n}\right) + \cdots + \sin\left(\alpha + \frac{(n-1)\cdot 2\pi}{n}\right) = 0$$

应用：

（1）$\cos^2\theta + \cos^2(\theta + 120°) + \cos^2(\theta + 240°)$

$$= \frac{1}{2}\left[3 + \cos 2\theta + \cos 2(\theta + 120°) + \cos 2(\theta + 240°)\right]$$

$$= \frac{1}{2}\left[3 + \cos 2\theta + \cos(2\theta + 120°) + \cos(2\theta + 240°)\right]$$

$$= \frac{3}{2}$$

同理，$\sin^2\theta + \sin^2(\theta + 120°) + \sin^2(\theta + 240°) = \dfrac{3}{2}$

(2) $\cos^2\alpha + \cos^2\left(\alpha + \dfrac{2\pi}{n}\right) + \cos^2\left(\alpha + \dfrac{2 \cdot 2\pi}{n}\right) + \cdots + \cos^2\left(\alpha + \dfrac{(n-1) \cdot 2\pi}{n}\right)$

$$= \frac{n}{2}$$

(3) $\sin^2\alpha + \sin^2\left(\alpha + \dfrac{2\pi}{n}\right) + \sin^2\left(\alpha + \dfrac{2 \cdot 2\pi}{n}\right) + \cdots + \sin^2\left(\alpha + \dfrac{(n-1) \cdot 2\pi}{n}\right)$

$$= \frac{n}{2} \; (n \in \mathbf{N}, \; n \geqslant 3) .$$

有了数 i 之后，我们对以前的问题就有了新的理解（复数乘法的几何意义就是伸缩与旋转）.

$$a \times \mathrm{i} = a\left(\cos \frac{\pi}{2} + \mathrm{i}\sin \frac{\pi}{2}\right)$$

$$a \times (-1) = a(\cos \pi + \mathrm{i}\sin \pi)$$

数 a 乘 i 等于将 a 代表的向量逆时针旋转 $90°$. 一个数 a 乘（-1）等于将 a 代表的向量逆时针旋转 $180°$，所以（-1）$\times$（-1）$= 1$，即"负负得正".

复数是二元数，也是二维数，在平面上可以表示.

那么问题来了：有三元数吗？

2.5 三角函数的幂级数展开

> 自然界和自然界的规律隐藏在黑暗中，上帝说，让牛顿出生吧，于是世界一片光明.
>
> ——蒲伯

对于 $(\cos\theta + \mathrm{i}\sin\theta)^n$，应用棣莫弗定理和二项式定理，得：

$\cos n\theta + \mathrm{i}\sin n\theta = (\cos\theta + \mathrm{i}\sin\theta)^n$

$$= \cos^n\theta + n\cos^{n-1}\theta(\mathrm{i}\sin\theta) + \frac{n(n-1)}{2!}\cos^{n-2}\theta(\mathrm{i}\sin\theta)^2 +$$

$$\frac{n(n-1)(n-2)}{3!}\cos^{n-3}\theta(\mathrm{i}\sin\theta)^3 + \cdots$$

根据等号左右两端复数相等，即实部、虚部对应分别相等，于是得到式子：

$$\sin n\theta = n\cos^{n-1}\theta\sin\theta - \frac{n(n-1)(n-2)}{3!}\cos^{n-3}\theta\sin^3\theta +$$

$$\frac{n(n-1)(n-2)(n-3)(n-4)}{5!}\cos^{n-5}\theta\sin^5\theta + \cdots \qquad ①$$

$$\cos n\theta = \cos^n\theta - \frac{n(n-1)}{2!}\cos^{n-2}\theta\sin^2\theta + \frac{n(n-1)(n-2)(n-3)}{4!}\cos^{n-4}\theta\sin^4\theta + \cdots$$

$$②$$

在①式中，令 $n\theta = x$，则 $n = \dfrac{x}{\theta}$

$$\sin x = x\cos^{n-1}\theta\,\frac{\sin\theta}{\theta} - \frac{x(x-\theta)(x-2\theta)}{3!}\cos^{n-3}\theta\,\frac{\sin^3\theta}{\theta^3} +$$

$$\frac{x(x-\theta)(x-2\theta)(x-3\theta)(x-4\theta)}{5!}\cos^{n-5}\theta\,\frac{\sin^5\theta}{\theta^5} + \cdots$$

当 $n\to\infty$ 时，$\theta\to 0$，$\displaystyle\lim_{\theta\to 0}\frac{\sin\theta}{\theta} = 1$，$\displaystyle\lim_{\theta\to 0}\cos\theta = 1$.

$$\lim_{n\to\infty}\cos^n\theta = \lim_{n\to\infty}\cos^n\frac{x}{n} = 1.$$

$$\sin x = x - \frac{x^3}{3!} + \frac{x^5}{5!} - \frac{x^7}{7!} + \frac{x^9}{9!} + \cdots$$

对②式进行同样的变形、运算，可得：

令 $n\theta = x$，则 $n = \dfrac{x}{\theta}$

$$\cos x = \cos^n\theta - \frac{x(x-\theta)}{2!}\cos^{n-2}\theta\,\frac{\sin^2\theta}{\theta^2} + \frac{x(x-\theta)(x-2\theta)(x-3\theta)}{4!}\cos^{n-4}\theta\,\frac{\sin^4\theta}{\theta^4} + \cdots$$

当 $n\to\infty$ 时，$\theta\to 0$，$\displaystyle\lim_{\theta\to 0}\frac{\sin\theta}{\theta} = 1$，$\displaystyle\lim_{\theta\to 0}\cos\theta = 1$.

$$\lim_{n\to\infty}\cos^n\theta = \lim_{n\to\infty}\cos^n\frac{x}{n} = 1.$$

$$\cos x = 1 - \frac{x^2}{2!} + \frac{x^4}{4!} - \frac{x^6}{6!} + \frac{x^8}{8!} + \cdots$$

2.6 欧拉公式

读读欧拉，他是我们大家的老师.

——拉普拉斯

由复数三角形式的乘法运算可得到棣莫弗定理（公式）：

$$(\cos \theta + \mathrm{i}\sin \theta)^n = \cos n\theta + \mathrm{i}\sin n\theta \ (n \in \mathbf{Z}^*)$$

类比实函数可定义复函数，类比实极限可定义复极限.

$f(x) = x^2 (x \in \mathbf{R})$类比定义 $f(z) = z^2 (z \in \mathbf{C})$. 极限$\lim\limits_{x \to 1} f(x)$指在 x 轴上从左右两端趋向于 1 时函数 $f(x)$ 的极限值；同理类比定义极限$\lim\limits_{z \to 1} f(z)$，指在复平面上从任意方向趋向于 1 时函数 $f(z)$ 的极限值.

因为 $\lim\limits_{n \to \infty}\left(1 + \dfrac{1}{n}\right)^n = \mathrm{e}$，所以 $\lim\limits_{n \to \infty}\left(1 + \dfrac{x}{n}\right)^{\frac{n}{x}} = \mathrm{e}$. 以此形式推广到复数集中，

$$\lim\limits_{n \to \infty}\left(1 + \dfrac{\mathrm{i}}{n}\right)^{\frac{n}{\mathrm{i}}} = \mathrm{e}.$$

所以$\lim\limits_{n \to \infty}\left(1 + \dfrac{\theta\mathrm{i}}{n}\right)^n = \lim\limits_{n \to \infty}\left[\left(1 + \dfrac{\theta\mathrm{i}}{n}\right)^{\frac{n}{\theta\mathrm{i}}}\right]^{\theta\mathrm{i}} = \mathrm{e}^{\theta\mathrm{i}}$，

而 $1 + \dfrac{\theta\mathrm{i}}{n} = \sqrt{1 + \dfrac{\theta^2}{n^2}}(\cos \varphi + \mathrm{i}\sin \varphi)$，其中 $\varphi = \arctan \dfrac{\theta}{n}$，同时还有：

$$\left(1 + \dfrac{\theta\mathrm{i}}{n}\right)^n = \left(\sqrt{1 + \dfrac{\theta^2}{n^2}}\right)^n (\cos n\varphi + \mathrm{i}\sin n\varphi)$$

$$\lim\limits_{n \to \infty}\left(\sqrt{1 + \dfrac{\theta^2}{n^2}}\right)^n = \sqrt{\lim\limits_{n \to \infty}\left[\left(1 + \dfrac{\theta^2}{n^2}\right)^{\frac{n^2}{\theta^2}}\right]^{\frac{\theta^2}{n}}} = 1$$

$$\lim\limits_{n \to \infty}(n\varphi) = \lim\limits_{n \to \infty}\left(n\arctan \dfrac{\theta}{n}\right) = \lim\limits_{n \to \infty}\left(\theta\,\dfrac{\arctan \dfrac{\theta}{n}}{\dfrac{\theta}{n}}\right) = \theta$$

所以$\lim\limits_{n \to \infty}\left(1 + \dfrac{\theta\mathrm{i}}{n}\right)^n = (\cos \theta + \mathrm{i}\sin \theta)$

所以 $\mathrm{e}^{\mathrm{i}\theta} = (\cos \theta + \mathrm{i}\sin \theta)$.

此公式由欧拉首先发现，称为欧拉公式，但欧拉是通过泰勒（幂级数）公

式发现的.

特例 4　$e^{i\pi} + 1 = 0, \ln(-1) = i\pi, i^i = e^{-\frac{\pi}{2}}$.

利用欧拉公式 $e^{ix} = \cos x + i\sin x$ 与正余弦函数的幂级数展开式，形式化可得到 e^x 的泰勒公式.

因为，

$$\sin x = x - \frac{x^3}{3!} + \frac{x^5}{5!} - \frac{x^7}{7!} + \frac{x^9}{9!} + \cdots$$

$$\cos x = 1 - \frac{x^2}{2!} + \frac{x^4}{4!} - \frac{x^6}{6!} + \frac{x^8}{8!} + \cdots$$

所以，

$$e^{ix} = \cos x + i\sin x$$

$$= \left(1 - \frac{x^2}{2!} + \frac{x^4}{4!} - \frac{x^6}{6!} + \frac{x^8}{8!} + \cdots\right) + i\left(x - \frac{x^3}{3!} + \frac{x^5}{5!} - \frac{x^7}{7!} + \frac{x^9}{9!} + \cdots\right)$$

$$= 1 + ix + \frac{(ix)^2}{2!} + \frac{(ix)^3}{3!} + \frac{(ix)^4}{4!} + \frac{(ix)^5}{5!} + \frac{(ix)^6}{6!} + \cdots$$

换元，将 ix 换成 x，则：

$$e^x = 1 + \frac{x}{1!} + \frac{x^2}{2!} + \frac{x^3}{3!} + \cdots + \frac{x^n}{n!} + \cdots$$

得到 e^x 的泰勒公式.

2.7　高等数学中的欧拉公式

> 数学中的一些美丽定理具有这样的特性：它们极易从事实中归纳出来，但证明却隐藏得极深.
>
> ——高斯

在高等数学微积分中，欧拉公式是通过泰勒公式得到的.

首先利用求导，得到函数 e^x，$\sin x$，$\cos x$ 的泰勒公式：

$$e^x = 1 + \frac{x}{1!} + \frac{x^2}{2!} + \frac{x^3}{3!} + \cdots + \frac{x^n}{n!} + \cdots$$

$$\sin x = x - \frac{x^3}{3!} + \frac{x^5}{5!} - \frac{x^7}{7!} + \frac{x^9}{9!} + \cdots$$

$$\cos x = 1 - \frac{x^2}{2!} + \frac{x^4}{4!} - \frac{x^6}{6!} + \frac{x^8}{8!} + \cdots$$

在 e^x 泰勒公式两端，以 ix 换 x，

$$e^{ix} = 1 + ix + \frac{(ix)^2}{2!} + \frac{(ix)^3}{3!} + \frac{(ix)^4}{4!} + \frac{(ix)^5}{5!} + \frac{(ix)^6}{6!} + \cdots$$

$$= \left(1 - \frac{x^2}{2!} + \frac{x^4}{4!} - \frac{x^6}{6!} + \frac{x^8}{8!} + \cdots\right) + i\left(x - \frac{x^3}{3!} + \frac{x^5}{5!} - \frac{x^7}{7!} + \frac{x^9}{9!} + \cdots\right)$$

$$= \cos x + i\sin x$$

即得到欧拉公式：$e^{ix} = \cos x + i\sin x$.

这是欧拉的发现过程，欧拉迈出了被现代数学家视为非常大胆的一步：他将关于 e^x 的等式中的 x 都用虚数形式 ix 代替，这项智慧成就被视为一块概念论的钻石，有着无法逾越的美. 欧拉公式也被称为上帝公式.

人们自然会问，实数中得到的泰勒公式，能直接代入虚数吗？翻阅各种微积分书籍，有下列理由：

（1）达朗贝尔判别法：给定级数 $\sum\limits_{n=1}^{\infty} a_n = a_1 + a_2 + \cdots + a_n$.

设对于数串 $d_n = \dfrac{|a_{n+1}|}{|a_n|}$ 存在一个确定的极限 $d = \lim\limits_{n \to \infty} d_n$，则当 $d < 1$ 时，给定级数绝对收敛，而当 $d > 1$ 时级数发散.

（2）给定级数 $\sum\limits_{n=0}^{\infty} c_n z^n = c_0 + c_1 z + c_2 z^2 + \cdots + c_n z^n + \cdots$，其中 c_0，c_1，c_2，$\cdots$为常复数系数，z 为复变数. 借助达朗贝尔判别法，不难认出，级数 $1 + \sum\limits_{n=1}^{\infty} \dfrac{z^n}{n!}$ 对任意复数 z 绝对收敛.

（3）展开式 $e^x = 1 + \dfrac{x}{1!} + \dfrac{x^2}{2!} + \dfrac{x^3}{3!} + \cdots + \dfrac{x^n}{n!} + \cdots$ 对任意实数 x 都成立.

倘若在这个级数里将实变数 x 换为复变数 $z = x + yi$，则得出级数 $1 + \sum\limits_{n=1}^{\infty} \dfrac{z^n}{n!}$ 收敛. 它有确定的有限和. 将它的和取作指数函数 e^z 对于任意复数 z 的值，就是说，令

$$e^z = 1 + \frac{z}{1!} + \frac{z^2}{2!} + \frac{z^3}{3!} + \cdots + \frac{z^n}{n!} + \cdots$$

这个定义不与实数指数情形下的普通定义冲突，而是其自然推广.

到此，你是不是接受了欧拉公式？

2.8 欧拉公式再理解

> 数缺形时少直观，形缺数时难入微.
>
> ——华罗庚

前面从两个相反的方向得到了欧拉公式 $e^{i\theta} = \cos\theta + i\sin\theta$ ($\theta \in \mathbf{R}$). 一个是将极限用于虚数，先得到欧拉公式，再得到泰勒公式. 另一个是先有泰勒公式，将其自变量换为虚数，得到欧拉公式. 其共同点是在实数公式中代入虚数，但总感觉不可靠. 下面我们从另外的角度验证欧拉公式的正确性. 进一步认识数学公式中往往隐含更深刻的内容，使我们的问题由"欧拉公式的形式为什么是那样的？"变成"欧拉公式的形式只能那样！"

先考虑 $e^i = ?$

在欧拉公式中取 $\theta = 1$，可得：

$e^i = \cos 1 + i\sin 1$，

对 $\cos 1 + i\sin 1$，画出来就是复平面上模长为 1、幅角也为 1 的点，见图 15.

我们的问题就是要说明 e^i 在单位圆上，且 $e^i = \cos 1 + i\sin 1$. 更一般的，欧拉公式说明，$e^{i\theta}$ 是单位圆上幅角为 θ 的点.

2.8.1 e^x 的定义

先来看看实数域中有什么可以帮助我们的. 实数域中的 e^x 函数，起码有三种定义方式：

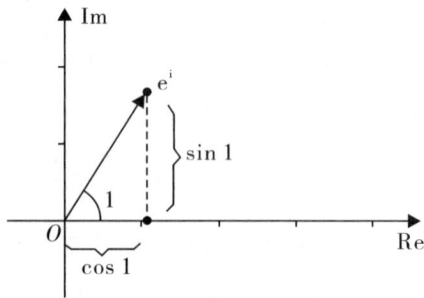

图 15

（1）极限的方式：$e^x = \lim\limits_{n \to \infty} \left(1 + \dfrac{x}{n}\right)^n$.

（2）泰勒公式的方式：$e^x = 1 + \dfrac{x}{1!} + \dfrac{x^2}{2!} + \dfrac{x^3}{3!} + \cdots + \dfrac{x^n}{n!} + \cdots$.

（3）导数的方式：$e^x = \dfrac{d(e^x)}{dx}$.

从这三种定义出发都可以得到欧拉公式.

2.8.2 极限的方式

因为 $\mathrm{e}^x = \lim\limits_{n \to \infty} \left(1 + \dfrac{x}{n}\right)^n$，

我们可以大胆地令 $x = \mathrm{i}\theta$，那么 $\mathrm{e}^{\mathrm{i}\theta} = \lim\limits_{n \to \infty} \left(1 + \dfrac{\mathrm{i}\theta}{n}\right)^n$.

若取 $\theta = 1$，则 $\mathrm{e}^{\mathrm{i}} = \lim\limits_{n \to \infty} \left(1 + \dfrac{\mathrm{i}}{n}\right)^n$.

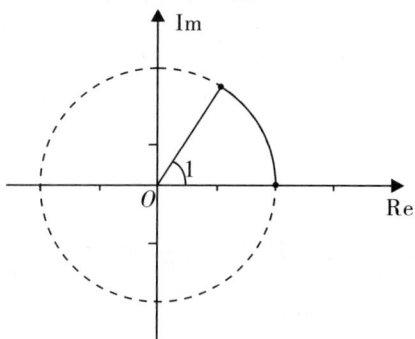

图 16

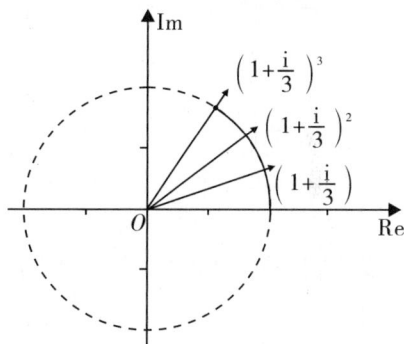

图 17

而在欧拉公式中取 $\theta = 1$，可得：$\mathrm{e}^{\mathrm{i}} = \cos 1 + \mathrm{i}\sin 1$.

我们来看看这个式子在几何上有什么意义. 先给个参照物（如图 16），虚线是单位圆，实线对应幅角为 1 的弧，然后取 $n = 3$，可以得到：$\left(1 + \dfrac{\mathrm{i}}{3}\right)^3 = \left(1 + \dfrac{\mathrm{i}}{3}\right) \times \left(1 + \dfrac{\mathrm{i}}{3}\right) \times \left(1 + \dfrac{\mathrm{i}}{3}\right)$

根据复数的乘法规则，可以看出：

分别取 $n = 10$，$n = 30$，已经很接近单位圆上幅角为 1 的点了.

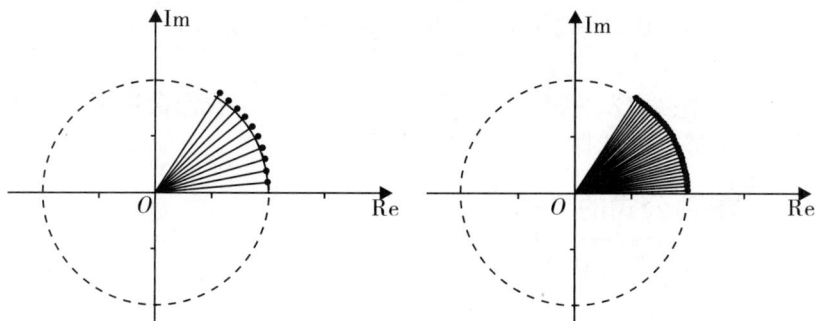

图 18

对于更一般的 $e^{i\theta}$ 也是同样的.

当 $n = 100$ 时, 就很接近单位圆上幅角为 θ 的点了.

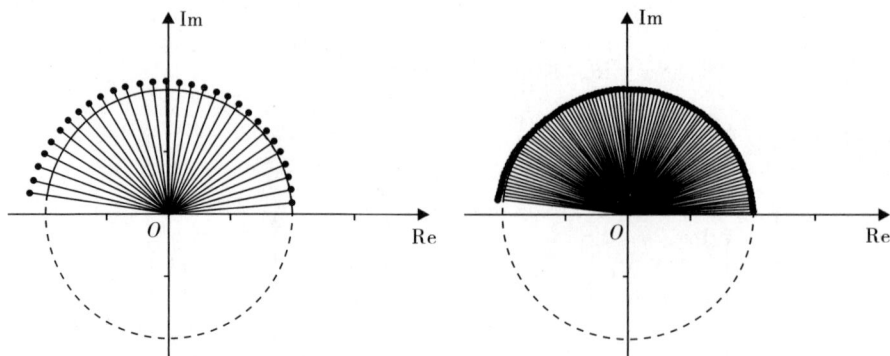

图 19

可以证明当 $n \to \infty$ 时, $e^{i\theta}$ 为单位圆上幅角为 θ 的点, 也就是得到了欧拉公式:

$$e^{i\theta} = \cos \theta + i\sin \theta \ (\theta \in \mathbf{R})$$

可能你还会问, 微积分中直接替换 x 为 $i\theta$, 合理吗?

$$e^{x} = \lim_{n \to \infty}\left(1 + \frac{x}{n}\right)^{n} \Rightarrow e^{i\theta} = \lim_{n \to \infty}\left(1 + \frac{i\theta}{n}\right)^{n}$$

这里是理解欧拉公式的关键, 我们要意识到一点, 欧拉公式是一种人为的选择, 完全可以不这么去定义 $e^{i\theta}$. 但是, 做了别的选择, 就会面临这样一个问题: 会不会在现有的庞大复杂的数学体系中产生矛盾?

打个比方, 在实数中 "除以 0" 是不合理的, 假如你想让它变得合理, 那么就一定会导致矛盾:

$$0 = 0 \Rightarrow 2 \cdot 0 = 1 \cdot 0 \Rightarrow \frac{2 \cdot 0}{0} = \frac{1 \cdot 0}{0} \Rightarrow 2 = 1$$

欧拉公式并不会引发冲突, 并且随着学习的深入, 我们会发现数学家已经证明了它是一种足够好的选择.

2.8.3　泰勒公式的方式

实数域下, 有这些泰勒公式:

$$e^{x} = 1 + \frac{x}{1!} + \frac{x^{2}}{2!} + \frac{x^{3}}{3!} + \cdots + \frac{x^{n}}{n!} + \cdots$$

$$\sin x = x - \frac{x^3}{3!} + \frac{x^5}{5!} - \frac{x^7}{7!} + \frac{x^9}{9!} + \cdots$$

$$\cos x = 1 - \frac{x^2}{2!} + \frac{x^4}{4!} - \frac{x^6}{6!} + \frac{x^8}{8!} + \cdots$$

也是直接替换 e^x，令 $x = i\theta$ 有：

$$e^{i\theta} = 1 + i\theta + \frac{(i\theta)^2}{2!} + \frac{(i\theta)^3}{3!} + \frac{(i\theta)^4}{4!} + \frac{(i\theta)^5}{5!} + \frac{(i\theta)^6}{6!} + \frac{(i\theta)^7}{7!} + \frac{(i\theta)^8}{8!} + \cdots$$

$$= 1 + i\theta - \frac{\theta^2}{2!} - \frac{i\theta^3}{3!} + \frac{\theta^4}{4!} + \frac{i\theta^5}{5!} - \frac{\theta^6}{6!} - \frac{i\theta^7}{7!} + \frac{\theta^8}{8!} + \cdots$$

$$= \left(1 - \frac{\theta^2}{2!} + \frac{\theta^4}{4!} - \frac{\theta^6}{6!} + \frac{\theta^8}{8!} - \cdots\right) + i\left(\theta - \frac{\theta^3}{3!} + \frac{\theta^5}{5!} - \frac{\theta^7}{7!} + \cdots\right)$$

$$= \cos\theta + i\sin\theta$$

也有漂亮的几何意义，看看 e^i 的前三项：

$$e^i \approx 1 + i + \frac{i^2}{2!}$$

这是三个复数相加，加出来就是：

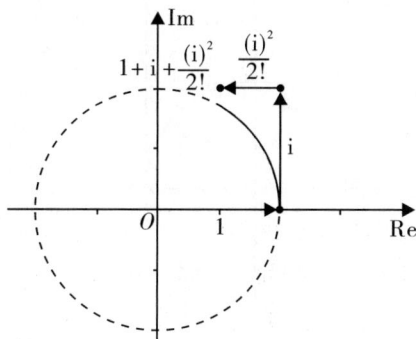

图 20

再增加第四项 $\dfrac{i^3}{3!}$：

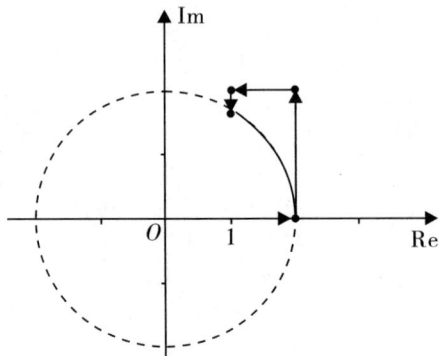

图 21

随着 $n \to \infty$ ，仿佛一个螺旋，不断地接近单位圆上幅角为 1 的点．对于更一般的 $e^{i\theta}$ 也是类似的螺旋：

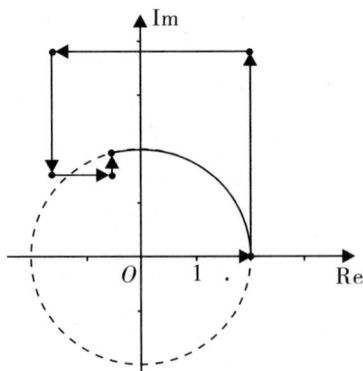

图 22

2.8.4　导数的方式

实数域有：$\dfrac{\mathrm{d}}{\mathrm{d}x}e^{rx} = re^{rx}$（$r \in \mathbf{R}$）．

直接套用：$\dfrac{\mathrm{d}}{\mathrm{d}x}e^{ix} = ie^{ix}$

假设 t 是时间，那么 e^{it} 是运动在复平面上的点的位矢，$t=0$ 时，位置为 $e^{i0}=1$：

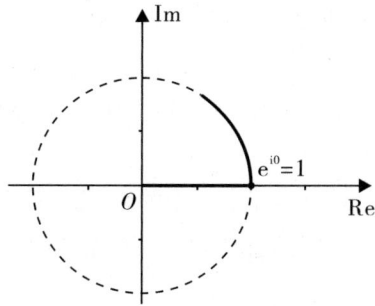

图 23

位矢 e^{it} 的运动速度，也就是导数 ie^{it}．这个速度很显然是一个向量，有方向，也有大小．它的方向垂直于位矢 e^{it}（根据乘法规则，乘以 i 表示旋转 $90°$）：

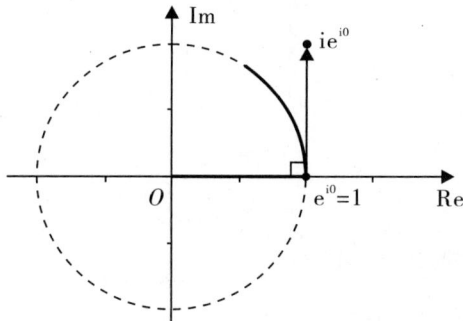

图 24

并且不论 t 等于多少，运动方向都垂直于位矢方向，所以只能在圆上运动（圆的切线始终垂直于半径）．又 $t = 0$ 时，位置为 $e^{i0} = 1$，所以只能在单位圆上运动．

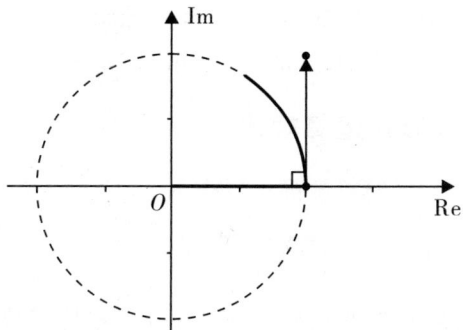

图 25

而速度的大小就是速度的模长 $|\mathrm{i}e^{\mathrm{i}t}|$. 之前说了，对于两个复数 $z_1 \times z_2$，它们的模长为 $|z_1| \times |z_2|$，那么：$|\mathrm{i}e^{\mathrm{i}t}| = |\mathrm{i}| \times |e^{\mathrm{i}t}|$.

$|\mathrm{i}|$ 肯定等于 1 了，$e^{\mathrm{i}t}$ 在单位圆上运动，所以其模长也为 1，因此速度的大小为：$|\mathrm{i}e^{\mathrm{i}t}| = 1$.

速度大小为 1 意味着 t 时刻走了 t 长度的路程. 而 $e^{\mathrm{i}t}$ 在单位圆上运动，那么 t 时刻运动了 t 弧长，因为是单位圆，所以对应的幅角为 t：

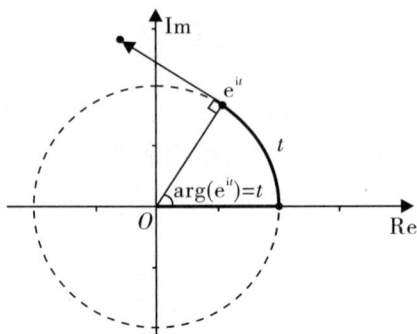

图 26

2.8.5　构造函数利用积分

欧拉公式也可这样构造证明：

设复数 $z = \cos x + \mathrm{i}\sin x$（$x \in \mathbf{R}$），两边对 x 求导数，得：

$$\frac{\mathrm{d}z}{\mathrm{d}x} = -\sin x + \mathrm{i}\cos x = \mathrm{i}^2\sin x + \mathrm{i}\cos x = \mathrm{i}(\mathrm{i}\sin x + \cos x) = \mathrm{i}z.$$

分离变量并对两边积分，得 $\int \dfrac{1}{z}\mathrm{d}z = \int \mathrm{i}\mathrm{d}x$，即 $\ln z = \mathrm{i}x + C$，

取 $x = 0$，得 $z = 1$，从而 $C = 0$，

故有 $\ln z = \mathrm{i}x$，即 $e^{\mathrm{i}x} = e^{\ln z} = z = \cos x + \mathrm{i}\sin x$.

2.8.6　复数指数形式运算规律

有了欧拉公式之后，任何复数都可以表示为：

$$z = a + b\mathrm{i} = re^{\mathrm{i}\theta}$$

其中：$r = |z|$，$\theta = \arg(z)$

笔者觉得 $a + b\mathrm{i}$ 只是复数的初始形态，而 $re^{\mathrm{i}\theta}$ 才是复数的完成形态，因为它更具有启发性. 比如计算乘法的时候：

$$z_1 = r_1 e^{i\theta_1}, \quad z_2 = r_1 e^{i\theta_2}$$

那么有：

$$z_1 \times z_2 = r_1 r_1 e^{i(\theta_1 + \theta_2)}$$

$$\frac{z_1}{z_2} = \frac{r_1}{r_1} e^{i(\theta_1 - \theta_2)}$$

几何意义更加明显. 并且扩展了乘方和对数运算：

$$a^i = e^{i\ln a}$$

$$\ln \underbrace{i}_{\text{单位圆上幅角为} \frac{\pi}{2} \text{的点}} = \ln(e^{i\frac{\pi}{2}}) = i\frac{\pi}{2}$$

到此为止，基本上所有的初等运算都全了. 更多高等的运算比如三角函数、积分、导数也需要借助欧拉公式在复数上进行推广.

欧拉公式中，如果取 $\theta = \pi$，就得到了欧拉恒等式：

$$e^{i\pi} + 1 = 0$$

这个公式将数学中最基本、最富特色的五个数 1，i，0，π，e 绝妙地联系在一起. 1 是正整数也是实数的基本单位，i 是虚数的基本单位，0 是唯一的中性数，i 来源于代数，π 来源于几何，e 来源于分析，e 与 π 在超越数之中都独具特色. 这五个看起来似乎互不相干的数，居然如此和谐地统一在一个式子中.

因而，公式 $e^{i\pi} + 1 = 0$ 也被誉为上帝公式，成为公认的优美公式，被视为数学美的一个象征.

3 新数到 i 为止吗

3.1 一元三次方程问题

> 数学不仅是各门学科所必不可少的工具，而且它从不顾及直观感觉的约束而自由地飞翔着.
>
> ——尼古拉斯·默里·巴特勒

引入虚数 i 后，三次方程的求根公式可以通过含 i 的公式表示.

一元三次方程的求根公式用通常的演绎思维是做不出来的，用类似解一元二次方程的配方法只能将形如 $ax^3 + bx^2 + cx + d = 0$ 的标准型一元三次方程形式化为 $x^3 + px + q = 0$ 的特殊型.

特例 1　方程 $x^3 = 1$ 的解为 $x_1 = 1$，$x_2 = -\dfrac{1}{2} + \dfrac{\sqrt{3}}{2}\mathrm{i} = \omega$，$x_3 = -\dfrac{1}{2} - \dfrac{\sqrt{3}}{2}\mathrm{i} = \omega^2$；

特例 2　方程 $x^3 = A$ 的解为 $x_1 = \sqrt[3]{A}$，$x_2 = \sqrt[3]{A}\omega$，$x_3 = \sqrt[3]{A}\omega^2$.

3.1.1 卡尔丹公式的推导

第一步：

对于 $ax^3 + bx^2 + cx + d = 0$，为了方便，约去 a 得到 $x^3 + ax^2 + bx + c = 0$（$a \neq 0$），再令 $x = y - \dfrac{a}{3}$，代入后可消去次高项，变成 $y^3 + py + q = 0$，即 $x^3 + px + q = 0$ 的形式.

第二步：

设 $x = u + v$ 是方程 $x^3 + px + q = 0$ 的解，代入整理得：

$(u + v)(3uv + p) + u^3 + v^3 + q = 0$

如果 u 和 v 满足 $uv = -\dfrac{p}{3}$, $u^3 + v^3 = -q$, 则上式成立,

由一元二次方程韦达定理得到的 u^3 和 v^3 是方程 $y^2 + qy - \left(\dfrac{p}{3}\right)^3 = 0$ 的两个根.

解得 $y = -\dfrac{q}{2} \pm \sqrt{\left(\dfrac{q}{2}\right)^2 + \left(\dfrac{p}{3}\right)^3}$.

不妨设 $A = -\dfrac{q}{2} - \sqrt{\left(\dfrac{q}{2}\right)^2 + \left(\dfrac{p}{3}\right)^3}$, $B = -\dfrac{q}{2} + \sqrt{\left(\dfrac{q}{2}\right)^2 + \left(\dfrac{p}{3}\right)^3}$,

则 $u^3 = A$, $v^3 = B$,

$u = \sqrt[3]{A}$, $\sqrt[3]{A}\omega$, $\sqrt[3]{A}\omega^2$;

$v = \sqrt[3]{B}$, $\sqrt[3]{B}\omega$, $\sqrt[3]{B}\omega^2$.

但是考虑到 $uv = -\dfrac{p}{3}$, 所以 u, v 只有三组解:

$u_1 = \sqrt[3]{A}$, $v_1 = \sqrt[3]{B}$;

$u_2 = \sqrt[3]{A}\omega$, $v_2 = \sqrt[3]{B}\omega^2$;

$u_3 = \sqrt[3]{A}\omega^2$, $v_3 = \sqrt[3]{B}\omega$.

最后方程 $x^3 + px + q = 0$ 的三个根也得出了, 即

$x_1 = u_1 + v_1 = \sqrt[3]{A} + \sqrt[3]{B}$;

$x_2 = \sqrt[3]{A}\omega + \sqrt[3]{B}\omega^2$;

$x_3 = \sqrt[3]{A}\omega^2 + \sqrt[3]{B}\omega$.

即方程 $x^3 + px + q = 0$ 的三个根为:

$$
\begin{cases}
x_1 = \sqrt[3]{-\dfrac{q}{2} - \sqrt{\left(\dfrac{q}{2}\right)^2 + \left(\dfrac{p}{3}\right)^3}} + \sqrt[3]{-\dfrac{q}{2} + \sqrt{\left(\dfrac{q}{2}\right)^2 + \left(\dfrac{p}{3}\right)^3}} \\[4mm]
x_2 = \omega\sqrt[3]{-\dfrac{q}{2} - \sqrt{\left(\dfrac{q}{2}\right)^2 + \left(\dfrac{p}{3}\right)^3}} + \omega^2\sqrt[3]{-\dfrac{q}{2} + \sqrt{\left(\dfrac{q}{2}\right)^2 + \left(\dfrac{p}{3}\right)^3}} \\[4mm]
x_3 = \omega^2\sqrt[3]{-\dfrac{q}{2} - \sqrt{\left(\dfrac{q}{2}\right)^2 + \left(\dfrac{p}{3}\right)^3}} + \omega\sqrt[3]{-\dfrac{q}{2} + \sqrt{\left(\dfrac{q}{2}\right)^2 + \left(\dfrac{p}{3}\right)^3}}
\end{cases}
$$

其中 $\omega = \dfrac{-1 + \sqrt{3}\mathrm{i}}{2}$.

3.1.2 卡尔丹判别法

方程 $x^3 + px + q = 0$ $(p, q \in \mathbf{R})$

判别式 $\Delta = \left(\dfrac{q}{2} \right)^2 + \left(\dfrac{p}{3} \right)^3$.

当 $\Delta = \left(\dfrac{q}{2} \right)^2 + \left(\dfrac{p}{3} \right)^3 > 0$ 时，有一个实根和一对共轭虚根；

当 $\Delta = \left(\dfrac{q}{2} \right)^2 + \left(\dfrac{p}{3} \right)^3 = 0$ 时，有三个实根，其中两个相等；

当 $\Delta = \left(\dfrac{q}{2} \right)^2 + \left(\dfrac{p}{3} \right)^3 < 0$ 时，有三个不相等的实根.

3.1.3　根与系数的关系

设 $ax^3 + bx^2 + cx + d = 0$（$a \neq 0$）的三根为 x_1，x_2，x_3，则

$$x_1 + x_2 + x_3 = -\frac{b}{a};$$

$$x_1 x_2 + x_2 x_3 + x_1 x_3 = \frac{c}{a};$$

$$x_1 x_2 x_3 = -\frac{d}{a}.$$

推广　设 $a_n x^n + a_{n-1} x^{n-1} + a_{n-2} x^{n-2} + \cdots + a_1 x + a_0 = 0 (a_n \neq 0)$ 的 n 个根为

x_1，x_2，x_3，$\cdots$，x_n，则 $x_1 + x_2 + x_3 + \cdots + x_n = (-1)^n \dfrac{a_{n-1}}{a_n}$

$$x_1 \cdot x_2 + x_1 \cdot x_3 + \cdots + x_1 \cdot x_n + x_2 \cdot x_3 + \cdots + x_2 \cdot x_n + \cdots + x_{n-1} \cdot x_n = \frac{a_{n-2}}{a_n}$$

······

$$x_1 \cdot x_2 \cdot x_3 \cdots x_n = (-1)^n \frac{a_0}{a_n}.$$

这就是高次方程的韦达定理.

3.2　虚数到底存在吗

> 数学方法渗透并支配着一切自然科学的理论分支，它愈来愈成为衡量科学成就的主要标志了.
>
> ——冯纽曼

经过上面大篇幅分析，相信大家已能接受复数的存在了. 但似乎感觉分析得

还有些不够透彻.

从自然数扩张到整数：增加的负数可以对应"欠债、减少".

从整数扩张到有理数：增加的分数可以对应"分割、部分".

从有理数扩张到实数：增加的无理数可以对应"单位正方形的对角线长度 $\sqrt{2}$".

从实数扩张到复数：增加的虚数对应什么？虚数似乎只是让开方运算在整个复数域封闭了（复数开方运算之后得到的仍然是复数）.

意大利工程师邦贝利（Bombelli Rafael）在著作《代数学》中，运用卡尔丹公式求方程 $x^3 = 15x + 4$ 的解时，得到它的两个根 $-2 \pm \sqrt{3}$，而另一个根写成：

$$\sqrt[3]{2 + \sqrt{-121}} + \sqrt[3]{2 - \sqrt{-121}}, \text{即} \sqrt[3]{2 + 11\sqrt{-1}} + \sqrt[3]{2 - 11\sqrt{-1}}.$$

邦贝利发现，这个三次方程显然有一个解 $x = 4$，说明应该有：

$$\sqrt[3]{2 + 11\sqrt{-1}} + \sqrt[3]{2 - 11\sqrt{-1}} = 4.$$

而且他试着将 $\sqrt{-1}$ 也看成一个数，它的平方为 -1，邦贝利再通过非常巧妙的方法探索后发现：

$$\sqrt[3]{2 + 11\sqrt{-1}} = 2 + \sqrt{-1}, \quad \sqrt[3]{2 - 11\sqrt{-1}} = 2 - \sqrt{-1}.$$

$\sqrt{-1}$ 是一个数吗？如果不是数？该怎样看待 $\sqrt[3]{2 + 11\sqrt{-1}} + \sqrt[3]{2 - 11\sqrt{-1}} = 4$ 这个"非接受不可"的事实呢？

邦贝利进一步证明了方程 $x^3 = 7x + 6$ 有三个实数解，即 3，-2，-1，但按卡尔丹的方法则为：

$$x = \sqrt[3]{3 + 9\sqrt{9 - \frac{343}{27}}} + \sqrt[3]{3 - 9\sqrt{9 - \frac{343}{27}}}.$$

这是一件稀奇的事：在实系数三次方程中，如果不经过进出虚数领域的迂回过程，就不可能用卡尔丹的方法得到三个实数根.

人们必须接受虚数，就像空气一样，虽然看不见，却离不开它.

要想求解三次方程的根，就绕不开复数了吗？这个会不会只是求根的方法之一？这一点后来也被证明了，确实需要通过复数来求解实数根.

求解方程组，确实让人觉得虚数是一个必要的数学工具，但还是没有揭开它的本质，还不足以让其登堂入室.

虚数真实存在的理由必须从泰勒公式的收敛性说起：泰勒公式的收敛性直观来说就是泰勒级数（泰勒公式展开后的级数）的函数图像能否贴合原函数，这和泰勒级数本身的收敛性有关.

3.2.1 $f(x)=\sin x$ 的收敛性

在 $x=0$ 点泰勒展开 $\sin x=\sum\limits_{n=0}^{\infty}\dfrac{(-1)^n}{(2n+1)!}x^{2n+1}$，级数的收敛范围是 $-\infty<x<+\infty$，如图 1，用 n 来表示展开的阶数（即泰勒级数里面求导的次数，或者可以理解为级数多项式的最高次数）：

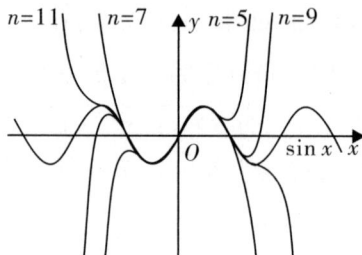

图 1

$f(x)=\sin x$ 的泰勒级数在整个实数范围内收敛，展开的阶数越多，与原函数的贴合就越好.

3.2.2 $f(x)=\dfrac{1}{1-x}$ 的收敛性

在 $x=0$ 点泰勒展开 $\dfrac{1}{1-x}=\sum\limits_{n=0}^{\infty}x^n$，级数的收敛范围：$|x|<1$.

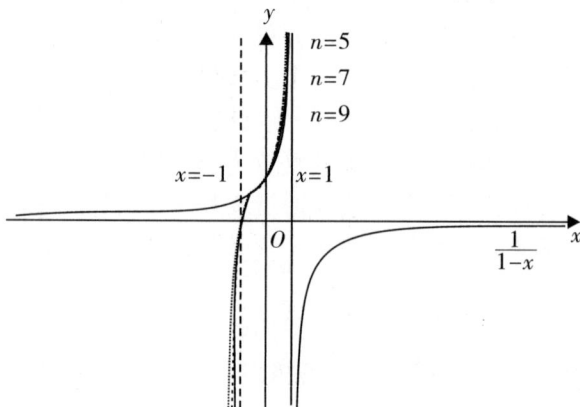

图 2

从图 2 可以看到，泰勒级数在 $|x| < 1$ 处收敛. 超出这个范围，泰勒级数的图像就远离原函数的图像.

在 $x = 0.5$ 点泰勒展开 $\dfrac{1}{1-x} = \sum\limits_{n=0}^{\infty} 2^{n+1} (x - 0.5)^n$，级数的收敛范围：$0 < x < 1$.

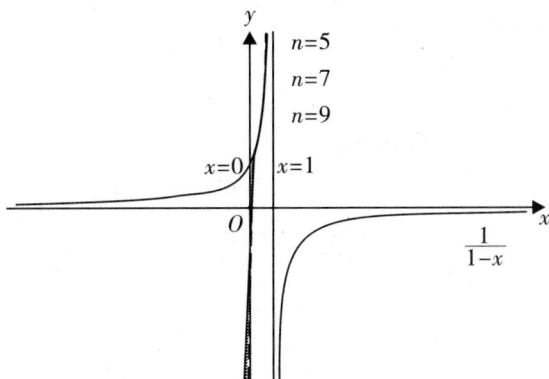

图 3

从图 3 可以看到，泰勒级数在 $0 < x < 1$ 收敛. 超出这个范围，泰勒级数的图像就远离原函数的图像.

对比这两个展开的收敛区间，我们看不出什么特点，以收敛范围为直径、展开点为圆心来画圆（这个圆被称为泰勒级数的收敛圆）看看：

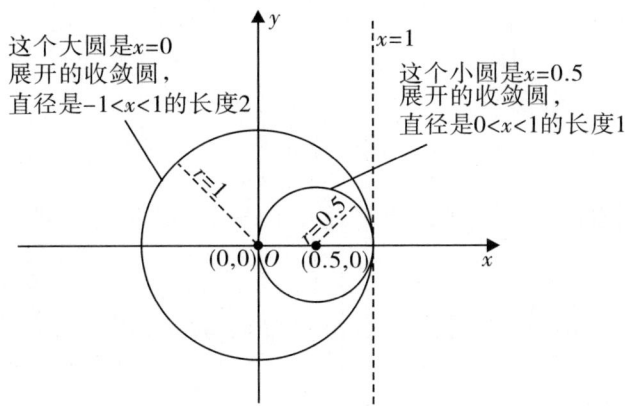

图 4

在不同位置展开的泰勒级数的收敛圆都相切于 $x = 1$ 这条直线.

解释一下原因：$f(x) = \dfrac{1}{1-x}$ 有一个奇点，即 $x = 1$ 时，有 $\dfrac{1}{1-x} = \dfrac{1}{0}$ 没有定义，而泰勒级数的图像会以展开点为中心对称（容易验证，级数不是奇函数就是偶函数）. 所以如果在 $x = 0$ 点展开的话，因为 $x = 1$ 有 $f(x) \to \infty$，所以对称的位置 $x = -1$ 有 $f(x) \to -\infty$. 同理如果在 $x = 0.5$ 点展开的话，因为 $x = 1$ 有 $f(x) \to \infty$，所以对称的位置 $x = 0$ 有 $f(x) \to -\infty$.

数学总是有道理的，对吗？

3.2.3 $f(x) = \dfrac{1}{1+x^2}$ 的收敛性

在 $x = 0$ 点泰勒展开 $\dfrac{1}{1+x^2} = \displaystyle\sum_{n=0}^{\infty} (-1)^n x^{2n}$，级数的收敛范围：$|x| < 1$.

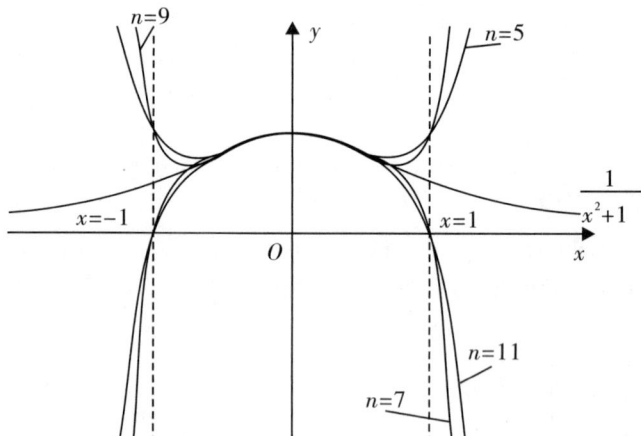

图 5

从图 5 可以看出，$\dfrac{1}{1+x^2}$ 非常奇怪地在 $|x| < 1$ 处收敛，可是 $\dfrac{1}{1+x^2}$ 本身并没有奇点.

在 $x = 1$ 点泰勒展开，级数的收敛范围为 $1 - \sqrt{2} < x < 1 + \sqrt{2}$：

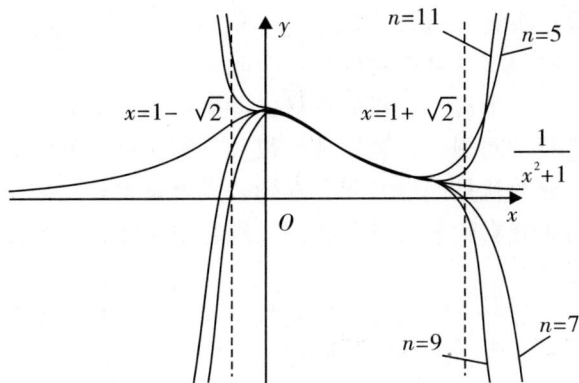

图 6

从图 6 可以看出，$\dfrac{1}{1+x^2}$ 在 $1-\sqrt{2} < x < 1+\sqrt{2}$ 处收敛，仍然很奇怪.

对比这两个展开的收敛区间，看不出什么规律来，可画收敛圆来看看：

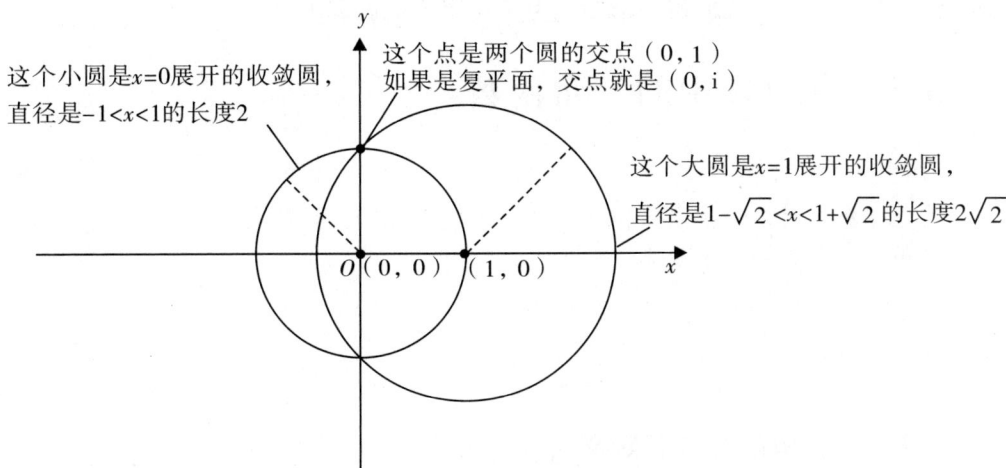

图 7

注意两个圆的交点是 $(0,1)$ [放到复平面上去，交点就是 $(0,i)$].这并不是巧合，确实是和虚数有关.

数学家在很长一段时间内都不知道为什么 $\dfrac{1}{1+x^2}$ 的收敛范围那么奇怪，直到虚数出现之后，大家才知道若 $x = i$ 的话，有 $\dfrac{1}{1+x^2} = \dfrac{1}{0}$，且是个奇点！

整个推论过程从头到尾都没有出现过 i 的身影，最后却不得不考虑 i. 泰勒公式也使得数学家不得不认真面对虚数这个问题.

泰勒公式的收敛性不得不让我们这样去考虑问题，虚数是真实存在的. 我们习惯用实数去思考数学问题，直到发现实数只是真实存在的复数的一部分. 把实数比作三维空间，复数就是四维空间，泰勒公式就是生存在四维空间的事物. 当我们在实数范围内研究泰勒公式时，我们发现它很奇怪，最后才发现这不过是它在三维空间的投影.

实数是复数的一部分，用实数去研究数学问题并不是说不正确，就好像牛顿力学在微观领域没有建树，但适用于研究宏观物体一样. 只是我们应该看到一个更大的世界.

3.2.4　结论

虚数是人工设立的一个概念，没有现实的对应物，但是我们不能认为它不存在，是虚构的. 就好像每天要喝的水，我们知道它的化学式写作 H_2O，可是谁见过 H_2O 究竟是怎样的？目前我们对原子的了解也只是停留在数学方程式上，它具体到底是什么样子我们也不清楚，但是肯定不能说 H_2O 不存在.

3.3　复数域中的三角函数

> 宇宙之大，粒子之微，火箭之速，化工之巧，地球之变，生物之谜，日用之繁，无处不用数学.
>
> ——华罗庚

3.3.1　三角函数的新定义

欧拉公式将指数函数与三角函数联系起来，这是完全出乎人们意料的一件事.

因为 $e^{ix} = \cos x + i\sin x$，所以 $e^{-ix} = \cos x - i\sin x$，由此得到：

$$\cos x = \frac{e^{ix} + e^{-ix}}{2}, \ \sin x = \frac{e^{ix} - e^{-ix}}{2i}.$$

可以作为三角函数的新定义.

当 x 为实数时，与以前的三角函数一致.

当 x 为虚数时，$\cos x$，$\sin x$ 是无界的，但仍有 $\cos^2 x + \sin^2 x = 1$.

$x = 2n\mathrm{i}$, $n \to \infty$, $\cos 2n\mathrm{i} \to \infty$, $|\sin 2n\mathrm{i}| \to \infty$.

3.3.2 复数域中的同角三角函数

我们由数学形式演变出以下公式：

$$\sin x = x - \frac{x^3}{3!} + \frac{x^5}{5!} - \frac{x^7}{7!} + \frac{x^9}{9!} + \cdots, \quad \cos x = 1 - \frac{x^2}{2!} + \frac{x^4}{4!} - \frac{x^6}{6!} + \frac{x^8}{8!} + \cdots.$$

可以进一步证明，它对任意 $x \in \mathbf{R}$ 都成立．作为数学形式，x 可以用虚数代入，如令 $x = \mathrm{i}$.

我们有：

$$\sin \mathrm{i} = \mathrm{i} - \frac{\mathrm{i}^3}{3!} + \frac{\mathrm{i}^5}{5!} - \frac{\mathrm{i}^7}{7!} + \frac{\mathrm{i}^9}{9!} + \cdots = \mathrm{i} + \frac{\mathrm{i}}{3!} + \frac{\mathrm{i}}{5!} + \frac{\mathrm{i}}{7!} + \frac{\mathrm{i}}{9!} + \cdots$$

即 $\mathrm{i}\sin \mathrm{i} = \mathrm{i}\left(\mathrm{i} + \frac{\mathrm{i}}{3!} + \frac{\mathrm{i}}{5!} + \frac{\mathrm{i}}{7!} + \frac{\mathrm{i}}{9!} + \cdots\right) = -1 - \frac{1}{3!} - \frac{1}{5!} - \frac{1}{7!} - \frac{1}{9!} - \cdots$

$$\cos \mathrm{i} = 1 - \frac{\mathrm{i}^2}{2!} + \frac{\mathrm{i}^4}{4!} - \frac{\mathrm{i}^6}{6!} + \frac{\mathrm{i}^8}{8!} + \cdots = 1 + \frac{1}{2!} + \frac{1}{4!} + \frac{1}{6!} + \frac{1}{8!} + \cdots$$

由 $e = 1 + \frac{1}{1!} + \frac{1}{2!} + \frac{1}{3!} + \cdots + \frac{1}{n!} + \cdots$

易得 $\cos \mathrm{i} - \mathrm{i}\sin \mathrm{i} = e$

而 $\cos \mathrm{i} + \mathrm{i}\sin \mathrm{i} = \left(1 + \frac{1}{2!} + \frac{1}{4!} + \frac{1}{6!} + \frac{1}{8!} + \cdots\right) + \left(-1 - \frac{1}{3!} - \frac{1}{5!} - \frac{1}{7!} - \frac{1}{9!} - \cdots\right)$

$$= 1 - 1 + \frac{1}{2!} - \frac{1}{3!} + \frac{1}{4!} - \frac{1}{5!} + \frac{1}{6!} - \frac{1}{7!} + \frac{1}{8!} - \frac{1}{9!} + \cdots$$

$$e^{-1} = 1 + \frac{-1}{1!} + \frac{(-1)^2}{2!} + \frac{(-1)^3}{3!} + \cdots + \frac{(-1)^n}{n!} + \cdots$$

$$= 1 - 1 + \frac{1}{2!} - \frac{1}{3!} + \frac{1}{4!} + \cdots$$

所以，$\cos \mathrm{i} + \mathrm{i}\sin \mathrm{i} = e^{-1} = e^{\mathrm{i} \cdot \mathrm{i}}$，$\cos \mathrm{i} - \mathrm{i}\sin \mathrm{i} = e = e^{\mathrm{i} \cdot (-\mathrm{i})}$.

故 $(\cos \mathrm{i} - \mathrm{i}\sin \mathrm{i})(\cos \mathrm{i} + \mathrm{i}\sin \mathrm{i}) = e \times e^{-1}$，

即 $\cos^2 \mathrm{i} - \mathrm{i}^2 \sin^2 \mathrm{i} = 1$，

即 $\cos^2 \mathrm{i} + \sin^2 \mathrm{i} = 1$.

由此可得，此同角三角函数关系在复数域中仍然成立．

由以上可知公式 $e^x = 1 + \frac{x}{1!} + \frac{x^2}{2!} + \frac{x^3}{3!} + \cdots + \frac{x^n}{n!} + \cdots$ 中的 x 可以是任意复数.

3.4　还有新数吗

> 数论是人类知识最古老的一个分支，然而它的一些最深奥的秘密与其最平凡的真理是密切相连的.
>
> ——史密斯

在前面多篇中，我们主要分析新数的产生，发现要使逆运算任意进行需引入新数，从而扩大数的范围. 这条路有无止境？

3.4.1　重新分析数的发展

在自然数集 **N** 中，任意两个自然数相加仍是自然数，加法的逆运算是减法，

$$a+b=c \xrightarrow{\text{移项（逆运算）}} \begin{cases} a=c-b \\ b=c-a \end{cases}$$

但任意两个自然数相减就未必是自然数，所以引入负数，数的范围扩大到整数集 **Z**.

在整数集 **Z** 中，任意两个整数相乘仍是整数，乘法的逆运算是除法，

$$a \cdot b=c \xrightarrow{\text{移项（逆运算）}} \begin{cases} a=\dfrac{c}{b} \\ b=\dfrac{c}{a} \end{cases}$$

但任意两个整数相除就未必是整数，所以引入分数即有理数，数的范围扩大到有理数集 **Q**.

但是，在有理数范围内，任意两个有理数的乘方（广义的乘法，即在 a^b 中，a，b 都是任意有理数）未必是有理数.

$$a^b=c \xrightarrow{\text{移项（逆运算）}} \begin{cases} a=\sqrt[b]{c} \\ b=\log_a c \end{cases}$$

在 $a^b=c$ 中，如果规定 b 是自然数，那么开方可算是它的逆运算；如果 b 是任意有理数（a，b 等同看待），这时可认为开方与对数都是它的逆运算，而乘方在有理数集中的运算，乘方与开方都是乘方.

我们分别引入 $2^{\frac{1}{2}}$（$x^2 = 2$ 中的 x），即 $\sqrt{2}$ 这类无理数，使得数集扩大到实数集 **R**. 又引入 $(-1)^{\frac{1}{2}}$（$x^2 = -1$ 中的 x），即 i 这类虚数，使得数集扩大到复数集 **C**. 可以说还未涉及逆运算. 进一步可考虑 $(i)^{\frac{1}{2}}$，$(-1)^i$，$(i)^i$ 等问题. 乘方中的问题太多了.

这些情况都归于乘方，我们看到正运算到乘方就结束了. 为什么？因为加法、乘法、乘方的逆运算分别产生了负数、分数、无理数与虚数，而 $a^{a^{a^{\cdot^{\cdot^{\cdot^a}}}}} = c$ 的逆运算不会产生新数了（后文详析）. 若遇到这类运算，用乘方慢慢算即可. 正运算到此结束了.（通过函数 $y = x^x$ 的连续性，我们知道，当 $x \in \mathbf{R}$ 且 $x > 0$ 时，y 是大于零的实数；当 $y > 0$ 时，x 是大于零的实数. 其他情况与乘方的逆运算产生同样的问题，我们在后面详谈，可以说这儿没有新数产生了.）

再考虑 $a^b = c$ 的逆运算，如 $x^i = 2$，$e^x = -1$，$e^x = i$ 等中的 x 存在吗？需要引入新数吗？更进一步就有下列问题：在 $x^x = 2$，$x^x = -2$，$x^x = i$ 等中的 x 存在吗？需要引入新数吗？还能想到 $\cos x = 2$ 中的 x，以及 $\sin i$ 能计算吗？需要引入新数吗？我们一一分析.

3.4.2　由欧拉公式分析函数

有了欧拉公式 $e^{ix} = \cos x + i\sin x$，很自然可以定义复变量函数如下：

设 $z = x + yi$（$x, y \in \mathbf{C}$），

（1）复指数函数：$e^z = e^{x+yi} = e^x(\cos y + i\sin y)$.

显然，e^z 是以 $2\pi i$ 为周期的周期函数.

推广的欧拉公式：$e^{iz} = \cos z + i\sin z$.

（2）复三角函数：$\cos z = \dfrac{e^{iz} + e^{-iz}}{2}$，$\sin z = \dfrac{e^{iz} - e^{-iz}}{2i}$.

推广的欧拉公式：$e^{iz} = \cos z + i\sin z$.

例1　求 $\sin(1 + i)$ 的值.

解：由正弦函数的定义，

$$
\begin{aligned}
\sin(1 + i) &= \frac{e^{i(1+i)} - e^{-i(1+i)}}{2i} \\
&= \frac{e^{-1+i} - e^{1-i}}{2i} \\
&= \frac{e^{-1}(\cos 1 + i\sin 1) - e^{1}(\cos 1 - i\sin 1)}{2i} \\
&= \frac{e + e^{-1}}{2}\sin 1 + i\frac{e - e^{-1}}{2}\cos 1
\end{aligned}
$$

$$= \cosh 1 \cdot \sin 1 + \mathrm{i} \sinh 1 \cdot \cos 1$$

（3）复双曲函数：$\sinh z = \dfrac{e^z - e^{-z}}{2}$，$\cosh z = \dfrac{e^z + e^{-z}}{2}$.

（4）对数函数：设复数 $z \neq 0$，把满足 $z = e^w$ 的复数 w 称为复数 z 的对数，记为 $w = \mathrm{Ln}\, z$.

$$w = \mathrm{Ln}\, z = \ln|z| + \mathrm{i} \arg z = \ln|z| + \mathrm{i} \arg z + 2k\pi \mathrm{i}.$$

（5）幂函数：设 α 为实常数或复常数，对任意复数 $z \neq 0$，定义 $z^{\alpha} = e^{\alpha \mathrm{Ln}\, z}$，并称该函数为 z 的一般幂函数.

例2 求 $2^{1+\mathrm{i}}$ 的值.

解：
$$
\begin{aligned}
2^{1+\mathrm{i}} &= e^{(1+\mathrm{i})\mathrm{Ln}\, 2} \\
&= e^{(1+\mathrm{i})(\ln 2 + 2k\pi \mathrm{i})} \\
&= e^{(\ln 2 - 2k\pi) + \mathrm{i}(\ln 2 + 2k\pi)} \\
&= e^{(\ln 2 - 2k\pi)}(\cos \ln 2 + \sin \ln 2).
\end{aligned}
$$

同理，可得 $(-1)^{\mathrm{i}} = e^{-2k\pi}$.

3.4.3 一些特殊值

有了欧拉公式 $e^{\mathrm{i}x} = \cos x + \mathrm{i} \sin x$，

得到 $\cos x = \dfrac{e^{\mathrm{i}x} + e^{-\mathrm{i}x}}{2}$，$\sin x = \dfrac{e^{\mathrm{i}x} - e^{-\mathrm{i}x}}{2\mathrm{i}}$.

由于 $z = a + \mathrm{i}b = r(\cos \theta + \mathrm{i} \sin \theta) = re^{\mathrm{i}\theta}$.

所以 $\mathrm{i} = \cos\left(\dfrac{\pi}{2} + 2k\pi\right) + \mathrm{i} \sin\left(\dfrac{\pi}{2} + 2k\pi\right) = e^{(\pi/2 + 2k\pi)\mathrm{i}}$

（1）$\ln \mathrm{i} = \ln e^{(\pi/2 + 2k\pi)\mathrm{i}} = \left(\dfrac{\pi}{2} + 2k\pi\right)\mathrm{i}$.

（2）$-1 = e^{\mathrm{i}\pi} = e^{\mathrm{i}(\pi + 2n\pi)}$，所以 $\ln(-1) = (\pi + 2n\pi)\mathrm{i}$.

（3）$e^{\mathrm{i}(2k\pi + \pi)} = -1$（$k = 1, 2, 3, 4, \cdots$）

方法一：两边开方 $e^{\frac{(2k\pi + \pi)\mathrm{i}}{2}} = \mathrm{i}$（取了一个值）

再开 i 次方 $e^{\frac{(2k\pi + \pi)}{2}} = \mathrm{i}^{\frac{1}{\mathrm{i}}}$，得 $e^{\frac{(2k\pi + \pi)}{2}} = \mathrm{i}^{-\mathrm{i}}$.

即 $\mathrm{i}^{\mathrm{i}} = e^{-\frac{(2k\pi + \pi)}{2}}$，有无数个值，其中一个值为 $\mathrm{i}^{\mathrm{i}} = e^{-\frac{\pi}{2}}$. 这个值约为 0.208.

方法二：$\mathrm{i} = \cos \dfrac{\pi}{2} + \mathrm{i} \sin \dfrac{\pi}{2} = e^{\mathrm{i}\frac{\pi}{2}}$，$\mathrm{i}^{\mathrm{i}} = \left(e^{\mathrm{i}\frac{\pi}{2}}\right)^{\mathrm{i}} = e^{-\frac{\pi}{2}}$

以 i 为底的对数为：$\log_{\mathrm{i}} x = 2\ln x / \mathrm{i}\pi$.

（4）i 的余弦是实数：
$$\cos x = \dfrac{e^{\mathrm{i}x} + e^{-\mathrm{i}x}}{2}$$

$$\cos i = \cosh 1 = \frac{e + \dfrac{1}{e}}{2} = \frac{e^2 + 1}{2e} \approx 1.543\,080\,63.$$

i 的正弦是虚数：

$$\sin i = \sinh 1 i = \frac{e - \dfrac{1}{e}}{2} \cdot i = 1.175\,201\,19 i.$$

（5） $e^{ix} = \cos x + i\sin x$, $e^{-ix} = \cos x - i\sin x$, $\cos x = \dfrac{e^{ix} + e^{-ix}}{2}$

$$\cos x = 2 \Leftrightarrow \frac{e^{ix} + e^{-ix}}{2} = 2 \Leftrightarrow (e^{ix})^2 - 4e^{ix} + 1 = 0 \Leftrightarrow e^{ix} = 2 \pm \sqrt{3}$$

取一个值，$ix = \ln(2 + \sqrt{3}) \Leftrightarrow x = -i\ln(2 + \sqrt{3})$.

3.4.4 $x^x = -2$ 在复数集中有解吗

在自然数加法中，两个加数相同，即 $x + x = 2x$. 若 $2x = 1$，则 $x = \dfrac{1}{2}$，引入分数.

加法的特殊情况是乘法，在整数乘法中，两个乘数加数相同，即 $xx = x^2$. 若 $x^2 = 2$，则 $x = \pm\sqrt{2}$，引入无理数. 若 $x^2 = -1$，则 $x = \pm i$，引入虚数.

乘法的特殊情况是乘方，在整数乘方中，两个数相同，即 x^x. 若 $x^x = 2$，我们通过有理数列逼近，可肯定 x 有唯一存在一个无理数，无须引入新数.

若 $x^x = -2$，要不要引入新数？

分析：我们先假定方程 $x^x = -2$ 有虚数解.

设 $x = a + bi$ $(a, b \in \mathbf{R})$，

$a + bi = \sqrt{a^2 + b^2}\, e^{i\theta}$，$\arg(a + bi) = \theta$.

$x^x = (a + bi)^{a+bi} = e^{(a+bi)\ln(a+bi)}$，$-2 = 2e^{i\pi} = e^{\ln 2 + i(2k+1)\pi}$ $(k \in \mathbf{Z})$.

方程 $x^x = -2$ 有解，只要方程 $(a + bi)\ln(a + bi) = \ln 2 + i(2k+1)\pi$ 中存在 a，b. 而，

$$\begin{aligned}
(a + bi)\ln(a + bi) &= (a + bi)\ln(\sqrt{a^2 + b^2}\, e^{i\theta}) \\
&= (a + bi)\ln(\sqrt{a^2 + b^2} + i\theta) \\
&= [a\ln(\sqrt{a^2 + b^2}) - b\theta] + [b\ln(\sqrt{a^2 + b^2}) + a\theta]i
\end{aligned}$$

即方程 $x^x = -2$ 有解，只要以下方程组有 a，b 即可.

$$\begin{cases} a\ln\sqrt{a^2 + b^2} - b\theta = \ln 2 \\ b\ln\sqrt{a^2 + b^2} + a\theta = (2k+1)\pi \end{cases}$$

求解此方程.

令 $b = at$，则 $\begin{cases} a\ln\sqrt{a^2 + a^2t^2} - at\theta = \ln 2 \\ at\ln\sqrt{a^2 + a^2t^2} + a\theta = (2k+1)\pi \end{cases}$

整理，得：

$$\begin{cases} \ln(|a|\sqrt{1+t^2}) - t\theta = \dfrac{1}{a}\ln 2 & \text{①} \\ t\ln(|a|\sqrt{1+t^2}) + \theta = \dfrac{1}{a}(2k+1)\pi & \text{②} \end{cases}$$

② $-$ ① $\times t$ 得：$(1+t^2)\theta = \dfrac{1}{a}[(2k+1)\pi - t\ln 2]$

$$a = \frac{(2k+1)\pi - t\ln 2}{(1+t^2)\theta} \qquad\qquad ③$$

① $+$ ② $\times t$ 得：$a = \dfrac{\ln 2 + t(2k+1)\pi}{(1+t^2)\ln(|a|\sqrt{1+t^2})} \qquad ④$

由于方程①、②可以转化为方程③、④，两个方程是三元方程组，我们凭经验判断，此方程必有解. 也就是方程 $x^x = -2$ 在复数域内有解.

我们的问题在复数域内都得到解决，所以没有必要引入新数了，也就没有新数了.

如果在方程③中取 $k = 0$，$t = 1$，$a > 0$，此时 $\theta = \dfrac{\pi}{4}$，$a = b = \dfrac{\pi - \ln 2}{2\theta} = 2 - \dfrac{\ln 4}{\pi}$.
但不满足方程④，说明它不是方程组的解.

有兴趣的读者，能给出一个明确的解吗?

同理可分析 $x^x = i$ 的解 x.

4　实图形中有虚图形、有理数中有无理数、乘法中有除法

我们在前面通过一定的篇幅，从实数问题中挖掘出虚数，同样在有理数中也能发现隐藏其后的无理数，在乘法中发现除法，在实图形中发现虚图形.

4.1　实中含虚

> 几何学是在不准确的图形上进行正确推理的艺术.
>
> ——波利亚

4.1.1　弦中点问题

例1　已知双曲线 $x^2 - \dfrac{y^2}{2} = 1$，问是否存在被点 $M(1, 1)$ 平分的弦？若存在，求出弦所在的直线方程；若不存在，说明理由.

解：假设存在被点 M 平分的弦 AB，设 $A(x_1, y_1)$，$B(x_2, y_2)$，AB 的中点为 $M(1, 1)$. 则有 $x_1^2 - \dfrac{y_1^2}{2} = 1$，$x_2^2 - \dfrac{y_2^2}{2} = 1$，相减得：

$$(x_1 - x_2)(x_1 + x_2) - \frac{(y_1 - y_2)}{2}(y_1 + y_2) = 0$$

因为 $M(1, 1)$ 为 AB 中点，从而 $x_1 + x_2 = 2$，$y_1 + y_2 = 2$，所以 $k_{AB} = \dfrac{y_1 - y_2}{x_1 - x_2} = 2$，因此，满足条件的弦斜率为 2，所求弦所在的直线方程为 $y = 2x - 1$.

最后验证，发现所求直线 $y = 2x - 1$ 与原双曲线 $x^2 - \dfrac{y^2}{2} = 1$ 没有交点（联立后 $\Delta < 0$），所以这样的直线不存在.

4.1.2 探究问题

探究1 点 $M(x_0, y_0)$ 在什么位置时，总存在直线 l，使 M 为 l 被双曲线截弦的中点？

由以上解答过程可知，只要 $y_0 \neq 0$，可得 $k_l = \dfrac{2x_0}{y_0}$，这时可求出过点 $M(x_0, y_0)$ 且斜率为 $\dfrac{2x_0}{y_0}$ 的直线方程 $y_0 y = 2x_0(x - x_0) + y_0^2$. 只要该直线与 $x^2 - \dfrac{y^2}{2} = 1$ 有交点，则该直线满足题设要求.

将 $x = \dfrac{y_0}{2x_0} y + \dfrac{2x_0^2 - y_0^2}{2x_0}$ 代入 $x^2 - \dfrac{y^2}{2} = 1$，整理得：

$(y_0^2 - 2x_0^2)y^2 + 2y_0(2x_0^2 - y_0^2)y + (2x_0^2 - y_0^2)^2 - 4x_0^2 = 0$

因为 $\Delta = 8x_0^2(2x_0^2 - y_0^2)(2x_0^2 - y_0^2 - 2)$

所以当 $2x_0^2 - y_0^2 > 2$ 或 $2x_0^2 - y_0^2 < 0$ 时，$\Delta > 0$，直线与双曲线有两个交点.

因此，我们把双曲线及其渐近线将平面分成的三类区域分别记为双曲线内部（Ⅰ），渐近线上、下部（Ⅱ），双曲线与渐近线之间（Ⅲ）（见图1），易得以下结论：

（1）当点 $M(x_0, y_0)$ 在区域（Ⅰ）内时，$2x_0^2 - y_0^2 > 2$，所以过点 M 存在满足要求的直线 l.

（2）当点 $M(x_0, y_0)$ 在区域（Ⅱ）内时，$2x_0^2 - y_0^2 < 0$，所以过点 M 存在满足要求的直线 l.

（3）当点 $M(x_0, y_0)$ 在区域（Ⅲ）内时，$0 < 2x_0^2 - y_0^2 < 2$，所以过点 M 不存在满足要求的直线 l.

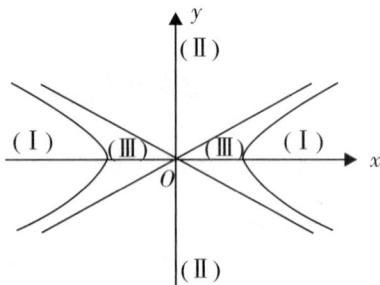

图1

（4）当点 M 在双曲线或渐近线上时，不存在满足要求的直线.

显然，以上结论对 $y_0 = 0$ 也正确.

探究2 在原题解答中，既然结果不存在，怎么会求出直线 $l: y = 2x - 1$，使 $M(1, 1)$ 为 l 被双曲线截"弦"的中点的直线呢？

对于用点差法两式相减，如果将原双曲线方程改为 $x^2 - \dfrac{y^2}{2} = \lambda$，按此方法同样可得到直线 $y = 2x - 1$. 由此可见，所得直线方程 $y = 2x - 1$ 是由曲线方程的二次项和点 M 的坐标所决定的，与 λ 的取值无关，即点差法与常数项无关. 其实

若取 $\lambda = 0$，可以理解为：过 $M(1，1)$ 的直线 l 与双曲线 $x^2 - \dfrac{y^2}{2} = 1$ 的渐近线 $x^2 - \dfrac{y^2}{2} = 0$ 相交且以点 M 为中点的直线 l 的方程为 $y = 2x - 1$.

进一步可以得到：

结论 1 若直线 l 与双曲线交于 A，B，与其渐近线交于 C，D，那么 M 必是线段 AB 和线段 CD 的共同中点，从而可得 $|AC| = |BD|$.

结论 2 设直线 l 与曲线 $\dfrac{x^2}{a^2} - \dfrac{y^2}{b^2} = \lambda_1$，$\dfrac{x^2}{a^2} - \dfrac{y^2}{b^2} = \lambda_2$ 分别相交于 A，B 和 C，D，则 $|AC| = |BD|$.

若一条弦的长趋于零，则得：

结论 3 设 l 是曲线 $\dfrac{x^2}{a^2} - \dfrac{y^2}{b^2} = \lambda_1$ 的切线，切点为 C，如果 l 与双曲线 $\dfrac{x^2}{a^2} - \dfrac{y^2}{b^2} = \lambda_2$ 交于 A，B 两点，则 $|AC| = |BC|$.

从反面考虑，又可得：

结论 4 过双曲线上一点 C 作一条直线 l 与它的渐近线交于 A，B 两点，则 $|AC| = |BC|$ 的充要条件为点 C 是 l 与双曲线的切点.

4.1.3 追根溯源

其实本问题源于课本习题（见人教版选修 $2-1$ 第 62 页 B4），已知双曲线 $x^2 - \dfrac{y^2}{2} = 1$，过 $P(1,1)$ 能否作一条直线 l，与双曲线交于 A，B 两点，且点 P 是线段 AB 的中点？

对此题如果不用点差法，很自然地想到设直线方程，解法如下：

解：已知双曲线方程即为 $2x^2 - y^2 = 2$，设满足条件的直线 l 存在，由题意可知该直线存在斜率，设为 k.

直线 l 方程为 $y - 1 = k(x - 1)$，即 $y = kx + 1 - k$，

再设 $A(x_1，y_1)$，$B(x_2，y_2)$ 在双曲线上，且线段 AB 的中点为 $M(x，y)$.

把 $y = kx + 1 - k$ 代入双曲线方程 $2x^2 - y^2 = 2$，得

$(2 - k^2)x^2 - 2k(1 - k)x - (1 - k)^2 - 2 = 0 \ (2 - k^2 \neq 0)$

（如果不考虑 $\Delta \geqslant 0$）

所以 $x = \dfrac{x_1 + x_2}{2} = \dfrac{k(1 - k)}{2 - k^2}$

由题意，得 $\dfrac{k(1 - k)}{2 - k^2} = 1$，解得 $k = 2$

即直线 l 的方程为 $y = 2x - 1$.

不管判别式, 与点差法所得结论相同.

4.1.4 向前一步

在未考虑判别式的情况下, 我们得到与点差法同样的不合题意的直线 l: $y = 2x - 1$, 有人说这是过虚交点的虚直线, 那么, 这条线的实际意义到底是什么?

如果把这条线 $y = 2x - 1$ 理解为虚直线的话, 它的出现就昭示着存在比原题双曲线更具有普遍性的曲线, 使直线 $y = 2x - 1$ 有意义, 这样的曲线就是原双曲线的渐近线, 虚中隐实. 我们明白: 双曲线的渐近线的中点弦包含了由渐近线所产生的所有双曲线的问题.

其他类似问题如何?

例 2 过点 $P(-2, 0)$ 的直线 l 与圆 $x^2 + y^2 = 1$ 交于点 A, B, 求弦 AB 中点 M 的轨迹方程.

解: 设直线斜率为 k (存在), l 的方程为 $y = k(x + 2)$, 与圆联立, 即

$(1 + k^2)x^2 + 4k^2 x + (4k^2 - 1) = 0$,

设 $A(x_1, y_1)$, $B(x_2, y_2)$, $M(x, y)$, $x_1 + x_2 = -\dfrac{4k^2}{1 + k^2} = 2x$, 而 $y = k(x + 2)$,

消去 k, 得:

$(x + 1)^2 + y^2 = 1$.

实际上, 所求曲线 $(x + 1)^2 + y^2 = 1$ 与原已知圆 $x^2 + y^2 = 1$ 联立,

$\Delta > 0 \Leftrightarrow k^2 < \dfrac{1}{3} \Rightarrow -\dfrac{1}{2} < x \leqslant 0$, 所求是 $(x + 1)^2 + y^2 = 1$ 在已知圆内的一部分. 多出的部分有何意义?

如果圆 $x^2 + y^2 = 1$ 变为 $x^2 + y^2 = r^2$, 让 r 逐渐变大 (见图 2), 其他条件不变, 当直线 $y = k(x + 2)$ 总与圆有交点, 此时弦的中点轨迹方程为 $(x + 1)^2 + y^2 = 1$.

虚轨迹其实是更大范围内的实轨迹, 结合例 1, 有种 "虚有各种虚, 反映更本质" 的感觉.

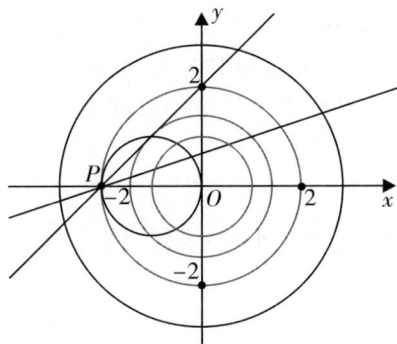

图2

例3 过点 $(-1, 0)$ 的直线与抛物线 $y^2 = 4x$ 交于 A，B 两点，求弦 AB 中点 M 的轨迹.

解：设直线斜率为 k（存在且不为 0），l 的方程为 $y = k(x+1)$，与抛物线 $y^2 = 4x$ 联立，即 $ky^2 - 4y + 4k = 0$，

设 $A(x_1, y_1)$，$B(x_2, y_2)$，$M(x, y)$，$y_1 + y_2 = \dfrac{4}{k} = 2y$，而 $y = k(x+1)$，消去 k，得 $y^2 = 2(x+1)$.

实际上，$\Delta > 0$，所以所求是 $y^2 = 2(x+1)$ 在原抛物线内的部分.

多出的部分怎样得来的？其实是直线 $y = k(x+1)$ 与抛物线 $y^2 = 4(x+a)$ $(a \geqslant 1)$ 所产生的. 由虚找到实的本质.

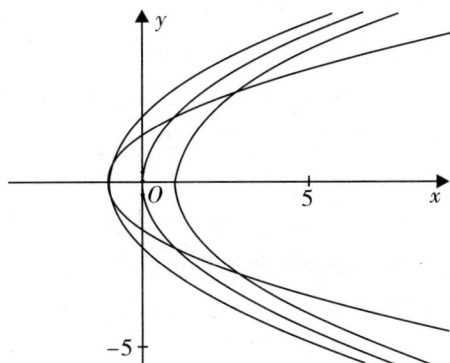

图3

在以上中点弦问题中，从例1发现退化的双曲线，即对应的渐近线更能说明本质（退化）；从例2发现包含其已知点在圆内比已知圆更大的圆（放大）；从

例3 发现包含已知点在抛物线内的更多的抛物线（平移）.

韦达定理中可能有虚根，点差法中隐含虚根，实是确定的线，虚有虚的不同，虚是实的延伸，从实中看出虚，从虚中发现实，这使我们对数学的理解更上一个层次.

4.2　对整除性与循环小数的探究

> 处处是创造之地，天天是创造之时，人人是创造之人.
>
> ——陶行知

1640 年，费马（Pierre de Fermat）发现：设数 $F_n = 2^{2^n} + 1$，则当 $n = 0$，1，2，3，4 时，F_n 分别给出 3，5，17，257，65 537，都是素数. 这种素数被称为"费马数". 由此他就直接猜测：对于一切自然数 n，F_n 都是素数. 不幸的是，他猜错了. 1732 年，欧拉发现：$F_5 = 4\ 294\ 967\ 297 = 641 \times 6\ 700\ 417$. 欧拉对 F_5 的做法：

$$
\begin{aligned}
2^{2^5} + 1 &= 2^{32} + 1 \\
&= (2 \cdot 2^7)^4 + 1 \\
&= 2^4 \cdot 128^4 + 1 \\
&= (1 + 15) \cdot 128^4 + 1 \\
&= [1 + 5 \cdot (128 - 125)] \cdot 128^4 + 1 \\
&= (1 + 5 \cdot 128) \cdot 128^4 + 1 - 5^4 \cdot 128^4 \\
&= (1 + 5 \cdot 128) \cdot 128^4 + (1 + 5^2 \cdot 128^2)(1 + 5 \cdot 128)(1 - 5 \cdot 128) \\
&= (1 + 5 \cdot 128)[128^4 + (1 + 5^2 \cdot 128^2)(1 - 5 \cdot 128)] \\
&= 641 \times 6\ 700\ 417.
\end{aligned}
$$

归纳得到的结论可能正确，也可能错误，需要证明. 但不能因为有错误而否定归纳法的价值，它是科学发现的重要思想方法.

再看一例：在中学数学课本中有一个有趣的习题："立方和 = 和平方"问题. 它也源于归纳法.

对于正整数 n，总成立：

$$1^3 = 1^2$$

$$1^3 + 2^3 = (1 + 2)^2$$

$$1^3 + 2^3 + 3^3 = (1 + 2 + 3)^2$$

$$1^3 + 2^3 + 3^3 + 4^3 = (1 + 2 + 3 + 4)^2$$

由此可以归纳出统一结论：

$$1^3 + 2^3 + 3^3 + 4^3 + \cdots + n^3 = (1 + 2 + 3 + 4 + \cdots + n)^2$$

即前 n 个自然数的立方和等于它们的和的平方．我们可以证明（数学归纳法可证）此结论是正确的．

我们一般人往往满足于所得到的结论，但科学家不会就此罢手，法国数学家刘维尔（Joseph Liouville）就想："这么奇妙的问题背后有什么本质的东西？别的自然数组有无此性质？"他最终探讨出本质内容：按如下步骤所得的自然数组也有此性质．

对于任一自然数 n，比如 6，先确定 n 的正因子，这些因子是 1，2，3，6．再确定这些因子的正因子个数为 1，2，2，4．我们得到的数组（1，2，2，4）就具有上述性质，即

$$1^3 + 2^3 + 2^3 + 4^3 = 81 = 9^2 = (1 + 2 + 2 + 4)^2$$

到此可知，（1，2，3，$\cdots$，n）是 2^{n-1} 的因子的因子数，即有性质

$$1^3 + 2^3 + 3^3 + 4^3 + \cdots + n^3 = (1 + 2 + 3 + 4 + \cdots + n)^2$$

这就验证了数学大师波利亚（George Pdya）的名言："吃到树上的禁果之后，还应该好好地寻找一下，地下有没有足以使你大开胃口的野蘑菇."这也说明了事物的特殊性与普遍性的辩证关系和相对关系（一个普遍性也可能是另一个普遍性中的特殊性）．

现在我们就来学习科学家的方法，争取在任意一个问题上向前走一步．用特殊性与普遍性的辩证关系和相对关系作指导，从平凡的树上找到禁果，在树的周围寻找野蘑菇，再在其地下寻找宝藏．使我们的思维世界变得更加丰富多彩．

4.2.1　关于"9 的乘法"的新发现

有文章报道，有人曾经给南极冰层中的冻鱼加温，冰融化后鱼居然开始游动．又有报道称某地的一棵死去几年的树又开始发芽了．这些枯木逢春、死灰复燃的事并非天方夜谭，数学里是没有死火山的，说不准就会突然爆发出令人惊异的光亮．"9 的乘法"是很古老的知识，也是大家都很熟悉的数学知识，我们天天在使用，是否对它有新感觉？能否向前走一步，进而从中发现数字之间更有趣、更本质的规律？能否看到它耀眼的新光芒？

$$1 \times 9 = 09$$
$$2 \times 9 = 18$$
$$3 \times 9 = 27$$
$$4 \times 9 = 36$$

$$5 \times 9 = 45$$
_____

$$6 \times 9 = 54$$
$$7 \times 9 = 63$$
$$8 \times 9 = 72$$
$$9 \times 9 = 81$$
$$10 \times 9 = 90$$

从上面算式中可发现以下规律：

（1）上下与横线等距离的两个结果是个位数与十位数对调位置；

（2）结果中个位数从 9 依次递减 1 到 0，十位数从 0 依次递增 1 到 9；

（3）结果中的数字和是 9（如 $2 + 7 = 9$，$3 + 6 = 9$ 等）.

4.2.2 用代数形式表示所发现的规律

代数就是将数、式、问题用字母代替，许多数学问题的证明主要依赖于代数形式.

对于规律（3），我们可归纳出以下定理：

定理 1 如果一个自然数的各位数字之和能被 9 整除，则原数能被 9 整除，反之亦真.

证明：设原数为 $\overline{abc\cdots de}$，是 n 位数，

则 $\overline{abc\cdots de} = a \times 10^{n-1} + b \times 10^{n-2} + c \times 10^{n-3} + \cdots + d \times 10 + e$（科学计数法）

$$= a \times (10^{n-1} - 1) + b \times (10^{n-2} - 1) + c \times (10^{n-3} - 1) + \cdots +$$
$$d \times (10 - 1) + (a + b + c + \cdots + d + e) \qquad \text{①}$$

由于 $a \times (10^{n-1} - 1) + b \times (10^{n-2} - 1) + c \times (10^{n-3} - 1) + \cdots + d \times (10 - 1)$ 能被 9 整除，所以只要 $(a + b + c + \cdots + d + e)$ 能被 9 整除，则 $\overline{abc\cdots de}$ 就能被 9 整除.

反之，只要 $\overline{abc\cdots de}$ 能被 9 整除，$(a + b + c + \cdots + d + e)$ 就能被 9 整除.

4.2.3 形式不变性

在三角函数的诱导公式 $[$ 如 $\sin(\pi + \alpha) = -\sin \alpha]$ 中，不管 α 是什么角，只要我们将它看成锐角，公式就是不变的. 这就体现了代数形式的不变性. 在复合函数的求导中，代数形式的不变性就体现得更充分了.

在定理 1 的证明过程中，我们由数 $\overline{abc\cdots de}$ 得到数字和 $(a + b + c + \cdots + d + e)$，可以继续计算该数的数字和（如：95 436——$9 + 5 + 4 + 3 + 6 = 27$——$2 + 7 = 9$），直到得到一个一位数. 我们把这个一位数叫原数的根.

显然，若一个数的根是 9，则这个数是 9 的倍数. 可是如果一个数的根不是 9（如根是 2），能得到什么？

定理 2 如果一个数 $\overline{abc\cdots de}$ 的根是 r（$r \in \mathbf{N}^*$，且 $0 < r < 9$），则数 $\overline{abc\cdots de}$ 被 9 除的余数是 r［如 48：$4+8=12$，$1+2=3$，而 $48 \div 9 = 5 \cdots\cdots 3$（余 3）］.

证明：由①得：

$$\overline{abc\cdots de} - (a + b + c + \cdots + d + e)$$

$$= a \times (10^{n-1} - 1) + b \times (10^{n-2} - 1) + c \times (10^{n-3} - 1) + \cdots + d \times (10 - 1)$$

因为右端是 9 的倍数，则左端也应是 9 的倍数，

所以数 $\overline{abc\cdots de}$ 与数 $(a + b + c + \cdots + d + e)$ 被 9 除应有相同的余数.

对于两个正整数的和、差、积被 9 除的余数与它们单个被 9 除的余数我们可得到如下关系：

定理 3 如果正整数 n，m 被 9 除的余数依次为 r_1 与 r_2，那么 $(n \pm m)$ 被 9 除的余数与 $(r_1 \pm r_2)$ 被 9 除的余数相同；$n \cdot m$ 被 9 除的余数与 $r_1 \cdot r_2$ 被 9 除的余数相同.

证明略.

4.2.4 非 9 的数作除数的余数探讨

上帝是公平的，他对每个数是一视同仁的. 数字 9 有这样的性质，别的数有以上性质吗？数字 7 有以上性质吗？对于 536，其数字和为 14，其数字根为 5，而 $536 \div 7$ 的余数是 4，$14 \div 7 = 2$，可整除，但 536 既不被 7 整除，余数也不是数字的根. 没有这种性质，应该有别的什么性质吧，这才能体现上帝的公平. 或者我们仅仅看到了冰山一角，数字都具有的普遍性等待我们去发现.

一般的数没有以上类似于数字 9 的性质，但数字 3 有如下性质.

定理 4 如果一个数的数字和是 3 的倍数，则这个数是 3 的倍数.

证明同定理 1.

4.2.5 数字和的过程分解

目标固然重要，但真正的享受还在过程中. 我们往往因为太急于赶路而错过沿途的风景. 放慢脚步，注意原来每步的分解.

数字 95 436 的数字和可以看成按以下步骤得到：

95 436——9 543 + 6——954 + 3 + 6——95 + 4 + 3 + 6——9 + 5 + 4 + 3 + 6

以上数字都是 9 的倍数. 由此定理 1 与定理 2 可有下面的叙述：

定理 5 一个数，截去末位，并加上此末位数得一新数，当新数被 9 整除时，原数能被 9 整除；当新数不能被 9 整除时，原数便不能被 9 整除；当新数被

9 除的余数是 r 时，原数被 9 除的余数也是 r.

证明略.

4.2.6 寻求判断整除性的统一方法

学过代数的人都有这样的体会：代数最具有概括性；代数能帮人思考问题；代数变形可以发现新问题.

设正整数 $A = 10x + y$（x 为大于零的整数，$y \in \{0, 1, 2, \cdots, 9\}$）

因为 $A = 10x + 10y - 9y = 10(x + y) - 9y = 9(x + y) - 9y + (x + y)$.

显然，只要 $(x + y)$ 能被 9 整除，A 就能被 9 整除，定理 5 由此得证.

又因为 $A = 10x + y = 9x + (x + y)$

所以 $A = 10x + y$ 与 $(x + y)$ 除以 9 的余数相同，这是定理 2 的另一证明.

又有 $A = 10x + y = 10x - 10y + 11y = 10(x - y) + 11y$

显然，只要 $x - y$ 能被 11 整除，A 就能被 11 整除. 由此得到结论.

定理 6 一个数，截去末位，并减去此末位数得一新数，当新数能被 11 整除时，原数就能被 11 整除；当新数不能被 11 整除时，原数便不能被 11 整除.

连续应用定理 6，可得到与定理 1 类似的结论.

定理 7 如果一个数的奇数位数字之和减去偶数位数字之和的差能被 11 整除，则原数就能被 11 整除.

4.2.7 其他数(非9)的整除规律

将以上的代数式变形，就可以帮我们发现所有自然数类似数字 9 的规律.

设 $A = 10x + y$（x，y 同上）

$$
\begin{aligned}
A &= 10x + y \\
&= 10(x + y) - 9y \\
&= 10(x - y) + 11y \\
&= 10(x - 2y) + 3 \times 7y \\
&= 10(x + 2y) - 19y \\
&= 10(x - 3y) + 31y \\
&= 10(x + 3y) - 29y \\
&= 10(x + 4y) - 3 \times 13y \\
&= 10(x - 5y) + 3 \times 17y \\
&= 10(x + 5y) - 7 \times 7y \\
&\cdots\cdots
\end{aligned}
$$

可以得到统一结论为：

（1）一个数截去末位，并加上此末位数得一新数，当新数能被 9 整除时，原数就能被 9 整除；当新数不能被 9 整除时，原数便不能被 9 整除；当新数被 9 除的余数是 r 时，原数被 9 除的余数也是 r.

（2）一个数截去末位，并减去此末位数得一新数，当新数能被 11 整除时，原数就能被 11 整除；当新数不能被 11 整除时，原数便不能被 11 整除.

（3）一个数截去末位，并减去此末位数的 2 倍得一新数，当新数能被 7 整除时，原数就能被 7 整除.

（4）一个数截去末位，并加上此末位数的 2 倍得一新数，当新数能被 19 整除时，原数就能被 19 整除.

（5）一个数截去末位，并减去此末位数的 3 倍得一新数，当新数能被 31 整除时，原数就能被 31 整除.

（6）一个数截去末位，并加上此末位数的 3 倍得一新数，当新数能被 29 整除时，原数就能被 29 整除.

（7）一个数截去末位，并加上此末位数的 4 倍得一新数，当新数能被 13 整除时，原数就能被 13 整除.

（8）一个数截去末位，并减去此末位数的 5 倍得一新数，当新数能被 17 整除时，原数就能被 17 整除.

（9）一个数截去末位，并加上此末位数的 5 倍得一新数，当新数能被 7 整除时，原数就能被 7 整除.

以此类推，这些结论有很多，在操作过程中可连续使用.

例如：6 992 能被 19 整除吗？

应用上面的结论可知：在 6 992 这个数中，$x = 699$，$y = 2$，$x + 2y = 699 + 2 \times 2 = 703$. 703 比较大，所以用 703 作为新数，此时 $x + 2y = 70 + 6 = 76$. 76 能被 19 整除（$76 = 19 \times 4$），所以 6 992 能被 19 整除.

如果看不到 $76 = 19 \times 4$，还可将 76 看成新数，这时 $x + 2y = 7 + 2 \times 6 = 19$，显然是 19 的倍数，所以 6 992 能被 19 整除.

到此，联想到定理 2 中的数字根问题，很自然想到：别的数字（非 9）的数字根如何？通过验证，发现不具有如定理 2 的性质. 如 41 被 19 除的余数为 3，但 $4 + 1 \times 2 = 6$，被 19 除的余数为 6，不是 3. 不过我们发现，每做一次"截去末位，并加上/减去此末位数的 n 倍"的变换，余数也相应地变为原来的 n 倍（如上例 41 的余数由 3 变为 6，下一次变为 12，再下一次变为 $24 - 19 = 5$）.

看到上面的那么多具体判断整除性的法则，能不能再统一表示呢？可统一为两个公式：
$$A = 10x + y = 10(x + ny) - (10n - 1)y = 10(x - ny) + (10n + 1)y$$

这样，上面的整除性问题可以统一用两句话说：

（1）一个数截去末位，并加上此末位数的 $n(n \in \mathbf{N}^*)$ 倍得一新数，当新数能被 $10n-1$（或 $10n-1$ 的因子）整除时，原数可被 $10n-1$（或 $10n-1$ 的因子）整除.

（2）一个数截去末位，并减去此末位数的 $n(n \in \mathbf{N}^*)$ 倍得一新数，当新数能被 $10n+1$（或 $10n+1$ 的因子）整除时，原数可被 $10n+1$（或 $10n+1$ 的因子）整除.

很自然有人会问：$10n-1$ 或 $10n+1$ 及它们的因子能包含任意自然数吗？当然可以. 我们用一个例子（寻找并判断能被 37 整除的数的规律）来说明：

首先 37 不具有 $10n+1$，$10n-1$ 的特点，但 $37 \times 3 = 111$，$37 \times 7 = 259$，所以，

$$A = 10x + y = 10(x - 11y) + 111y = 10(x - 11y) + 3 \times 37y$$

由此我们可以得到判断方法：一个数截去末位，并减去此末位数的 11 倍得一新数，当新数能被 111（或 37）整除时，原数可被 111（或 37）整除.

也可以构造 $A = 10x + y = 10(x + 26y) - 259y = 10(x + 26y) - 7 \times 37y$ 来得到整除性的判断方法. 从理论上来说，这种统一的方法我们找到了，在实际操作上可能并不是每步都能变简单，也有可能是变复杂了. 但不能由此否定它的价值，毕竟这是一个统一规律，可能有更深刻的背景.

4.2.8　数字变换

隐藏于树上几千年的禁果被我们吃到了，我们低头再寻找野蘑菇吧. 在树下找，不是孤立地找，应该通过树和禁果去寻找，抓住已得到的顺藤摸瓜，即用联系的思想去分析、探讨.

我们用统一结论（4），若一个数是 19 的倍数，只要"截去末位，并加上此末位数的 2 倍"，连续进行操作，最后总能得到 19. 我们将它视为一种变换进行到底，看它的变化. 如果任意给一个数（如果原来只有一位，就用它的 2 倍来替换），用此方法操作如何？

我们从 1 开始，反复进行，结果如下：

1→2→4→8→16→13→7→14→9→18→17→15→11→3→6→12→5→10→1

经过 18 步又回到原数了，从 1 开始比 19 小的 18 个数都出现了，而 19→19.

若用统一结论（7），13 的倍数（其实是 39 的倍数）的判断方法："截去末位，并加上此末位数的 4 倍"作为变换进行到底，又会怎样（如果原来只有一位，就用它的 4 倍来替换）？从 1 开始如下：

1→4→16→25→22→10→1

经过 6 步后便回到原数了. 其实从圈子里任何一个数出发, 经 6 步都是可以回到原数的. 但这个圈子里 2, 3, 5, 6 等未出现. 从未出现的数开始如何呢?

$2\to8\to32\to11\to5\to20\to2$

$3\to12\to9\to36\to27\to30\to3$

$6\to24\to18\to33\to15\to21\to6$

$7\to28\to34\to19\to37\to31\to7$

$13\to13$

$14\to17\to29\to38\to35\to23\to14$

$26\to26$

$39\to39$

可以看到: 13 自己循环, 26 自己循环, 39 自己循环, 其他的循环长度都是 6 步; 共出现从 1 到 39 的所有自然数.

对于 19 的倍数的判断方法的变换: "截去末位, 并加上此末位数的 2 倍." 出现从 1 到 18 的所有自然数, 而对 13 的倍数的判断方法的变换: "截去末位, 并加上此末位数的 4 倍." 出现的却不是 1 到 12 的所有自然数, 为什么会出现从 1 到 38 中的自然数呢?

我们看以前的代数式子,

$A = 10x + y$

$\quad = 10(x + 2y) - 19y$

$\quad = 10(x + 4y) - 39y$

$\quad = 10(x + 4y) - 3\times13y$

可以明白一点, 13 产生于 $3\times13 = 39$, 出现 $1\sim38$ 中的自然数. $13\times1 = 13$, $13\times2 = 26$, $13\times3 = 39$, 这三个数自己循环. 但其中的本质还需继续探讨.

新问题 1 "截去末位, 并加上此末位数的 n 倍" 的变换一定循环吗? 循环的长度如何决定? 有几圈循环又由什么决定?

4.2.9 用乘法做除法

在小学二年级学除法时, 有些同学学了好久都学不会, 当时我就想, 这样算除法的方法是怎么得来的? 应该是很早的人发明的吧! 我当时就想发明一个算除法的简单方法. 这个问题困扰了我几十年, 现在我终于找到了几种简单的方法, 而在探讨这个问题的过程中, 也发现了一些求开方、三角、对数, 计算圆周率的方法. 我们现在用乘法做除法.

从上面的 "截去末位, 并加上此末位数的 2 倍" 等的变换, 我们看到了数的循环, 由此联想到循环小数. 先观察分母为 7 的分数:

$$\frac{1}{7}=0.\overset{.}{1}4285\overset{.}{7}, \quad \frac{2}{7}=0.\overset{.}{2}8571\overset{.}{4}, \quad \frac{3}{7}=0.\overset{.}{4}2857\overset{.}{1}, \quad \frac{4}{7}=0.\overset{.}{5}7142\overset{.}{8}, \quad \cdots$$

可以看到，商数为 1，4，2，8，5，7 从小到大转圈；且分母 × 循环节末位 + 分子 = 10k（$k \in \mathbf{N}^*$）.

再看：

$$\frac{1}{13}=0.\overset{.}{0}7692\overset{.}{3}, \quad \frac{2}{13}=0.\overset{.}{1}5384\overset{.}{6},$$

可以看到，商数不是转圈，但分母 × 循环节末位 + 分子 = 10k（$k \in \mathbf{N}^*$）仍成立.

再观察下列分母为素数，分子为 1 的分数与它的循环小数：

$$\frac{1}{17}=0.\overset{.}{0}58\ 823\ 529\ 411\ 764\ \overset{.}{7}$$

$$\frac{1}{19}=0.\overset{.}{0}52\ 631\ 578\ 947\ 368\ 42\overset{.}{1}$$

$$\frac{1}{23}=0.\overset{.}{0}43\ 478\ 260\ 869\ 565\ 217\ 391\ \overset{.}{3}$$

可发现以下规律：

（1）循环节末位数与分母之积的末位数是 9（这时的余数是 1，开始循环）.

（2）循环节中自后往前的各个数字依次呈现某种倍数关系（有时进位）.

（3）循环节的长度有些是分母减 1（如 7，19），有些不是（如 13）.

例如 $\frac{1}{7}$ 的循环节末位数是 7，按 5 倍变化；$\frac{1}{19}$ 的循环节末位数是 1，按 2 倍变化；$\frac{1}{13}$ 的循环节末位数是 3，按 4 倍变化；$\frac{1}{23}$ 的循环节末位数是 3，按 7 倍变化，…又一次发现 7 与 5 倍有关，19 与 2 倍有关，13 与 4 倍有关，23 与 7 倍有关. 对于 $\frac{1}{3}=0.\overset{.}{3}$，同样遵循此规律（3 × 3 = 9，按 1 倍变化）.

到此与以前的关系式：

$$
\begin{aligned}
A &= 10x + y \\
&= 10(x+y) - 3 \times 3y \\
&= 10(x+2y) - 19y \\
&= 10(x+4y) - 3 \times 13y \\
&= 10(x+5y) - 7 \times 7y \\
&= 10(x+7y) - 3 \times 23y
\end{aligned}
$$

再次有联系.

具体计算 $\frac{1}{13}=0.\overset{.}{0}7692\overset{.}{3}$，可以用以下方法列式进行：

方法一：（整体乘4）见图4.

①先确定循环节的末位是3（从1开始，逐个找，先找到3，$13 \times 3 = 39$）；

②由 $A = 10x + y = 10(x + 4y) - 3 \times 13y$ 确定倍数为4；

③$3 \times 4 = 12$ 向左移一位写12，再有 $12 \times 4 = 48$，在12的下方与12的1对齐写8，依次继续 $48 \times 4 = 192$ 进行，每次向左错一位；

④将这些数字相加，可得076923这组循环数.

方法二：（个位乘4）见图5.

①先确定循环节的末位是3（从1开始，逐个找，先找到3，$13 \times 3 = 39$）；

②由 $A = 10x + y = 10(x + 4y) - 3 \times 13y$ 确定倍数为4；

③$3 \times 4 = 12$ 向左移一位写12，再有 $2 \times 4 = 8$，在12的下方与12的1对齐写8，接下来应是$(8 + 1) \times 4 = 36$进行，再有$6 \times 4 = 24$，再有$(3 + 4) \times 4 = 28$，下一步是$(2 + 8) \times 4 = 40$，…，依次继续；

④将这些数字相加，可得076923这组循环数.

我们将此方法称为"错位—加倍"法. 显然方法二方便得多.

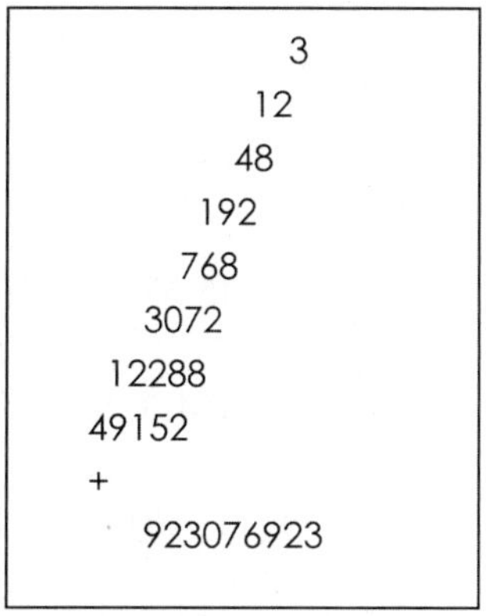

```
        3
       12
       48
      192
      768
     3072
    12288
   49152
 +
    923076923
```

图4

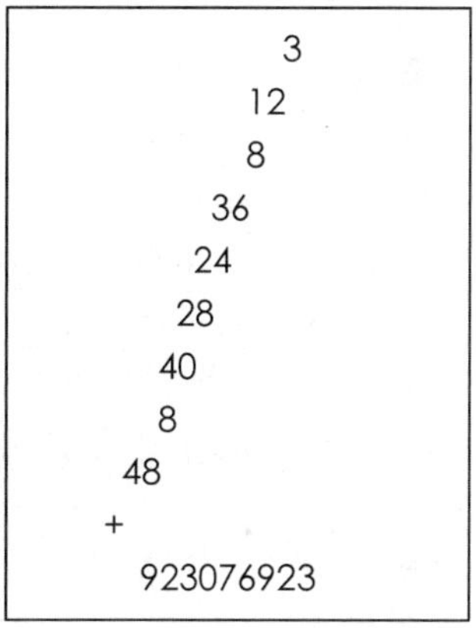

```
        3
       12
        8
       36
       24
       28
      40
       8
      48
 +
   923076923
```

图5

4.2.10 用乘法得到循环小数的另一个分析

我们看到的任何东西也许是另一事物的特殊一面，要乘胜追击，扩大战果，永不止步.

先来分析几组结果：

$7 \times 7 = 49$，比10的5倍少1；

$13 \times 3 = 39$，比10的4倍少1；

$17 \times 7 = 119$，比10的12倍少1；

$19 \times 1 = 19$，比10的2倍少1；

……

由此可见，倍数是循环节末位数字与分母之积加上1的和的$\frac{1}{10}$. 我们可验证此规律对分母是素数（除2，5）的分数都正确.

以上都是分母是素数的情况，若分母是不含因数2或5的合数呢？

$$\frac{1}{9} = 0.\dot{1} \qquad (9 \times 1 = 9)$$

$$\frac{1}{21} = 0.\dot{0}4761\dot{9} \qquad (21 \times 9 = 189,\ 19\ 倍)$$

$$\frac{1}{63} = 0.\dot{0}1587\dot{3} \qquad (63 \times 3 = 189,\ 19\ 倍)$$

$$\frac{1}{231} = 0.\dot{0}0432\dot{9} \qquad (231 \times 9 = 2\ 079,\ 208\ 倍)$$

```
        9
      171
       19
      114
      133
       76
        0
      171
   +   19
      19047619
```

图 6

用"错位—加倍"法，$\frac{1}{21}$ 的计算见图 6，

①先确定循环节的末位是 9（$21 \times 9 = 189$）；

②$21 \times 9 = 189$，$\dfrac{189 + 1}{10} = 19$，确定 19 倍；

③$9 \times 19 = 171$，在 9 的下方向左移一位写 171 的末位数 1；再有 $1 \times 19 = 19$，在 171 的下方与 17 对齐写 19；再有 $1 \times 19 = 19$，$6 \times 19 = 114$，依次继续进行；

④将这些数字相加，可得 047619 这组循环数.

其他分数化循环小数如法炮制也完全正确，由此得：

结论 5 把单位分数 $\frac{1}{q}$（q 为不含因数 2，5 的数）表示成小数，必是一个纯循环小数，循环节的末位数字 p 是与分母 q 的个位数之积为 9 的数字，其他各位（自后往前）依次是后一位数字的个位数与 $(pq + 1) \cdot \dfrac{1}{10}$ 的乘积（有进位时应把进位数字加进去），直到重新循环（不超过 q 位）为止.

新问题 2 以上规律该如何证明？

4.2.11 化循环小数的又一发现

会学习的人都有这种感觉，越学问题越多，好像捅了马蜂窝，其实有麻烦就意味着开始进步.

在上面的 $\frac{1}{7} = 0.\dot{1}4285\dot{7}$ 中，我们发现从前向后的 14，28 之间有 2 倍关系，用"错位—加倍"法（这时每下一步向右移两位），可得图 7 的结果——142857 循环，答案完全吻合. 那么别的数也能这样计算吗？

```
14
  28
    56
     112
       224
         448
           896
+
142857142857
```

图 7

4.2.12　"互补"数及其性质

古希腊哲学家芝诺（Zeno of Elea）提出过一个著名的悖论：兔子追不上乌龟．即乌龟与兔子赛跑，假设兔子速度是乌龟的 10 倍，乌龟在兔子前 100 米处，两者同时起跑．当兔子跑到乌龟的起跑点时，乌龟在兔子前 10 米处；当兔子跑完这 10 米时，乌龟又在兔子前 1 米处；如此下去，所以兔子永远追不上乌龟．

这是将有限时间内的问题用无限去分析，从而产生悖论．但这种有限用无限表示的方法确实是很有用的．

定义　若两正整数 a 与 b 之和 $a + b = 10^k (k \in \mathbf{N})$，我们称 a 与 b 为互补的两个数．如 2 的补数为 8，或 98，或 998 等．可看到一个数的补数不唯一．

定理 8　一般地，对于正整数 a，b，若 $a + b = 10^k$（$k \in \mathbf{N}$），则：

$$\frac{1}{a} = \frac{1}{10^k}\Big[1 + \Big(\frac{b}{10^k}\Big)^1 + \Big(\frac{b}{10^k}\Big)^2 + \Big(\frac{b}{10^k}\Big)^3 + \cdots \Big]$$

$$= \frac{1}{10^k}\Big[1 + \sum_{n=1}^{\infty} \Big(\frac{b}{10^k}\Big)^n \Big]$$

证明：因为 $a + b = 10^k (k \in \mathbf{N}, a > 0, b > 0)$

所以 $\dfrac{1}{10^k}\Big[1 + \sum\limits_{n=1}^{\infty} \Big(\dfrac{b}{10^k}\Big)^n \Big] = \dfrac{1}{10^k} \cdot \dfrac{1}{1 - \dfrac{b}{10^k}} = \dfrac{1}{10^k} \cdot \dfrac{10^k}{10^k - b}$

$$= \frac{1}{10^k - b}$$

$$= \frac{1}{a}$$

得证．

由以上定理可知，

$$\frac{1}{98} = \frac{1}{100}\Big[1 + \frac{2}{100} + (\frac{2}{100})^2 + (\frac{2}{100})^3 + \cdots \Big]$$

$$= 0.01 + 0.000\ 2 + 0.000\ 004 + \cdots$$

$$= 0.010\ 204\ 081\ 6\cdots$$

列式计算如图 8，依无穷级数分析，小数点后两位是 01，下来两位是 01 乘以 2 即 02，再下来是 02 乘以 2 得 04，以此类推，需进位时按普通方法进行．

$$\frac{1}{7} = \frac{7}{49}$$

$$= \frac{14}{98}$$

$$= 14 \times \frac{1}{98}$$

$$= 14 \times 0.010\ 204\ 081\ 632\ 632\ 6\cdots$$

$$= 0.142\ 857\ 142\ 857\cdots$$

以上我们将 $\frac{1}{7}$ 与 $\frac{1}{98}$ 联系起来看到了这种计算的本质规律,但从互补数的角度看,我们首先想到的 7 的补数是 3,那么能做出答案吗?

$$\frac{1}{7} = \frac{1}{10}\left[1 + \frac{3}{10} + \left(\frac{3}{10}\right)^2 + \left(\frac{3}{10}\right)^3 + \left(\frac{3}{10}\right)^4 + \cdots\right]$$

如图 9 列式计算,同样得到 142857. 不过这时的计算数字变化较大,计算更复杂. 这个方法可以用于任何数. 如 $\frac{1}{19}$ 可这样计算:

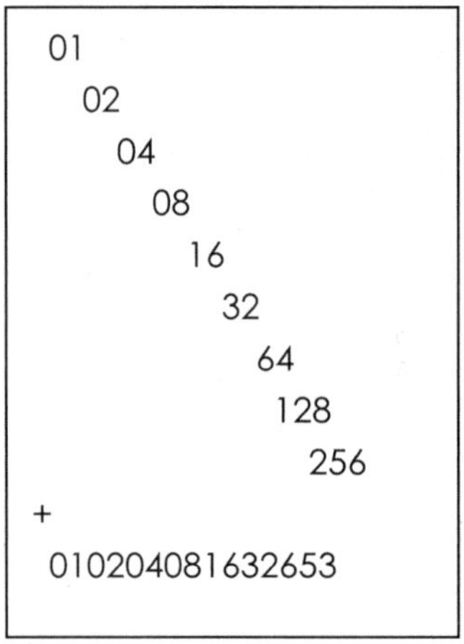

```
01
 02
  04
   08
    16
     32
      64
       128
        256
+
010204081632653
```

图 8

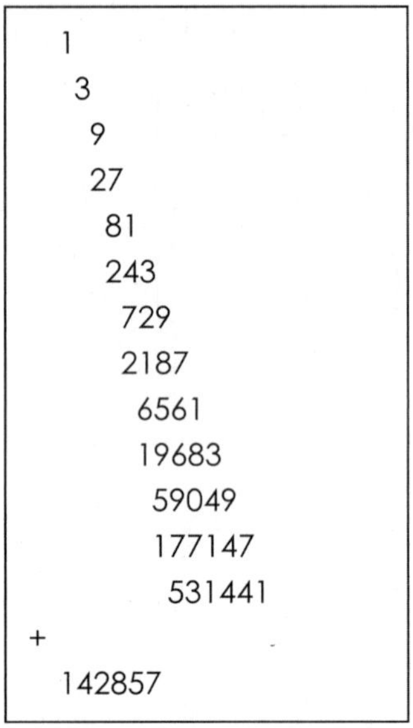

```
1
 3
  9
   27
    81
     243
      729
       2187
        6561
         19683
          59049
           177147
            531441
+
142857
```

图 9

$$\frac{1}{95} = \frac{1}{100}\left[1 + \frac{5}{100} + \left(\frac{5}{100}\right)^2 + \left(\frac{5}{100}\right)^3 + \cdots\right]$$

$$= 0.01 + 0.000\ 5 + 0.000\ 025 + \cdots$$

这个过程乘以 5:

$$\frac{1}{19} = \frac{5}{95} = 0.\dot{0}52\ 631\ 578\ 947\ 368\ 42\dot{1}$$

到此,我们已得到分数化小数的好几种方法,有优有劣,真正使我们感兴趣的是它们之间的联系与规律. 同时我们也发现了新的问题.

4.2.13 重新分析"截去末位，并加上此末位数的 n 倍"

前面我们有"截去末位，并加上此末位数的 4 倍"的变换，从 1 开始的变换如下：

$1 \to 4 \to 16 \to 25 \to 22 \to 10 \to 1$（六位循环数为 1，4，16，25，22，10）

它是由 $A = 10x + y = 10(x + 4y) - 39y = 10(x + 4y) - 3 \times 13y$ 的式子引出来的.

我们再看 $\dfrac{1}{39}$ 的循环小数与各步除法的余数.

$\dfrac{1}{39} = 0.\overset{\cdot}{0}\ 2\ 5\ 6\ 4\ \overset{\cdot}{1}$（商数下面的数是余数）
$\quad\quad\quad\ _{1\ 10\ 22\ 25\ 16\ 4\ 1}$

可发现以下规律：

（1）在变换中的六个数的个位从后往前（10 作为第一个）就是循环节（商数 $\dfrac{1}{39} \to$ 025641），或在变换中的六个数的个位从前往后取（146520），然后调头就是循环节；

（2）变换中的六个数倒着看正是除法每步的余数.

验证、分析以上规律：

（1）对于乘以 4 的变换从 2 开始为：

$2 \to 8 \to 32 \to 11 \to 5 \to 20 \to 2$

与 $\dfrac{2}{39}$ 的循环小数和余数对照，$\dfrac{2}{39} = 0.\overset{\cdot}{0}\ 5\ 1\ 2\ 8\ \overset{\cdot}{2}$
$\quad\quad\quad\quad\quad\quad\quad\quad\quad\quad\quad\quad\quad\ _{2\ 20\ 5\ 11\ 32\ 8\ 2}$

以上规律完全正确.

（2）但 3 开头乘 4 的变换为：$3 \to 12 \to 9 \to 36 \to 27 \to 30 \to 3$，

而 $\dfrac{3}{39} = \dfrac{1}{13} = 0.\overset{\cdot}{0}\ 7\ 6\ 9\ 2\ \overset{\cdot}{3}$
$\quad\quad\quad\quad\quad\quad\quad\ _{1\ 10\ 9\ 12\ 3\ 1}$

商数符合以上规律，余数却不符合，为什么？

$\dfrac{1}{13}$ 化小数过程中的余数分别为：$1 \to 10 \to 9 \to 12 \to 3 \to 4 \to 1$.

若乘以 3 得：$3 \to 30 \to 27 \to 36 \to 9 \to 12 \to 3$，倒着看正是 3 开头乘以 4 的变换，

是 $\dfrac{3}{39}$ 化小数过程中的余数.

（3）我们再分析 $\dfrac{1}{7} = 0.\overset{\cdot}{1}\ 4\ 2\ 8\ 5\ \overset{\cdot}{7} = \dfrac{7}{49}$.
$\quad\quad\quad\quad\quad\quad\quad\quad\ _{1\ 3\ 2\ 6\ 4\ 5\ 1}$

$A = 10x + y = 10(x + 5y) - 7 \times 7y = 10(x - 2y) + 3 \times 7y$，

从 7 开始，乘以 5 的变换：$7 \to 35 \to 28 \to 42 \to 14 \to 21 \to 7$，变换的个位为 7，5，8，2，4，1，从后往前就是 $\frac{1}{7}$ 的循环节数字. 变换的数字除以 7，从后往前看就是 $\frac{1}{7}$ 化小数的各位余数.

以上规律仍然成立.

（4）从 1 开始，如果用乘以（-2）的变换得：$1 \to -2 \to 4 \to -8 \to 16 \to -11 \to 1$.

由于乘以（-2）是对应 21 的整除性，而 $\frac{1}{21} = 0.\overset{.}{0} \underset{1\ 10}{} 4 \underset{16}{} 7 \underset{13}{} 6 \underset{4}{} 1 \underset{19}{} \overset{.}{9} \underset{1}{}$，无论是商数还是余数都与变换对不上. 如果在上面的变换中将其负数加上 21，得变换 $1 \to 19 \to 4 \to 13 \to 16 \to 10 \to 1$，这时的变换数字倒着排就是余数，但仍看不到与商数的联系.

（5）对于 $\frac{3}{21} = 0.\overset{.}{1} \underset{3\ 9}{} 4 \underset{6}{} 2 \underset{18}{} 8 \underset{12}{} 5 \underset{15}{} \overset{.}{7} \underset{3}{} = \frac{1}{7}$，

从 3 开始乘以（-2）的变换：$3 \to -6 \to 12 \to -3 \to 6 \to -12 \to 3$，

变换中的负数加上 21 为：$3 \to 15 \to 12 \to 18 \to 6 \to 9 \to 3$，对应 $\frac{3}{21}$ 的余数. 再将各数除以 3 得：$1 \to 5 \to 4 \to 6 \to 2 \to 3 \to 1$，倒着看就是 $\frac{1}{7} = 0.\overset{.}{1} \underset{1\ 3}{} 4 \underset{2}{} 2 \underset{6}{} 8 \underset{4}{} 5 \underset{5}{} \overset{.}{7} \underset{1}{}$ 的余数，但仍看不到与商数的关系.

新问题 3　从理论上如何证明以上结论？

这些可以算是我们采到的野蘑菇吧. 新问题不断出现，要搞清本质还需继续研究. 数字之间的奥妙无穷，我们发现的只是一些表面的特点，地下的宝藏我们在后文中再继续挖掘吧.

4.3　对循环小数问题再探

> 数学根源在于普遍的常识，数学实质上是人们尝试的系统化.
>
> ——弗赖登塔尔

前面谈到有一个有趣的习题："立方和 = 和平方"问题.

$$1^3 + 2^3 + 3^3 + 4^3 + \cdots + n^3 = (1 + 2 + 3 + 4 + \cdots + n)^2$$

即前 n 个自然数的立方和等于它们的和的平方. 法国数学家刘维尔发现了这

种算术式背后的本质规律, 吃到禁果后找到大开胃口的野蘑菇.

西方哲人有言"观察为发现之母", 没有敏锐的观察能力就永远不会有发现. 中国当代数学大师谈祥柏不仅找到令人胃口大开的野蘑菇, 还挖掘出地下的宝藏, 他在"立方和 = 和平方"之后注意到以下问题:

$1^5 = 1$	$1^7 = 1$	$1^4 = 1$
$2^5 = 32$	$2^7 = 128$	$(1+2)^4 = 81$
$3^5 = 243$	$3^7 = 2\ 187$	$(1+2+3)^4 = 1\ 296$
$4^5 = 1\ 024$	$4^7 = 16\ 384$	$\vdots$
$5^5 = 3\ 125$	$5^7 = 78\ 125$	
$6^5 = 7\ 776$	$6^7 = 279\ 936$	
$7^5 = 16\ 807$	$7^7 = 823\ 543$	
$\vdots$	$\vdots$	

图 10

谈祥柏老师发现四次方、五次方、七次方之间的一个奇妙等式:
$$(1^5 + 2^5 + 3^5 + \cdots + n^5) + (1^7 + 2^7 + 3^7 + \cdots + n^7) = 2(1 + 2 + 3 + \cdots + n)^4$$
实现了四次方、五次方、七次方之间的"高空对接". 证明只是例行手续:
$$2 \times \left[\frac{1}{2} n(n+1) \right]^4 = \frac{1}{8} n^8 + \frac{1}{2} n^7 + \frac{3}{4} n^6 + \frac{1}{2} n^5 + \frac{1}{8} n^4$$

$$1^5 + 2^5 + 3^5 + \cdots + n^5 = \frac{1}{6} n^6 + \frac{1}{2} n^5 + \frac{5}{12} n^4 - \frac{1}{12} n^2$$

$$1^7 + 2^7 + 3^7 + \cdots + n^7 = \frac{1}{8} n^8 + \frac{1}{2} n^7 + \frac{7}{12} n^6 - \frac{7}{24} n^4 + \frac{1}{12} n^2$$

研究自然数到七次方, 可见谈祥柏老师对数学感情有多深!

我们知道: 三角形有海伦公式计算其面积, 即已知 $\triangle ABC$ 三边长为 a, b, c, 设 $p = \frac{1}{2}(a+b+c)$, 则 $S = \sqrt{p(p-a)(p-b)(p-c)}$. 怎样想到寻求三边的面积公式呢? 因为已知三角形的三边, 则三角形固定, 当然三角形面积固定, 自然想到面积必能用其三边表示. 由此可想到三角形全等的条件可固定三角形. 沿着这条路可得到三角形新的面积公式:

$$S = \frac{1}{2} ab \sin C \ (两边及夹角); \quad S = \frac{a^2 \sin B \sin C}{\sin(B+C)} \ (两角及夹角)$$

如果再应用三角函数、三角形边角关系, 可得到十几个面积公式.

当三角形确定时, 它的面积必然确定, 此三角形的其他量也就确定了 (诸如：中线、角平分线、内切圆等）. 我们就将此思想称为确定性原理吧. 许多数学问题的发现与解决源于此原理.

在上一章节我们主要应用归纳思想发现了整除性与循环小数的关系, 在本章节中我们主要以确定性原理与演绎推理研究循环小数问题.

4.3.1　循环小数与有限小数产生的本质原因

分数化小数是我们熟悉的过程, 但真正认识它的人不多. 因为我们从小跟着老师照着课本学习, 自然而然认为知识就是书上写的那些. 其实书上的知识和老师教的知识只是九牛之一毛、大海之一粟, 大学问在于自己思考、探究. 我们再回到小学的除法看看.

当分数化小数这个过程完成的时候, 小数会有各种不同的形式, 由于分数可化为既约分数, 我们只研究既约分数 $\dfrac{a}{b}$（a 与 b 互素的真分数）, 如：

（Ⅰ）$\dfrac{1}{5} = 0.2$　　　　　　　$\dfrac{3}{40} = 0.075$

（Ⅱ）$\dfrac{4}{9} = 0.444\cdots$　　　　$\dfrac{1}{7} = 0.142\,857\,142\,857\cdots$

（Ⅲ）$\dfrac{1}{6} = 0.166\cdots$　　　　$\dfrac{7}{30} = 0.233\cdots$

我们首先有：

结论 6　分数化为小数时, 或为有限小数, 或为循环小数, 分母起决定作用.

为什么分数 $\dfrac{a}{b}$ 化为小数时不是有限小数就必然是循环小数呢? 因为若不是有限小数, 每次必有余数 $r\,(0 < r < b)$, 余数只有有限个且会重复出现, 导致商重复出现. 由于"倍数变换"与循环小数对应, 分数化小数循环就是倍数变换循环, 到此前面的新问题 1 完全解决.

最简单的是第（Ⅰ）类, 这类分数化成的是有限小数, 它有通式 $\dfrac{a}{2^{\alpha} \cdot 5^{\beta}}$, 即分母只有素因子 2 和 5. 这类分数可以"扩大", 使得它们的分母成为 10 的幂的形式.

如果已知的分数含有不能被 2 或 5 整除的因子 k, 显然这种分数不能"扩大"成 10 的幂的分数.

假设 $\dfrac{1}{2^{\alpha} \cdot 5^{\beta} \cdot k} = \dfrac{a}{10^{\gamma}} = \dfrac{a}{2^{\gamma} \cdot 5^{\gamma}}$

即 $2^{\gamma-\alpha} \cdot 5^{\gamma-\beta} = a \cdot k$.

k 假设大于 1，它应能被 2 或 5 整除，由于 $a \cdot k$ 的素因子的唯一性，2 或 5 是能整除 $a \cdot k$ 和 k 仅有的素因子，k 只有 2 和 5 作为因子.

定理 9 只有形如 $\dfrac{a}{2^{\alpha} \cdot 5^{\beta}}$（$a$，$\alpha$，$\beta \in \mathbf{N}^{*}$）形式的分数才能化成有限小数.

实际上当分母的素因子只含 2 或 5 时，分数 $\dfrac{a}{2^{\alpha} \cdot 5^{\beta}}$ 化成的小数数位由 α 和 β 较大者决定.

设 $\alpha \geqslant \beta$，即

$$\frac{a}{2^{\alpha} \cdot 5^{\beta}} = \frac{a \cdot 5^{\alpha - \beta}}{10^{\alpha}}$$

即 $a \cdot 5^{\alpha - \beta}$ 小数点向左移动 α 位.

在第（Ⅱ）类中，分数是化成无限循环小数，并从小数点后第一位就开始循环，例如 $\dfrac{1}{7}$ 开头就是 142857 的重复.

而在第（Ⅲ）类中，分数都是化成无限循环小数，不过其循环节并不是一开始就出现，而是从小数点后若干位才出现的. 例如 $\dfrac{1}{6} = 0.166\cdots$，循环节 6 是小数点后第二位才出现的.

在第（Ⅱ）类中，分母与 10 没有公共因子，我们有结论.

定理 10 若 b 与 10 互素，则 $\dfrac{a}{b}$ 的小数展开式必从小数点后立即循环.

为此我们就得证明，开始重复的第一个余数是整个序列中的第一个，即分子自身. 如果第 m 个与第 n 个余数相等，即 $r_m = r_n$，那么之前的余数 r_{m-1} 和 r_{n-1} 也相等，实际上可以是任意靠前的余数. 由 $10 \cdot r_{m-1}$ 和 $10 \cdot r_{n-1}$ 除以 b 得 r_m 和 r_n，

$$10 \cdot r_{m-1} = q_{m-1} \cdot b + r_m$$
$$10 \cdot r_{n-1} = q_{n-1} \cdot b + r_n$$

因为 $r_m = r_n$，

则 $10 \cdot (r_{m-1} - r_{n-1}) = (q_{m-1} - q_{n-1}) \cdot b$

由此可见 $10 \cdot (r_{m-1} - r_{n-1})$ 能被 b 整除，由于 10 和 b 互素，则 b 必能整除 $(r_{m-1} - r_{n-1})$，那么这个差 $(r_{m-1} - r_{n-1})$ 是下列数中的一个：

$$0, \quad \pm b, \quad \pm 2b, \quad \cdots$$

另外 r_{m-1} 和 r_{n-1} 都是余数，每一个都小于 b，因此 $r_{m-1} - r_{n-1}$ 仅有可能是 $r_{m-1} - r_{n-1} = 0$

$$r_{m-1} = r_{n-1}$$

因此，循环应尽可能提前开始，实际上应从小数点后立即开始.

第（Ⅲ）类中的分数化成的小数，在小数点后若干位才出现循环．我们称这种小数为混循环小数，而小数点后不是循环节的那一部分数，我们称之为混数位，而混数位较容易确定下来．

4.3.2 循环小数化分数

对于任意一个分数，我们总可以化成小数（有限小数或无限循环小数）．由以上知识可知，对于有限小数总可以将分母"扩大"为 10 的幂化成分数，如 $2.37 = \dfrac{237}{100}$．对于循环小数（如 $2.\dot{3}\dot{7}$），如何将它化为分数呢？我们可以用以下方法进行操作（举例说明）：

（1）对于纯循环小数 $0.323\,232\cdots$

令 $x = 0.323\,232\cdots$，

则 $100x = 32.323\,232\cdots = 32 + x$，

则 $x = \dfrac{32}{99}$．

规律 1 化纯循环小数为分数，分数的分子为循环节的所有数，分母全是 9．9 的个数等于循环节的长度．

（2）对于混循环小数，我们可以将其分解为有限小数与纯循环小数相加，从而化为分数．

$$
\begin{aligned}
2.3\dot{7} &= 2.377\,777\,7\cdots \\
&= 2.3 + 0.0\,777\,777\cdots \\
&= \frac{1}{10}(23 + 0.777\,777\cdots) \\
&= \frac{1}{10}\left(23 + \frac{7}{9}\right) \\
&= \frac{23 \times 9 + 7}{90} \\
&= \frac{23 \times (10 - 1) + 7}{90} \\
&= \frac{(230 + 7) - 23}{90} \\
&= \frac{237 - 23}{90}.
\end{aligned}
$$

规律 2 化混纯循环小数为分数，分数的分子为第二个循环节前的所有数（去掉小数点）减去不循环的数（去掉小数点）；分母由 9 和 0 组成，9 全在前，0 全在后；9 的个数等于循环节的长度，0 的个数等于原来小数的小数点后不循

环的数的个数.

应用以上规律, $3.142\dot{3}\dot{5}$ 可直接写成分数 $=\dfrac{314\ 235-314}{99\ 900}$.

4.3.3 分母与 10 互素的分数（即分母不含素因子 2 与 5 的分数）

结论 7 分数 $\dfrac{a}{b}$ 是既约分数，相除得到的余数都是与 b 互素的数.

由于分子 a 被当作第一个余数，且与 b 互素，由 a 产生的余数 $(10a=qb+r)r$ 是与 b 互素的余数 $\big[$ 若 $(b,r)=d\neq1$，则与 $(a,b)=1$，$(b,10)=1$ 矛盾 $\big]$.

同理，除法下一步是由 b 除 $10\cdot r$ 得到商 q_1 和余数 r_1，即 $10\cdot r=q_1\cdot b+r_1$ 或 $r_1=10r-q_1b$. 因为 b 既与 10 互素，也与 r 互素，于是 b 既与 $10\cdot r$，也与 $10r-q\cdot b$ 互素. 因此 b 与 r_1 互素，且以后产生的所有余数都与 b 互素.

结论 8 小数 $\dfrac{a}{b}$ 的循环节长度为不大于与 b 互素的余数的个数.

4.3.4 欧拉函数

与 b 互素的余数的个数，在数论中常用 $\varphi(b)$ 表示. 其实 $\varphi(b)$ 通常叫欧拉函数. $\varphi(2)=1$，$\varphi(3)=2$，$\varphi(4)=2$，$\varphi(5)=4$，$\varphi(6)=2$，特别对素数 p，$\varphi(p)=p-1$.

欧拉函数有性质：

定理 11 欧拉函数是积性函数，即若 $(m,n)=1$，

则 $\varphi(m\cdot n)=\varphi(m)\cdot\varphi(n)$.

此处不作详细证明.

定理 12 若 p 是质数，$k>0$，$\varphi(p^k)=p^k-p^{k-1}=p^k\left(1-\dfrac{1}{p}\right)$.

证明：因 p 是质数，若 $(n,p^k)=1$，则 p 与 n 互质，反之若 p 与 n 互质，则 $(n,p^k)=1$，这样在 1 和 p^k 之间恰有 p^{k-1} 个数能被 p 整除.

即 p，$2p$，$\cdots$，p^{k-1}.

而其他 p^k-p^{k-1} 个数与之互质，

所以 $\varphi(p^k)=p^k-p^{k-1}=p^k\left(1-\dfrac{1}{p}\right)$.

对于欧拉函数 $\varphi(n)$，知道 n，如何计算 $\varphi(n)$ 的值呢？欧拉函数为之给出了 $\varphi(n)$ 的计算公式.

欧拉公式：如果 $N=p_1^{l_1}p_2^{l_2}\cdots p_n^{l_n}$

那么 $\varphi(N)=\varphi(p_1^{l_1}p_2^{l_2}\cdots p_n^{l_n})=\varphi(p_1^{l_1})\varphi(p_2^{l_2})\cdots\varphi(p_n^{l_n})$

$$= (p_1^{l_1} - p_1^{l_1-1})(p_2^{l_2} - p_2^{l_2-1})\cdots(p_n^{l_n} - p_n^{l_n-1})$$

$$= p_1^{l_1} \times [(p_1-1)/p_1] \cdot p_2^{l_2}[(p_2-1)/p_2] \cdots p_n^{l_n}[(p_n-1)/p_n]$$

$$= N \cdot \left(1 - \frac{1}{p_1}\right)\left(1 - \frac{1}{p_2}\right)\left(1 - \frac{1}{p_3}\right)\cdots\left(1 - \frac{1}{p_n}\right)$$

我们现在可以说：当 b 与 10 互素时，分数 $\frac{a}{b}$ 的循环长度最多有 $\varphi(b)$ 位.

4.3.5 重新分析循环小数化分数

在上面的讨论当中，我们知道，当 $\frac{a}{b}$ 是既约分数，其小数的循环节由 b 确定. 又知道纯循环小数化分数的方法，如

$$0.\dot{1}4285\dot{7} = \frac{142\,857}{999\,999} = \frac{142\,857}{10^{\lambda}-1} = \frac{1}{7}$$

类似地，每一个纯循环小数都可以表达为 $\frac{p}{10^{\lambda}-1} = \frac{a}{b}$（其中 p 为循环节，λ 表示循环长度）.

即 $b \cdot p = a \cdot (10^{\lambda}-1)$，因为 a 与 b 互素，那么 λ 是使 $10^{\lambda}-1$ 能被 b 整除的最小的数.

所以我们已经证明，

定理 13　$\frac{a}{b}$ 的循环节长度 λ 是使 $10^{\lambda}-1$ 能被 b 整除的最小的数.

此时，我们可以得知，数 λ 由 b 确定，且与 a 无关. 有相同分母 b 的一切既约分数 $\frac{a}{b}$ 都有相同长度的循环节. 我们将用 $\lambda = \lambda(b)$ 表示（记号强调 λ 对 b 的依赖性）.

既然如此，我们主要对 $\frac{1}{b}$ 进行研究.

此时，我们再看看混循环小数. 由上面可知，混循环小数有通式：

$\frac{a}{2^{\alpha}5^{\beta}k}$（其中 a 与 2，5 及 k 互质），

假设 $\alpha \geqslant \beta$，

$$\frac{a}{2^{\alpha} \cdot 5^{\beta} \cdot k} = \frac{a \cdot 5^{\alpha-\beta}}{10^{\alpha} \cdot k} = \frac{1}{10} \cdot \frac{a \cdot 5^{\alpha-\beta}}{k}$$

于是我们可以从上式看出，$\frac{a \cdot 5^{\alpha-\beta}}{k}$ 小数点向左移动 α 位，即混数位有 α 位，并且之后有循环数位 $\lambda(k)$.

综上所述可得：

结论 9 当分数约分后通式为 $\dfrac{a}{2^\alpha \cdot 5^\beta \cdot k}$ 时，如 r 为 α 和 β 的较大者，则混数位为 r 位，且之后循环节长度为 $\lambda(k)$.

4.3.6 $\lambda(b)$ 和 $\varphi(b)$ 之间的关系

我们以 $\dfrac{1}{21}$ 作为讨论出发点. 通过试验，小于 21 的 20 个数中很容易求出 $\varphi(21) = 12$，但通过除法我们得到：

$$\frac{1}{21} = 0.\overset{.}{0}\underset{1}{} \underset{10}{4} \underset{16}{7} \underset{13}{6} \underset{4}{1} \overset{.}{9}\underset{1}{}$$

小数字是余数. 循环节长度 $\lambda(21) = 6 < 12 = \varphi(21)$，在作除法的过程中，12 个可能的余数中，只有 6 个余数出现，我们把它们排列在表 1：

表 1

余数	1	10	16	13	4	19
商数	0	4	7	6	1	9

由此表我们可以写出：

$$\frac{10}{21} = 0.\overset{.}{4}7619\overset{.}{0}, \cdots; \quad \frac{4}{21} = 0.\overset{.}{1}9047\overset{.}{6}, \cdots$$

但是，我们不能求得另一个分数 $\dfrac{2}{21}$ 的展式. 这个分数需要重新作除法，

$$\frac{2}{21} = 0.\overset{.}{0}\underset{2}{} \underset{20}{9} \underset{11}{5} \underset{5}{2} \underset{8}{3} \overset{.}{8}\underset{2}{}$$

由此我们得到下表 2：

表 2

余数	2	20	11	5	8	17
商数	0	9	5	2	3	8

在此表中，不只是出现一个新余数 2，所有其他余数也都是新的. 可以证明以前的旧余数在此表中不会出现.

那么，表 1 和表 2 合在一起含有 $2\lambda(b)$ 个不同的余数，它们都与 b 互素. 或者这些数表示所有可能的余数，这时 $2\lambda(b) = \varphi(b)$；或者还剩下其他余数，如 s

不在表 1 和表 2 中，我们展开 $\dfrac{s}{b}$，可得另一表，如是一直造出 k 个表后，包含了所有余数，并且 $\varphi(b) = k \cdot \lambda(b)$．于是得到定理 6.

定理 14 循环节的长度 $\lambda(b)$ 是 $\varphi(b)$ 的因子，即 $\varphi(b) = k \cdot \lambda(b)$．

由此我们马上知道循环节长度是 $b-1$ 的因子的只有素数 b.

4.3.7 费马小定理与欧拉定理

一般有关数论的书上都有这部分定理，在此不作详细证明．

我们知道下列多项式定理：如果 x，k 是正整数，那么 $x^k - 1$ 可以被 $x-1$ 整除，即

$$(1 + x + x^2 + x^3 + \cdots + x^{k-1})(x - 1) = x^k - 1$$

此式也可用等比数列求和证明．

如果取 $x = 10^{\lambda(b)}$，那么可以断定 $10^{\lambda(b)} - 1$ 可以整除 $10^{\varphi(b)} - 1$.

$$10^{k \cdot \lambda(b)} - 1 = 10^{\varphi(b)} - 1$$

由前面已知，b 可以整除 $10^{\lambda(b)} - 1$，因而 b 可以整除 $10^{\varphi(b)} - 1$．由此得到一个重要定理，

定理 15 如果 b 与 10 互素，那么 $10^{\varphi(b)} - 1$ 可被 b 整除．

这个定理已经与循环小数没多大关系了，因为 $\varphi(b)$ 有完全独立的意义．又可得如下定理．

定理 16 如果 p 是素数，那么 $10^{p-1} - 1$ 可以被 p 整除．

10 是非本质的，如果设想数系建立在数 g 的基础上，可得到更一般的结论．

定理 17 如果 b 与 g 互素，那么 $g^{\varphi(b)} - 1$ 可被 b 整除．（欧拉定理）

定理 18 如果 p 是素数且与 a 互素，那么 $a^{p-1} - 1$ 可被 p 整除．（费马小定理）

这里得到的定理，有些已经超出小数这个特殊题目的范围．它们是数论中的基本定理．用几个例子来解释这些定理：

$p = 7$：

$$2^{7-1} - 1 = 63 = 9 \times 7,$$
$$3^{7-1} - 1 = 728 = 104 \times 7,$$
$$10^{7-1} - 1 = 999\,999 = 142\,857 \times 7;$$

$p = 6$，$\varphi(6) = 2$：

$$5^2 - 1 = 24 = 4 \times 6,$$
$$7^2 - 1 = 48 = 8 \times 6;$$

$p = 10$，$\varphi(10) = 4$：

$$3^4 - 1 = 80 = 8 \times 10,$$
$$7^4 - 1 = 2\,400 = 240 \times 10,$$

$$9^4 - 1 = 6\,560 = 656 \times 10.$$

对费马小定理[如果 a，p 互质，且 p 是质数，则 $a^{p-1} \equiv 1 \pmod p$]证明如下：

考虑数列 $\{A_n\}$：$a, 2a, 3a, 4a, \cdots, (p-1)a$

假设 $\{A_n\}$ 中有 2 项 ma，na 被 p 除以后的余数是相同的，那么必然有 $ma \equiv na \pmod p$，即 $(m-n)a \equiv 0 \pmod p$。

由于 a 和 p 互质，所以 $m-n \equiv 0 \pmod p$，但是 m，n 属于集合 $\{1, 2, 3, \cdots, p-1\}$，且 m 不等于 n，所以 $m-n$ 不可能是 p 的倍数，与假设产生矛盾，所以 $\{A_n\}$ 中任意 2 项被 p 除得到的余数都是不同的。并且对于任一个整数被 p 除以后的余数最多有 $p-1$ 个，分别是 1，2，3，$\cdots$，$p-1$。而数列 $\{A_n\}$ 中恰好有 $p-1$ 个数，所以数列中的数被 p 除以后的余数一定正好包含所有的 1，2，3，4，5，$\cdots$，$p-1$。由此我们可以用同余的乘法性质，

$$a \times 2a \times 3a \times \cdots \times (p-1)a \equiv 1 \times 2 \times 3 \times 4 \times \cdots \times (p-1) \pmod p$$

对两边进行化简，即可以得到 $a^{p-1} \equiv 1 \pmod p$。

4.3.8　循环小数与 99…9 的又一联系

在以上的分析讨论中，我们看到无论是循环小数化分数，还是循环节的长度等问题都与 99…9 有密切关系。我们再研究循环小数与 99…9 的另一个特征。这个特征与其说它重要，不如说它有趣。

$\dfrac{1}{7}$ 的循环节由数字 142857 组成。我们把它对半分开，然后相加，得到

$$142 + 857 = 999$$

$\dfrac{1}{17}$ 的循环节是 0588235294117647。把它对半分开，然后相加，得到

$$05\,882\,352 + 94\,117\,647 = 99\,999\,999$$

$\dfrac{1}{11}$ 的循环节是 09，我们有 $0 + 9 = 9$。

我们将证明，如果循环节产生于分母是素数的分数，并且由偶数个数字组成，那么这个循环节的两半之和总是一个完全由数字 9 组成的数。

如果循环节的长度 λ 是偶数，我们可以记为 $\lambda = 2l$。还有，如果循环节 P 的两半是 A 和 B，P 是有 λ 个数字的数，而 A 和 B 都是有 l 个数字的数。留意到一个数中数字的位置的意义，我们有：

$$P = A \cdot 10^l + B$$

我们知道，分数 $\dfrac{a}{p}$ 可以由循环节 P 并借助 $\dfrac{a}{p} = \dfrac{P}{10^\lambda - 1}$ 求得，所以

$$\frac{a}{p} = \frac{P}{10^\lambda - 1} = \frac{A \cdot 10^l + B}{10^\lambda - 1}$$

说明分母可以扩大为 $10^\lambda - 1$，即 p 可以整除 $10^\lambda - 1$.

由于 $\lambda = 2l$，我们又有

$$10^\lambda - 1 = 10^{2l} - 1 = (10^l - 1)(10^l + 1)$$

如果 p 可以整除 $10^\lambda - 1 = (10^l - 1)(10^l + 1)$，由于 p 是素数，它必定至少可整除两个因子中的一个. 由于 l 小于 λ，而 λ 是使 $10^\lambda - 1$ 可被 p 整除的最小的数，所以 p 不能整除 $10^l - 1$. 最后必须能整除 $10^l + 1$. 所以我们有：

$$\frac{a}{p} = \frac{A \cdot 10^l + B}{(10^l - 1)(10^l + 1)}$$

可改写为：

$$\frac{a(10^l + 1)}{p} = \frac{A \cdot 10^l + B}{10^l - 1}$$

由于 p 可以整除 $10^l + 1$，那么左端就是一个整数，因而右端也是一个整数. 所以还可以写为：

$$\frac{A \cdot 10^l + B}{10^l - 1} = \frac{A(10^l - 1) + A + B}{10^l - 1} = A + \frac{A + B}{10^l - 1}$$

而且由于 A 是一个整数，因此

$$\frac{A + B}{10^l - 1} = h$$

现在 A 是由 l 个数字组成的，并且当所有这些数字都是 9 时是最大的. l 个 9 组成的数是 $10^l - 1$，因此 $A \leqslant 10^l - 1$. 同样的方法也有 $B \leqslant 10^l - 1$，因此

$$A + B \leqslant 2 \cdot (10^l - 1)$$

这个不等式的等号是不能成立的，因为 $A + B = 2 \cdot (10^l - 1)$，这就可推导出 A 和 B 同时有值 $(10^l - 1)$. 那么 A 和 B 只应当含有 9，并且 p 就是 $2l$ 个相同的数字 9 组成的数. 这是荒谬的，因为这时循环节只由一个数字 9 组成，而我们假定的是有偶数个数字. 因此我们有

$$A + B < 2 \cdot (10^l - 1)$$

现在把 $\frac{A + B}{10^l - 1} = h$ 改写为 $A + B = h(10^l - 1)$，

其中 h 是正整数. 结合以上两式，所以 h 小于 2，那么它必然是 1. 从而，

$$A + B = 10^l - 1$$

即 $A + B$ 是由 l 个 9 组成的数，即 99…9.

分数化小数的另一种方法：先写出一系列 9，从右向左，扣准末位，执尾立商. 另外，一旦算到"半路"标志的地方，就可以根据偶数循环节前后半段互补性质，立即写出答案.

$$\frac{1}{7} = 0.\,\overset{\cdot}{1}42\,85\overset{\cdot}{7}, \quad 1 \div 7 = 0.\,999\,99 \cdots \div 7$$

$$\begin{array}{r} \cdots857 \\ 7\overline{)\cdots9999999} \\ \underline{49} \\ 95 \\ \underline{35} \\ 96 \\ \underline{56} \\ 4\cdots \\ \text{半路} \end{array}$$

4.3.9　合数的倒数与其单个素因数倒数所化成的小数关系

在这一部分，我们将主要运用 $\dfrac{1}{b}=\dfrac{p}{10^{\lambda}-1}$ 这一个公式.

若 $b=n\cdot m$，则有 $\dfrac{1}{n\cdot m}=\dfrac{p}{10^{\lambda}-1}$，

所以 $\dfrac{1}{m}=\dfrac{n\cdot p}{10^{\lambda}-1}$.

但此时 λ 并不一定是最小值，如 $\dfrac{1}{3\cdot 7}=\dfrac{047\,619}{10^6-1}$，则

$$\frac{1}{3}=\frac{047\,619\times 7}{10^6-1}=\frac{333\,333}{10^6-1}.$$

此时我们只能知道 $\lambda(m\cdot n)=k_1\lambda(m)$ 和 $\lambda(m\cdot n)=k_2\lambda(n)$.

也就是说，若 q 是 b 的因子，那么 q 的循环节长度也是 b 循环节长度的因子.

在此处，我们假设 q 不含因子 3，

所以 $\dfrac{1}{q}=\dfrac{p}{10^{\lambda}-1}$，

所以 $q\cdot p=10^{\lambda}-1$，

因为 $10^{\lambda}-1=99\cdots 9$，

所以 $10^{\lambda}-1$ 必然含有因子 9，

因为 q 不含因子 3，

所以 p 必能被 3 或 9 整除，

所以 $\dfrac{1}{q}=\dfrac{Q_1\cdot 3}{10^{\lambda}-1}$ 或 $\dfrac{1}{q}=\dfrac{Q_2\cdot 9}{10^{\lambda}-1}$，

所以 $\dfrac{1}{3\cdot q}=\dfrac{Q_1}{10^{\lambda}-1}$ 或 $\dfrac{1}{9\cdot q}=\dfrac{Q_2}{10^{\lambda}-1}$.

此时我们只能说 $\lambda(q)=k_1\lambda(3q)$ 或 $\lambda(q)=k_2\lambda(9q)$.

但我们只能从中知道 $\lambda(3q) = k_3\lambda(q)$ 和 $\lambda(9q) = k_4\lambda(q)$，

此时 k_1，k_2，k_3，k_4 只能取 1，

所以 $\lambda(q) = \lambda(3q) = \lambda(9q)$。

由此我们得到定理：

定理 19 一个其素因子不含 3 的数的循环节长度与此数的 3 倍和 9 倍的数的循环节长度相同.

但在这里 $\dfrac{1}{1} = 1$，而 $\dfrac{1}{3} = 0.\dot{3}$，$\dfrac{1}{9} = 0.\dot{1}$，这不就与上面的定理相矛盾了吗？其实并不是这样的. 因为 $1 = 0.\dot{9}$，也就是说有 1 个循环节，这是完全符合上面的定理的.

我们还有以下结论：

结论 10 在绝大多数情况下，一个素数 p 的幂 p^a 的倒数的小数展开式，其循环节的位数是 $r \cdot p^{a-1}$，这里的 r 是 $\dfrac{1}{p}$ 的循环节位数. 例如 $\dfrac{1}{11}$ 有两位循环节是 09，因而 $\dfrac{1}{11^2}$ 的循环节有 22 位.

$$\frac{1}{11^2} = 0.\dot{0}08\ 264\ 462\ 809\ 917\ 355\ 371\ \dot{9}$$

$$\frac{1}{7^2} = 0.\dot{0}20\ 408\ 163\ 265\ 306\ 122\ 448\ 979\ 591\ 836\ 734\ 693\ 877\ 55\dot{1}$$

有两个特例是 $\dfrac{1}{9} = \dfrac{1}{3^2}$，它只有一位循环节，与 $\dfrac{1}{3}$ 的循环节数相同；$\dfrac{1}{487^2}$ 的循环节有 486 位，与 $\dfrac{1}{487}$ 的情况一样.

4.3.10 循环小数中的数字出现的统计规律

我们又发现循环小数的一种统计规律：

先看以下分数，

$$\frac{1}{7} = 0.\dot{1}42\ 85\dot{7}，$$

$$\frac{1}{17} = 0.\dot{0}58\ 823\ 529\ 411\ 764\ \dot{7}，$$ 数字 1，4，2，8，5，7 各出现 2 次，0，3，6，9 各出现 1 次.

$$\frac{1}{19} = 0.\dot{0}52\ 631\ 578\ 947\ 368\ 42\dot{1}，$$ 数字 1，4，2，8，5，7 各出现 2 次，0，3 各

出现 2 次, 6, 9 各出现 1 次.

$\dfrac{1}{23}=0.\dot{0}43\ 478\ 260\ 869\ 565\ 217\ 391\ \dot{3}$, 数字 1, 4, 2, 8, 5, 7 各出现 2 次, 3, 6 各出现 3 次, 0, 9 各出现 2 次.

$\dfrac{1}{87}=0.0\dot{1}1\ 494\ 252\ 873\ 563\ 218\ 390\ 804\ 597\ \dot{7}$, 数字 1, 4, 2, 8, 5, 7 各出现 3 次, 0, 3, 9 各出现 3 次, 6 出现 1 次.

在 $\dfrac{1}{7}$ 的循环节中出现 1, 4, 2, 8, 5, 7, 而在别的分数的循环节中, 若多于 6 位, 那么出现 1, 4, 2, 8, 5, 7 的频数是一样多的, 而出现 0, 3, 6, 9 的频数却不一定相同.

但 $\dfrac{1}{73}=0.\dot{0}13\ 698\ 6\dot{3}$,

$\dfrac{1}{81}=\dfrac{1}{9^2}=0.\dot{0}12\ 345\ 67\dot{9}$,

$\dfrac{1}{243}=\dfrac{1}{3^5}=0.00\dot{4}\ 115\ 226\ 337\ 448\ 559\ 670\ 781\ 89\dot{3}$, 数字 0, 1, 3, 4, 5, 7, 8 各出现 3 次, 2, 6, 9 各出现 2 次.

在以上两例中, 1, 4, 2, 8, 5, 7 出现的频数不等. 都是例外.

由此似乎有以下结论: 如果 $\dfrac{1}{n}$ (n 为素数) 的循环节有 $(n-1)$ 位, 循环节长度大于 6, 那么出现 1, 4, 2, 8, 5, 7 的频数是一样多的, 而出现 0, 3, 6, 9 的频数却不一定相同.

$\dfrac{1}{499}$ 化为循环小数有 498 位, 其中 1, 4, 2, 8, 5, 7 各出现 50 次.

新问题 4　这些规律的本质又是什么? 该如何证明?

数学博大精深, 整数与循环小数中的问题俯拾皆是. 通过仔细探究, 我们发现了如此复杂的内在联系. 以上虽只涉及数学中的沧海一粟, 是自己学习的一孔之得, 但更重要的是, 我们学到的是一种正确的科学方法, 得到了一把打开科学之门的钥匙, 它将激励我们在数学的海洋里搏击、在科学的天空中翱翔!

4.4　连通有理数与无理数的天桥[①]

> 或许你可以不相信上帝，但是你不能不相信数学.
>
> ——约翰·康威

我常常感到"数能通神"，就是数学可使我们从已知的"现实世界"探测出未知的"神鬼世界". 意大利工程师邦贝利在其著作《代数学》中，运用卡尔丹公式求方程 $x^3 = 15x + 4$ 的解时，得到它的两个根 $-2 \pm \sqrt{3}$，而另一个根写成：

$$\sqrt[3]{2 + \sqrt{-121}} + \sqrt[3]{2 - \sqrt{-121}}，也即 \sqrt[3]{2 + 11\sqrt{-1}} + \sqrt[3]{2 - 11\sqrt{-1}} .$$

邦贝利发现，这个三次方程显然有一个解 $x = 4$，这说明应该有：

$$\sqrt[3]{2 + 11\sqrt{-1}} + \sqrt[3]{2 - 11\sqrt{-1}} = 4$$

而且他试着将 $\sqrt{-1}$ 也看成一个数，它的平方为 -1，再通过非常巧妙的方法探索后发现：

$$\sqrt[3]{2 + 11\sqrt{-1}} = 2 + \sqrt{-1}，\quad \sqrt[3]{2 - 11\sqrt{-1}} = 2 - \sqrt{-1}，$$

$\sqrt{-1}$ 是一个数吗？如果不是数？该怎样看待 $\sqrt[3]{2 + 11\sqrt{-1}} + \sqrt[3]{2 - 11\sqrt{-1}} = 4$ 这个"非接受不可的事实"呢？

这是一件稀奇的事：在实三次方程中，如果不经过进出虚数领域的迂回过程，就不可能用卡尔丹公式得到三个实数根. 这个虚数领域就是"神鬼世界"，通过数学，我们认识到实数隐含虚数. 但不可思议的是"自然数隐含无理数". 与不进入虚数领域就无法理解实数的个别性质一样，不知道无理数，整数中的一些问题是永远无法明白的.

复数集是一个自洽的整体，一些整数的问题不通过无理数说不清楚，一些实数的问题不通过虚数说不清楚. 就像从前人们看到食物发霉、腐肉生蛆却没法解释一样，直到认识微生物后才明白了原因.

4.4.1　冰山一角

印度数学家乔德哈尔（J. V. Chaudhar）和狄希潘德（M. N. Deshpande）发现：从 956 到 968，首尾合计，一共有 13 个三位数，这些数在各自平方之后，都成了六

---

① 4.4.1 至 4.4.7 为谈祥柏老师研究一瞥，由罗碎海搜集整理.

位数. 如果把它们的前三位、后三位截成前后两段, 再分别相加起来, 其和竟然是一连串的平方数, 请看下面的结果:

$$956^2 = 913\ 936,\ 913 + 936 = 1\ 849,\ 1\ 849 = 43^2$$
$$957^2 = 915\ 849,\ 915 + 849 = 1\ 764,\ 1\ 764 = 42^2$$
$$958^2 = 917\ 764,\ 917 + 764 = 1\ 681,\ 1\ 681 = 41^2$$
$$959^2 = 919\ 681,\ 919 + 681 = 1\ 600,\ 1\ 600 = 40^2$$
$$960^2 = 921\ 600,\ 921 + 600 = 1\ 521,\ 1\ 521 = 39^2$$
$$\cdots\cdots$$
$$967^2 = 935\ 089,\ 935 + 89 = 1\ 024,\ 1\ 024 = 32^2$$
$$968^2 = 937\ 024,\ 937 + 24 = 961,\ 961 = 31^2$$

最奇妙不过的是, 左面的平方数底数 956 至 968 是单调递增的, 然而经过"一分为二"的变换以后, 右面的底数 43 到 31 却变成单调递减的了.

4.4.2 数海探幽

凡事总有个源头, 那么两位数中是不是也存在着这种现象呢?

真是"踏破铁鞋无觅处", 谈祥柏灵机一动, 想起了数学科普大师马丁·加德纳 (Martin Gardner) 在《不可思议的矩阵博士》一书中提到的怪异的四位数 7 744, 并用它来解剖麻雀, 于是他也来了个如法炮制: $77 + 44 = 121$, 而 $121 = 11^2$, 果然找到了突破口, 7 744 正是 88 的平方数.

好得很, 这下子打蛇打在七寸上, 于是谈祥柏乘胜追击, 果然工夫没有白费, 一举找到了五个合乎要求的两位数, 86 到 90, 其中 88 正好处于中间, 也就是概率统计中所说的"中位数". 请看:

$$86^2 = 7\ 396,\ 73 + 96 = 169,\ 169 = 13^2$$
$$87^2 = 7\ 569,\ 75 + 69 = 144,\ 144 = 12^2$$
$$88^2 = 7\ 744,\ 77 + 44 = 121,\ 121 = 11^2$$
$$89^2 = 7\ 921,\ 79 + 21 = 100,\ 100 = 10^2$$
$$90^2 = 8\ 100,\ 81 + 0 = 81,\ 81 = 9^2$$

4.4.3 牵一得万

接下来的工作是跟踪追击, 从下楼改为上楼, 终于大获全胜, 硕果累累, 令人非常鼓舞. 仅以四位数而言, 谈祥柏就发现了一个"星团", 其成员竟有 42 个之多, 首数为 9 859, 尾数为 9 900. 为了节省篇幅, 下面只列出极少量的样本数据:

$$9\ 859^2 = 97\ 199\ 881,\ 两端之和\ 19\ 600 = 140^2$$
$$9\ 900^2 = 98\ 010\ 000,\ 两端之和\ 9\ 801 = 99^2$$

五位数：

$99\ 553^2 = 9\ 910\ 799\ 809$，两端之和 $198\ 916 = 446^2$

$99\ 564^2 = 9\ 912\ 990\ 096$，两端之和 $189\ 225 = 435^2$

$99\ 681^2 = 9\ 936\ 301\ 761$，两端之和 $101\ 124 = 318^2$

$99\ 682^2 = 9\ 936\ 501\ 124$，两端之和 $100\ 489 = 317^2$

$99\ 683^2 = 9\ 936\ 700\ 489$，两端之和 $99\ 856 = 316^2$

······

4.4.4　万试皆灵

事情解决到了这个地步，是否可以认为大功告成了呢？且慢．我们还是想到了波利亚的名言："吃到树上的禁果之后，还应该好好地寻找一下，地下有没有足以使你大开胃口的野蘑菇."

让我们回过头来，再深入考察两位数中"一分为二"的怪现象．之所以选择它们，是因为它们数字较小，不占篇幅．而且只有五个，就好像手的五指．如前所述，它们的范围相当狭窄，限制在 86 到 90 的一个小区间内，小于 86 或者大于 90，"一分为二"的现象就消失了，方法不灵了.

譬如说，$85^2 = 7\ 225$，然而 $72 + 25 = 97$ 根本不是平方数，$91^2 = 8\ 281$，那么 $82 + 81 = 163$ 也绝对不是平方数．犹如神仙犯了错误，受到玉皇大帝的处分，降为凡夫俗子了.

谈祥柏的脑子里忽然出现一个怪异的念头，也可以说是"灵感"吧！会不会这一切都是十进制记数本身的缺陷呢？

$85^2 = 7\ 225$，为什么不可以把 7 225 看成 7 100 + 125 呢？这一来，前半段取 71（念作 71 个 100），而后半段放宽标准，取为 125. 此时 $71 + 125 = 196$，不就是 14 的平方吗？

至于 $91^2 = 8\ 281$，同样可以用仙家的"有色眼镜"来看问题，把它视为 8 300 + (−19)，然后把前半段视为 83，后半段视为 −19，再进行两段的相加，求出其代数和为 64，它不就是 8 的平方吗？

显然这是前人没有想到的神奇想法，被掩盖了多年的隐性规律被谈祥柏揭示出来，虽然有一点牵强附会，但亦可自圆其说．就像黎曼几何和罗巴切夫斯基几何一样，他们在逻辑上是健全的、完美的、相容的、无矛盾的，并不比欧氏几何逊色.

当然，以上绝不限于底数为两位数的情况，而是"放之四海，万试皆灵".以下面的三位数序列为例（为了说明方便，在中间插入一个短竖记号"|"，以作为前半部和后半部的分界）：

$$956^2 = 913 \mid 936$$

$$957^2 = 915 \mid 849$$

$$958^2 = 917 \mid 764$$

$$959^2 = 919 \mid 681$$

请注意，前半部是一个递增的等差数列，其公差 $d = 2$，而后半部则是一个递减的二阶等差数列，其二阶公差 $d' = -2$.

由于游戏规则已经改变，所以大多数人"有眼不识泰山"了. 但是既然找到了数列与公差的演变规律，就可以轻而易举地找到更上面的六位、七位、八位，乃至任意多位巨大的"集团"，并在最后形成一个猜想：

n 位数的平方数中，必然存在底数为一系列连续自然数的"奇异集团"，使其前后两段对应的数字之和是另一列连续自然数的完全平方. 随着 n 趋向无穷大，集团的成员数也将趋向无穷大.

我们自然要寻找这桩史实的源头. 原来，源头只有一个，即 $6^2 = 36$，$3 + 6 = 9$，$9 = 3^2$，由此涓滴之水终于汇成滔滔不绝的长江大河了.

4.4.5　无限风光

平方数有许多奇怪和美妙的性质，在数学的后花园里做了一番巡礼之后，许多人就会欣然同意希腊哲学家普鲁克勒斯（Proclus）的看法："哪里有数，哪里就有美."

谈祥柏不仅做了"探底"（具备此类性质的最小自然数仅有一个 6，$6^2 = 36$，$3 + 6 = 9$，$9 = 3^2$，而且变换前后的两个底数之和等于一个常数，即 $6 + 3 = 9$），通过计算机找到了长达数十位的连续自然数组，而且揭露了这类自然数组的"显"规律和"潜"规律.

乔德哈尔—狄希潘德（以下简称"乔狄数组"）所发现的奇妙连续自然数的平方，分析时应分成奇、偶两种情况，而偶数的情况正是其"软肋"，比较容易突破.

两位数的乔狄数组共有 5 个：86，87，88，89，90，四位数的乔狄数组却一举跃升到 42 个之多，从 9 859 到 9 900 为止，明眼人不难看出，数组所在的区间，其右端点是很"类似"的，一个是 90，另一个是 9 900，其中存在着若明若暗的联系.

这就强烈地暗示我们，如果把乔狄数组推及 6 位，其右端点很可能便是 999 000，这个猜想对不对呢？ 现在，计算器随手可得，马上就可以算出，

$$999\,000^2 = 998\,001\,000\,000, \quad 998\,001 + 000\,000 = 998\,001$$

而 998 001 正好就是 999 的平方.

变换前后的两个底数之和为 999 999，正如所料.

右端点的问题容易解决，下面来看左端点，我们手里的数据不多，利用"外推法"猜出规律不易，由于俞润汝以前的先行者们都没有这种悟性，只好半途而废了．

4.4.6 灵感突现

目光如电、洞察力极强的俞润汝如有神助地猜到了左端点外面的一系列常数，其实就是 10^2，10^4，10^6，10^8，10^{10}，…（一般形式为 10^{2n}）．而它们和乔狄数组的左端点 86，9 859 之差乃是

$$100 - 86 = 14$$
$$10\ 000 - 9\ 859 = 141$$
$$\cdots\cdots$$

这使他想到了无理数 $\sqrt{2}$ 的近似值，在约翰·康威（John Horton Conway）的书里，这个常用的无理数已被计算到了 200 位小数，现在不需要如此正确的近似值，为了说明问题，取前面几位已绝对足够了，$\sqrt{2} \approx 1.414\ 213\ 562$．

由此可以猜想，六位数的乔狄数组极有可能从 $10^6 - 1\ 414 = 998\ 586$ 开始，而终止于 999 000，这个猜想究竟对不对呢？我们自然可以用笔或计算器验证一下：

$998\ 586^2 = 997\ 173\ 999\ 396$

$997\ 173 + 999\ 396 = 1\ 996\ 569$

而 $\sqrt{1\ 996\ 569} = 1\ 413$

为了节省篇幅，以后继续推到更多位数的工作就不再细表了．

初战告捷，现在可以乘胜追击，继续研究乔狄数组的奇数情况，受到上文的强烈暗示，我们已经可以猜想，在左端点外面施加强烈影响的一系列常数，可能是 10^1，10^3，10^5，10^7，10^9 等．而我们手头现有的乔狄数组则为一位数的 6，以及三位数的 956 到 968，显然 $10 - 6 = 4$，而 $1\ 000 - 956 = 44$，这一来又牵出一个无理数 $\sqrt{20}$，请看

$\sqrt{20} \approx 4.472\ 135\ 955$

最后，可以"顺水推舟"，推出在幕后的第三个无理数：

$\sqrt{10} \approx 3.162\ 277\ 66$

4.4.7 探骊得珠

从而可以造出一张一目了然的乔狄数组一览表（奇数情况见表 3，偶数情况见表 4）．俞润汝先前并不知晓波利亚的经典著作以及联想类比等方法，而是完全别出心裁地解决这一重大难题．此法无异于在无理数和有理数之间架起一座"天桥"，真是"一桥飞架南北，天堑变通途"，可谓神矣！

表3

位数	区间外面左方潜在影响数	左端点	差数
1	10	6	4
3	1 000	956	44
5	100 000	99 553	447
7	10 000 000	9 995 528	4 472
9	1 000 000 000	999 955 279	44 721

注：差数完全反映了 $\sqrt{20}\approx4.472\,135\,955$ 的近似值.

表4

位数	区间外面右方潜在影响数	右端点	差数
1	9	6	3
3	999	968	31
5	99 999	99 683	316
7	9 999 999	9 996 837	3 162
9	999 999 999	999 968 377	31 622

注：差数完全吻合 $\sqrt{10}\approx3.162\,277\,66$ 的情况.

表5

位数	左潜在影响数	左端点	差数	右端点	备注
2	100	86	14	90	
4	10 000	9 859	141	9 900	右潜在影响数
6	1 000 000	998 586	1 414	999 000	无关紧要可以
8	100 000 000	99 985 858	14 142	99 990 000	省略
10	10 000 000 000	9 999 858 579	141 421	9 999 900 000	

注：差数完全吻合 $\sqrt{2}\approx1.414\,213\,562$ 的情况.

在看了这种灵感思维之后，写出代数证法，那不过是例行公事的事后加工而已.

4.5　不可思议的无穷集合与分形几何

> 无限！再也没有其他问题如此深刻地打动过人类的心灵.
>
> ——D. 希尔伯特
>
> 譬如大海，深广无边，设取一毛，析为百分，碎如微尘. 以一毛尘，沾海一滴，此毛尘水，比海孰多？
>
> ——《无量寿经·寿众无量第十三》

4.5.1　希尔伯特无穷旅馆

某镇只有一家旅馆，这个旅馆与通常的旅馆没有什么区别，只是房间数不是有限的而是无穷多间，房间号码为 1，2，3，4，…我们不妨管它叫希尔伯特旅馆. 这个旅馆的房间可排成一列无穷集合 $\{1, 2, 3, 4, \cdots\}$，称为可数无穷集.

麻烦 1　有一天，所有房间都住满了，可是又来了一位客人，坚持要住店. 于是旅馆老板引用"旅馆公理"说："满了就是满了，非常对不起！"正好这时候，旅馆老板聪明的女儿来了，她看见客人和她爸爸都很着急，就说："这好办，请每位顾客都搬一下，从这间房搬到下一间."于是 1 号房间的客人搬到 2 号房间，2 号房间的客人搬到 3 号房间，以此类推. 最后 1 号房间空了出来，这位客人可以住下了.

麻烦 2　第二天，希尔伯特旅馆又来了一个庞大的代表团要求住旅馆，他们声称有无穷多位代表一定要入住，这又把旅馆老板难住了. 旅馆老板女儿再一次来解围，她说："您让 1 号房间客人搬到 2 号，2 号房间客人搬到 4 号，…，k 号房间客人搬到 $2k$ 号，这样，1 号，3 号，5 号，…房间就都空出来了，代表团的代表就都能住下了."

麻烦 3　第三天，又来了无穷多个旅行团，每个旅行团有无穷多个旅客，这回不仅把旅馆老板难住了，连旅馆老板女儿也被难住了. 她想了很久，终于想出了办法（因为比较烦琐，这里就不详细介绍了）.

麻烦 4　希尔伯特旅馆越来越热闹，来多少客人都难不倒旅馆老板聪明的女儿. 后来她进了大学数学系，有一天，康托尔（Cantor, Georg Ferdinand Ludwig Philipp）教授来上课，他问："要是区间 $[0, 1]$ 上每一点都占一个房间，是不是还能安排？"她绞尽脑汁，想安排好，却失败了. 康托尔教授告诉她，用对角线方法可以证明一切方案都是行不通的.

由康托尔的定理,可知无穷集合除了可数集合之外还有不可数集合,可以证明:不可数集合的元素数目要比可数集合的元素数目多得多. 为了表示元素数目的多少,我们引进"基数",也称为"势"的概念,这个概念是自然数的自然推广. 可以与自然数集合 **N** 一一对应的所有集合的共同性质是它们都具有相同的数目,这是最小的无穷基数,记作 χ_0(χ_0 是希伯来文字母,读作阿列夫). 同样,所有实数或 $[0, 1]$ 区间内的所有实数集合的基数是 χ_1. 康托尔还进一步证明,$\chi_1 = 2^{\chi_0}$. 问题是 χ_1 是否紧跟着 χ_0 的第二个无穷基数? 这就是所谓的连续统假设.

4.5.2 集合的势

集合的势(基数)是用来度量集合规模大小的属性的. 对于有限集合,可用集合的元素个数来进行度量,对于无限集合这个办法就行不通了,为此我们需要采用一种新的方法来比较两个集合规模的大小,这种方法应该对有限集合和无限集合都适用.

定义 如果存在着从集合 A 到集合 B 的双射(一对一,无剩余,不同对不同),那么称集合 A 与集合 B 等势,记为 $A \sim B$.

例 4 集合 $N = \{0, 1, 2, \cdots\}$,$N_2 = \{0, 2, 4, \cdots\}$,定义 $N \to N_2$ 映射 f:$f(n) = 2n$,f 是从 N 到 N_2 的双射,从而 N 和 N_2 是等势的.

有很多集合都和正整数的集合等势,从而它们彼此也等势,我们称所有这样的集合为"可数无穷的(countably infinite)". 有很多无穷集合比全体正整数的集合的势更大,我们称所有这样的集合为"不可数无穷的(uncountably infinite)". 但是,不存在一个无穷集合的势比全体正整数的集合的势更小.

4.5.3 幂集

所谓幂集(Power Set),就是原集合中所有的子集(包括全集和空集)构成的集族. 可数集是最小的无限集,其势记为 χ_0;它的幂集和实数集一一对应(也称同势),是不可数集,其势记为 χ_1. 不是所有不可数集都和实数集等势,如实数集的幂集也是不可数集,但它的势比实数集大. 设 X 是一个有限集,$|X| = k$,则 X 的幂集元素个数为 2^k.

4.5.4 康托尔猜想

集合论的创始人、出生于俄国的德国数学家格奥尔格·康托尔于 1878 年提出一个假设:不存在一个集合,它的势严格大于可数集的势,同时严格小于实数集的势. 即在 χ_0 和 χ_1 之间不存在别的基数集合,这就是连续统假设.

1938 年,原籍奥地利的美国数学家库尔特·哥德尔(Kurt Gödel)证明了连续统假设和集合论中常用的公理是没有矛盾的. 就是说根本不可能证明这个假设是错误的. 1963 年,美国斯坦福大学的柯亨(P. J Cohen)证明,连续统假设对于集合论中常用的公理是独立的,说明从集合论公理出发,根本不可能证明连续统假设是正确的.

4.5.5　有理数是可数的

有理数可与自然数建立一一对应,所以有理数是可数的.

问题的关键是构造正整数到(0,1)之间有理数的一一对应,之后就好办了. 下面来看这个对应:把(0,1)之间所有有理数写成的既约分数排列成: 1/2,1/3,2/3,1/4,3/4,1/5,2/5,3/5,4/5,…排列的规则是分母小的在前,分母一样的、分子小的在前. 任意正整数 k,k 对应到上面排法中的第 k 个分数. 由于任意给定的有理数化为既约分数的方法唯一确定,它在上面排法中的位置也是可以确定的(从第一个排就好了),因此这个对应是一一对应.

也可以按以下方式建立有理数与自然数的一一对应,如图,这个图中只用正的有理数.

$$
\begin{array}{llllllll}
1/1 & 1/2\rightarrow1/3 & 1/4\rightarrow1/5 & 1/6\rightarrow1/7 & 1/8\rightarrow\cdots \\
2/1 & 2/2 & 2/3 & 2/4 & 2/5 & 2/6 & 2/7 & 2/8 & \cdots \\
3/1 & 3/2 & 3/3 & 3/4 & 3/5 & 3/6 & 3/7 & 3/8 & \cdots \\
4/1 & 4/2 & 4/3 & 4/4 & 4/5 & 4/6 & 4/7 & 4/8 & \cdots \\
5/1 & 5/2 & 5/3 & 5/4 & 5/5 & 5/6 & 5/7 & 5/8 & \cdots \\
6/1 & 6/2 & 6/3 & 6/4 & 6/5 & 6/6 & 6/7 & 6/8 & \cdots \\
7/1 & 7/2 & 7/3 & 7/4 & 7/5 & 7/6 & 7/7 & 7/8 & \cdots \\
8/1 & 8/2 & 8/3 & 8/4 & 8/5 & 8/6 & 8/7 & 8/8 & \cdots
\end{array}
$$

图 11

这个图是用来"数"正有理数的,这是一个全部正有理数的数列. 把每个负有理数都嵌在它的相反数的后面,就得到一个全部有理数的数列. 所以有理数是可数的.

4.5.6 无理数不可数

实数到自然数不能建立一一对应, 所以实数不可数.

这个证法很多, 说起来最简单的可能是康托尔的证明, 其中用到了经典的对角线方法. 兹证如下:

假设可数, (0, 1] 内的实数必然可以依某种顺序排成一列, 记作 a_1, a_2, $\cdots$, a_n, $\cdots$. 把它们化为十进制小数, 有限小数一定要用那种无限的表达 (这是为了保证化为无限小数方法的唯一性), 比如 1 要写为 $0.999\cdots$, 0.1 要写为 $0.099\,9\cdots$, 即

$a_1 = 0.A_{11}A_{12}A_{13}A_{14}\cdots$

$a_2 = 0.A_{21}A_{22}A_{23}A_{24}\cdots$

$\cdots\cdots$

$a_n = 0.A_{n1}A_{n2}A_{n3}A_{n4}\cdots$

$\cdots\cdots$

现在取一个 $(0,1]$ 内的十进制小数 a, 使得 a 的小数点后第 n 位不是 0, 且与 a_n 的小数点后第 n 位不相同, 即 $a = 0.A_{x1}A_{x2}A_{x3}\cdots$ (其中 A_{x1} 不等于 A_{11}, A_{x2} 不等于 A_{22}, A_{x3} 不等于 A_{33}, $\cdots$).

这样构造出来的 a 属于 (0, 1], 但 a 不是上述 a_n 中的任何一个 (因为它与 a_n 的第 n 位不同, 而且 a 的小数点后每一位都不是 0, 不会出现 $0.100\,0\cdots = 0.099\,9\cdots$ 这种情况), 这就导致了矛盾! 所以自然数到实数不能建立一一对应. 即 (0, 1] 间实数不可数, 从而实数不可数.

可以证明且令人惊异的是, 无论线段是 1 寸长、1 尺长还是和赤道一样长, 上面的点数都是相同多的 $\Big[$如 $(0,1)$ 与 $(0,\infty)$ 也等势, 只需建立映射: $f(x) = \dfrac{x}{1-x}$ 即可$\Big]$. 而且平面、立方体上的所有点数与线段上的所有点数也是相等的. 这种无穷是比自然数、分数的数目更高一级的无穷.

4.5.7 三个无穷集

所有自然数的数目为 χ_0, 所有实数的数目也就是实数集的势 (基数) 为 χ_1, 等于 2^{χ_0}. 平面上所有曲线的数目是 χ_2, 等于 2^{χ_1}.

分析是这样的: 首先平面上点的集合和实数集基数相等. 这个是康托尔大概于 1877 年证明的. 仿平面上的整点 (x,y) 与自然数可建立一一对应去理解, 也可先证明平面上正方形 $\begin{cases} 0 < x < 1 \\ 0 < y < 1 \end{cases}$ 内的点与数轴 $(0,1)$ 上的点一一对应. 具体正方形的点

可表示为$(0. a_1 a_2 a_3 a_4 \cdots, 0. b_1 b_2 b_3 b_4 \cdots)$，对应$(0,1)$上点$0. a_1 b_1 a_2 b_2 a_3 b_3 a_4 b_4 \cdots$．平面上所有曲线组成的集合，事实上就是平面所有点的子集组成的集合，也就是它的幂集．

而一个集合的幂集的基数大于原集合的基数，这是对任何集合都成立的（也是康托尔大概于 1891 年证明的）．

所以，平面上所有曲线组成的集合是第三级的无穷，是基数大于实数集的基数，也就是平面曲线的数目大于实数的数目（如二维码）．到目前为止，还没有人想象得出更大的无穷大数．

4.5.8 康托尔集

我们把 $[0, 1]$ 三等分，则等分点为 $\dfrac{1}{3}$ 和 $\dfrac{2}{3}$，把这两个等分点之间的开区间 $\left(\dfrac{1}{3}, \dfrac{2}{3}\right)$ 挖掉，则剩下 $\left[0, \dfrac{1}{3}\right]$ 与 $\left[\dfrac{2}{3}, 1\right]$ 两个闭区间．

把 $\left[0, \dfrac{1}{3}\right]$ 与 $\left[\dfrac{2}{3}, 1\right]$ 这两段分别三等分，等分点分别为 $\dfrac{1}{9}$，$\dfrac{2}{9}$ 及 $\dfrac{7}{9}$，$\dfrac{8}{9}$，把两个等分点之间的开区间挖掉，即挖掉 $\left(\dfrac{1}{9}, \dfrac{2}{9}\right)$ 及 $\left(\dfrac{7}{9}, \dfrac{8}{9}\right)$，则剩下四个区间 $\left[0, \dfrac{1}{9}\right]$，$\left[\dfrac{2}{9}, \dfrac{1}{3}\right]$ 及 $\left[\dfrac{2}{3}, \dfrac{7}{9}\right]$，$\left[\dfrac{8}{9}, 1\right]$．

再把这四个小闭区间分别三等分，并去掉中间的四个小开区间，则剩下八个小闭区间．

照此办理，无限地重复三等分并挖掉中间的小开区间，最后永远也挖不掉的点构成的集合就称为康托尔集．

我们来计算一下可挖掉的小开区间的长度之和．

$\left(\dfrac{1}{3}, \dfrac{2}{3}\right)$ 的长度为 $\dfrac{1}{3}$，

$\left(\dfrac{1}{9}, \dfrac{2}{9}\right)$ 及 $\left(\dfrac{7}{9}, \dfrac{8}{9}\right)$ 的长度之和为 $\dfrac{2}{9}$，

……

小开区间的长度总和为：

$$\frac{1}{3} + \frac{2}{3^2} + \frac{2^2}{3^3} + \frac{2^3}{3^4} + \cdots + \frac{2^{n-1}}{3^n} + \cdots$$

$$= \frac{1}{2}\left[\frac{2}{3} + \left(\frac{2}{3}\right)^2 + \left(\frac{2}{3}\right)^3 + \cdots\right] = \frac{1}{2} \cdot \frac{\frac{2}{3}}{1 - \frac{2}{3}} = 1$$

这就说明，每次挖掉的小开区间的长度之和等于整个[0,1]区间的长度.

有趣的是，可以证明，虽然一次次挖掉的所有小开区间的长度的总和等于[0，1]区间的长度，但是位于［0，1］上的康托尔集不仅不是空集，而且它也具有连续统的势χ_1（康托尔尘埃的维数 $=\dfrac{\lg 2}{\lg 3}=0.630\,9$，不是0. 自然数的维数为0）.

4.5.9　分形几何

分形几何被誉为大自然的几何学的分形（Fractal）理论，是现代数学的一个新分支，但其本质是一种新的世界观和方法论. 它与动力系统的混沌理论交叉结合，相辅相成. 它承认世界的局部可能在一定条件下，在某一方面（形态、结构、信息、功能、时间、能量等）表现出与整体的相似性，它承认空间维数的变化既可以是离散的也可以是连续的，因而拓展了视野. 最为流行的一个定义是：分形是一种具有自相似特性的现象、图像或者物理过程. 也就是说，在分形中，每一组成部分都在特征上和整体上相似，只是仅仅变小了一些而已. 分形几何扮演了两种角色. 它既是决定论混沌的几何学，又是描述山峦、云团和星系的几何学.

4.5.10　作分形图

分形就是那些有趣的东西，它的每一个小小的组成部分都和整体一样，只是进行了一定的缩小. 按照科学家的话来说，这种特性叫作"自相似"，正是因为这个特性，分形才非常有用，因为大自然中许多东西都具有这种特性.

例如，我们用分形画树.

首先画一个大写字母"Y"，接着在"Y"的两个分叉上再分别画上两个"Y"，大小大约是原来的一半.

紧接着，再在每个"Y"的分叉上画上更小的"Y". 按照上面的方法，不停地添加越来越小的"Y"，最后它看起来是不是很像一棵树了呢？

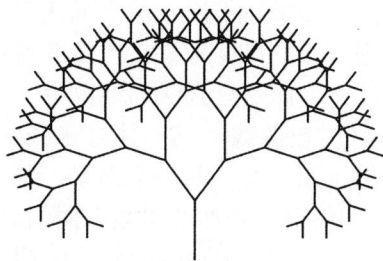

图 12

用同样的方法可做出科赫（Koch）雪花曲线、谢尔宾斯基（Sierpinski）三角形与门格（Menger）海绵.

图 13

4.5.11　分数维

在欧氏空间中，人们习惯把空间看成三维的，把平面或球面看成二维，而把直线或曲线看成一维. 也可以稍加推广，认为点是零维的，还可以引入高维空间，但人们通常习惯于整数的维数. 分形理论把维数视为分数，这类维数是物理学家在研究混沌吸引子等理论时需要引入的重要概念. 为了定量地描述客观事物的"非规则"程度，1919 年，数学家从测度的角度引入了维数概念，将维数从整数扩大到分数，从而突破了一般拓扑集维数为整数的界限.

分数维的概念，我们可以从两方面建立起来：一方面，我们首先画一个线段、正方形和立方体，它们的边长都是 1. 将它们的边长二等分，此时，原图的线度缩小为原来的 $\dfrac{1}{2}$，而将原图等分为若干个相似的图形. 其线段、正方形、立方体分别被等分为 2^1，2^2 和 2^3 个相似的子图形，其中的指数 1，2，3，正好等于图形相应的经验维数. 一般来说，如果某图形是由把原图缩小为 $\dfrac{1}{a}$ 的相似的 b 个图形所组成，有 $a^d = b$，即 $d = \dfrac{\lg b}{\lg a}$ 的关系成立，则指数 d 称为相似性维数，d 可以是整数，也可以是分数.

另一方面，当我们画一条直线，如果用 0 维的点来量它，其结果为无穷大，因为直线中包含无穷多个点；如果我们用一块平面来量它，其结果是 0，因为直线中不包含平面. 那么，用怎样的尺度来量它才会得到有限值呢？看来只有用与其同维数的小线段来量它才行，而这里直线的维数为 1（大于 0、小于 2）. 与此类似，如果我们画一个科赫雪花曲线，其整体是一条无限长的线折叠而成，显然，用小直线段量，其结果是无穷大，而用平面量，其结果是 0（此曲线中不包含平面），那么只有找一个与科赫雪花曲线维数相同的尺子量它才会得到有限值，而这个维数显然大于 1、小于 2，那么只能是小数（分数）了，所以存在分数维.

科赫雪花曲线的维数 $= \dfrac{\lg 4}{\lg 3} \approx 1.261\,9$，面积有限，周长无限. 对于科赫雪花

曲线来说，我们把它分成了四个等份，而每一等份是原来尺寸的 $\dfrac{1}{3}$. 所以有

$N=4$ 和 $r=\dfrac{1}{3}$. 运用上面的等式，可以计算 $d=\dfrac{\lg 4}{\lg 3}\approx 1.261\ 859\ 507\ 143.$

谢尔宾斯基三角形维数 $=\dfrac{\lg 3}{\lg 2}\approx 1.585\ 0.$ 在谢尔宾斯基三角形中，我们把三角形

分成了三个相等的部分. 而每一部分的边长和高只是原先三角形的 $\dfrac{1}{2}$，所以 $N=3$ 并且

$r=\dfrac{1}{2}$，根据等式计算的结果则是 $d=\dfrac{\lg 3}{\lg 2}$，结果大约等于 $1.584\ 962\ 500\ 721.$

康托尔尘埃的维数 $=\dfrac{\lg 2}{\lg 3}\approx 0.630\ 9.$

门格海绵的维数 $=\dfrac{\lg 20}{\lg 3}\approx 2.726\ 8.$

附 录

（1）第三题的求解：让原来的 1 号房间客人搬到 2 号，2 号房间客人搬到 4 号，…，k 号房间客人搬到 $2k$ 号. 这样，1 号，3 号，5 号，…所有奇数房间就都空出来了.

然后这样安排：

让 1 号旅行团到 3 号，3^2 号，3^3 号，3^4 号，…，3^k 号.

让 2 号旅行团到 5 号，5^2 号，5^3 号，5^4 号，…，5^k 号.

让 3 号旅行团到 7 号，7^2 号，7^3 号，7^4 号，…，7^k 号.

让 4 号旅行团到 11 号，11^2 号，11^3 号，11^4 号，…，11^k 号.

或者将所有奇素数排成一列，也是一个可列无穷集合，然后让：

1 号旅行团到第 1 个素数的 k 次幂房间；

2 号旅行团到第 2 个素数的 k 次幂房间；

3 号旅行团到第 3 个素数的 k 次幂房间；

……

这样不仅安排下了所有旅客，而且空出了房间！

（2）其实问题一就是一个数学诡辩：旅馆老板女儿让旅馆内的每一位客人都从原房间搬到下一号的房间中，这便是一个无穷交换的过程：即 1 号房间的客人交换到 2 号房间，2 号房间的客人交换到 3 号房间，3 号房间的客人交换到 4 号房间，以此类推下去.

那么请问：这种交换的过程能不能终止？也就是说最后一个客人能不能住下？

对于这个问题，只能有两个答案：要么是这种交换的过程能够终止，要么是这种交换的过程不能终止.

下面来看这两个答案分别会产生什么样的结果：

（1）若这种交换的过程能够终止，则必然会终止于无穷旅馆的最后一个房间，但是根据无穷的概念，因为旅馆内的房间是无穷多的，所以是不会存在最后一个房间的，因而这种交换的过程是不能终止的.

（2）若这种交换的过程不能终止，则并不是所有的客人全都有房间可住，而是总有一个客人没有房间可住，即当 1 号房间的客人搬到 2 号房间时，2 号房间的客人没有房间可住；2 号房间的客人搬到 3 号房间时，3 号房间的客人没有房间可住；3 号房间的客人搬到 4 号房间时，4 号房间的客人没有房间可住……

而"总有一个客人没有房间可住"与"所有的客人全都有房间可住"并不是同一个概念.

（3）区间 $[0,1]$ 上每一个点都占一个房间问题求解：1 寸长线段上点的数目和自然数的数目尽管都是无穷的，却不是一样大的无穷. 线段上的点要比自然数的个数多得多，任何想安排下的方案都是行不通的. 仿无理数是不可数的证明.

4.6 杨辉三角形从二项式向多项式推广

> 数学里，发现真理的主要工具是归纳和类比.
>
> ——拉普拉斯

杨辉三角形可以说产生于二项式定理，也可以说是纯粹的一种数学形式. 它是数学的代数形式与几何结构完美结合的典型例子，凡遇到它的人不得不为它的奇妙而折服. 惊叹之余自然会想到三项式以及多项式有无此奇妙的性质.

4.6.1 二项式定理

（1）对于二项式 $(a+b)^n$，展开式为

当 $n=2$ 时就是 $(a+b)^2 = a^2 + 2ab + b^2$，

当 $n=3$ 时就是 $(a+b)^3 = a^3 + 3a^2b + 3ab^2 + b^3$.

一般来说：

$$(a+b)^n = C_n^0 a^n + C_n^1 a^{n-1} b^1 + C_n^2 a^{n-2} b^2 + \cdots + C_n^r a^{n-r} b^r + \cdots + C_n^n b^n.$$

此式叫二项式定理.

（2）二项式定理的理解.

对于二项式展开式的任一项（第 $r+1$ 项）$T_{r+1} = C_n^r a^{n-r} b^r$，可这样理解：标号为 1，2，$\cdots$，n 的 n 个袋子，每个袋子中都有一个 a 球和一个 b 球，从中选出 r 个袋子取 b 球，剩下的袋子取 a 球，这种不同的取法为 C_n^r. r 个 b 球，$n-r$ 个 a 球对应二项式的项 $a^{n-r} b^r$，而系数 $C_n^r = \dfrac{n!}{r! \cdot (n-r)!}$ 就是取法数目. 所以二项式定理又可写成：

$$(a+b)^n = \sum_{r=0}^{n} \frac{n!}{r! \cdot (n-r)!} a^{n-r} b^r \quad (r=0,\ 1,\ 2,\ \cdots,\ n)$$

由此发现项与系数的对应关系 $a^{n-r} b^r \rightarrow \dfrac{n!}{r! \cdot (n-r)!} = \dfrac{\big[(n-r)+r\big]!}{r! \cdot (n-r)!}$（结构形式决定数量）.

4.6.2　二项式定理的基本规律

（1）二项式 $(a+b)^n$ 展开式中共有 $n+1$ 项，每项 a 与 b 的次方和为 n. a 降幂排列，b 升幂排列；a 的幂由 n 开始依次减 1 降到 0，b 的幂由 0 开始依次增 1 升到 n.

（2）二项式 $(a+b)^n$ 展开式的系数构成杨辉三角形.

$$
\begin{array}{c}
1 \cdots\cdots\cdots C_0^0 \cdots\cdots (a+b)^0 \\
1 \quad 1 \cdots\cdots\cdots C_1^0 \quad C_1^1 \cdots\cdots (a+b)^1 \\
1 \quad 2 \quad 1 \cdots\cdots\cdots C_2^0 \quad C_2^1 \quad C_2^2 \cdots\cdots (a+b)^2 \\
1 \quad 3 \quad 3 \quad 1 \cdots\cdots\cdots C_3^0 \quad C_3^1 \quad C_3^2 \quad C_3^3 \cdots\cdots (a+b)^3 \\
1 \quad 4 \quad 6 \quad 4 \quad 1 \cdots\cdots C_4^0 \quad C_4^1 \quad C_4^2 \quad C_4^3 \quad C_4^4 \cdots\cdots (a+b)^4 \\
1 \quad 5 \quad 10 \quad 10 \quad 5 \quad 1 \cdots\cdots C_5^0 \quad C_5^1 \quad C_5^2 \quad C_5^3 \quad C_5^4 \quad C_5^5 \cdots\cdots (a+b)^5
\end{array}
$$

我们记第一个 1 为第 0 行，往下依次编号.

其中三角形左右两边上的数字均为 1，其他位置上的数均为其两肩上的数之和，用组合数写出即为 $C_n^{r-1} + C_n^r = C_{n+1}^r$.

4.6.3　三项式 $(a+b+c)^n$ 展开式共有多少项

分析：展开式中项的组成是 $a^i b^j c^k$，$i+j+k=n$，$0 \leqslant i$，j，$k \leqslant n$，i，j，k，$n \in \mathbf{N}$，等效于 n 个相同小球排在一条直线上，用 2 个隔板隔成三部分，每部分的小球数目按次序对应 i，j，k. 所以结果应为：

$$\frac{(n+2)!}{n!\cdot 2!}=C_{n+2}^2=\frac{(n+1)(n+2)}{2}$$

如 $(a+b+c)^3$ 的展开式共有 $C_5^2=10$ 项，即 a^3，b^3，c^3，a^2b，a^2c，b^2a，b^2c，c^2a，c^2b，abc.

4.6.4 三项式定理

从三项式展开项的组成我们可知是所有项 $a^ib^jc^k$（$i+j+k=n$，$0\leqslant i$，j，$k\leqslant n$；i，j，k，$n\in \mathbf{N}$）与其系数积之和，即，

$$(a+b+c)^n=\sum \frac{n!}{i!j!k!}a^ib^jc^k(0\leqslant i,\ j,\ k\leqslant n;\ i,\ j,\ k,\ n\in \mathbf{N};\ i+j+k=n)$$

①

又

$$(a+b+c)^n=[a+(b+c)]^n$$
$$=C_n^0a^n(b+c)^0+C_n^1a^{n-1}(b+c)^1+C_n^2a^{n-2}(b+c)^2+\cdots+C_n^na^0(b+c)^n$$

②

所以 $(a+b+c)^n=\sum_{m=0}^n C_n^m a^{n-m}\sum_{k=0}^m C_m^k b^{m-k}c^k$ （$0\leqslant m$，$k\leqslant n$；m，k，$n\in \mathbf{N}$）

式①、②称为三项式定理．

发现三项式的项与系数的对应关系 $a^ib^jc^k\rightarrow \dfrac{(i+j+k)!}{i!\cdot j!\cdot k!}$ 依然成立（结构形式决定数量）．

4.6.5 三项式 $(a+b+c)^n$ 展开的几何表示

$(a+b+c)^1=a+b+c$

$(a+b+c)^2=a^2+b^2+c^2+2ab+2bc+2ca$

$(a+b+c)^3=a^3+b^3+c^3+3a^2b+3a^2c+3b^2a+3b^2c+3c^2a+3c^2b+6abc.$

$(a+b+c)^4=a^4+b^4+c^4+4a^3b+6a^2b^2+4ab^3+4b^3c+6b^2c^2+4bc^3+4c^3a+$
$\qquad 6c^2a^2+4ca^3+12a^2bc+12ab^2c+12abc^2$

几何排布有何规律？我们发现如下排布规律：

展开式各项的排布规律　　　　　　　　展开式对应项系数三角形

$n=1$

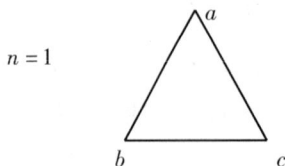

a

b　　　　c

1

1　　　1

$n = 2$

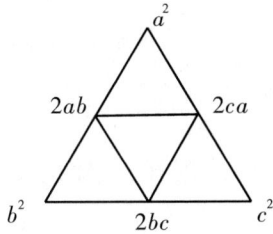

$$\begin{array}{ccccc} & & 1 & & \\ & 2 & & 2 & \\ 1 & & 2 & & 1 \end{array}$$

$n = 3$

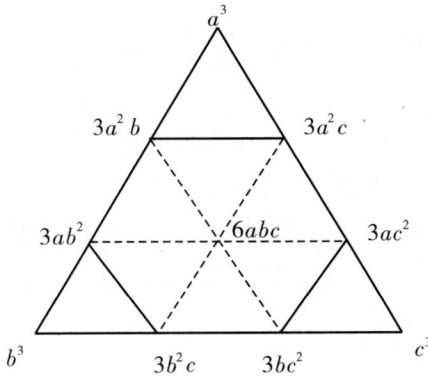

$$\begin{array}{ccccccc} & & & 1 & & & \\ & & 3 & & 3 & & \\ & 3 & & 6 & & 3 & \\ 1 & & 3 & & 3 & & 1 \end{array}$$

$n = 4$

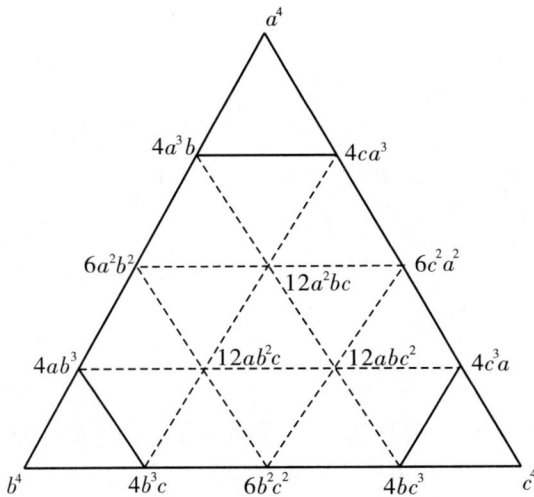

$$\begin{array}{ccccccccc} & & & & 1 & & & & \\ & & & 4 & & 4 & & & \\ & & 6 & & 12 & & 6 & & \\ & 4 & & 12 & & 12 & & 4 & \\ 1 & & 4 & & 6 & & 4 & & 1 \end{array}$$

图 14

最后一个图就是 $(a+b+c)^4$ 展开式的几何表示，我们以此图为例来说明三项式的性质：

（1）三项式分布为一个三角形（严格来说为正三角形），结点数 $= 1 + 2 + 3 + 4 + 5 = 15 = \dfrac{6 \times 5}{2} = C_{4+2}^2$，对应 $(a + b + c)^4$ 展开式的项数；一般的 $(a + b + c)^n$ 展开式的项数 $= 1 + 2 + 3 + \cdots + n + (n + 1) = \dfrac{(n + 2)(n + 1)}{2} = C_{n+2}^2$.

（2）每个结点所写代数式正是 $(a + b + c)^4$ 展开式中的项，全部加起来构成其展开式.

（3）结点上项的构成规律如下：

①外三角形顶点为 a^4，b^4，c^4；

②将外三角形每边（如 a^4—b^4）分成四等份，即 5 个点，每点对应 $(a + b)^4$ 展开的各项（按规律），每边都这样做；

③将外三角形的边对应等分点连线（连线与外三角形边平行），得到新交点（结点），看 $4ab^3$—$4c^3a$ 这条线，它上面的点对应的项分别为 $(4ab^3$，$12ab^2c$，$12abc^2$，$4c^3a)$，提出 $4a$，规律为 $(4ab^3, 12ab^2c, 12abc^2, 4c^3a) = 4a(b^3, 3b^2c, 3bc^2, c^3)$，是 $4a \times (b + c)^3$ 展开的各项. 即三项式系数与杨辉三角形有着以下对应关系：

$$
\begin{array}{ccccccccc}
& & 1 & & & & & 1 & & & \times C_4^0 \\
& 4 & & 4 & & & 1 & & 1 & & \times C_4^1 \\
6 & & 12 & & 6 & = & 1 & & 2 & & 1 & & \times C_4^2 \\
4 & & 12 & & 12 & & 4 & & 1 & & 3 & & 3 & & 1 & & \times C_4^3
\end{array}
$$

即：三项式系数等于对应的杨辉三角形与对应的二项式系数之积.

（4）如果把排在第 $m + 1$ 行的第 $k + 1$ 项记为 $T(m + 1, k + 1)$，则：

$$T(m + 1, k + 1) = C_n^m C_m^k a^{n-m} b^{m-k} c^k$$

称 $T(m + 1, k + 1)$ 为三项式的通项，其对应系数为 $C_n^m C_m^k$（m，k 取 0，1，2，3，$\cdots$，n 的整数）.

（5）三项式的杨辉三棱锥塔.

我们将三项式 $(a + b + c)^1$，$(a + b + c)^2$，$(a + b + c)^3$，$(a + b + c)^4$，$\cdots$ 的展开式的系数三角形叠摞在一起成为三棱锥（可以想象一堆球向外切叠堆成三棱锥，每个小球上的数字是三项式展开对应项的系数），最上方补上 1 [即 $(a + b + c)^0$]，称为杨辉三棱锥塔. 可以发现以下性质：

①它的三个侧面的系数恰是杨辉三角形；

②类比于杨辉三角形内任一位置数的性质（均为其两肩上的数之和，用组合数写出即为 $C_n^{r-1} + C_n^r = C_{n+1}^r$），可以发现杨辉三棱锥塔内部任一个数字 $C_{n+1}^{m+1} C_{m+1}^{k+1}$

恰是上一层中与之接触的三个小球的数字 $C_n^m C_m^k$，$C_n^m C_m^{k+1}$，$C_n^{m+1} C_{m+1}^{k+1}$ 之和. 由此得组合恒等式：

$$C_n^m C_m^k + C_n^m C_m^{k+1} + C_n^{m+1} C_{m+1}^{k+1} = C_{n+1}^{m+1} C_{m+1}^{k+1}$$

证明略.

如图 15，中间第三层 $2 + 2 + 2 = 6$ 是第四层中间数.

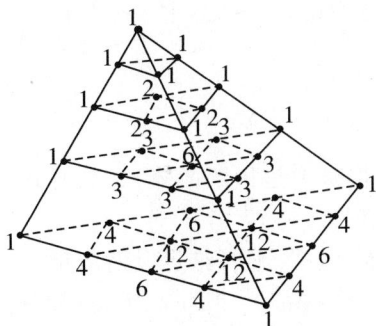

图 15

类比于杨辉三角形的性质，从杨辉三棱锥塔中可得到更多的性质和组合恒等式，在此不赘述，有兴趣的读者可进一步研究.

到此三项式 $(a + b + c)^n$ 的几何表示及杨辉三角形的推广就完成了，反过来我们根据杨辉三棱锥塔就可写出三项式的展开式.

4.6.6　四项式

有了上面对三项式问题的解答，四项式问题也可迎刃而解.

杨辉三角形对应三角形，三项式也对应三角形，那么四项式对应什么？是四边形吗？当然不是.

二项式是直线型问题，三项式是平面问题（三角形），四项式应是立体问题（三棱锥）. 如：

$(a + b + c + d)^3$

$= a^3 + b^3 + c^3 + d^3 + 3a^2b + 3a^2c + 3a^2d + 3b^2a + 3b^2c + 3b^2d + 3c^2a + 3c^2b + 3c^2d + $

$\quad 3d^2a + 3d^2b + 3d^2c + 6abc + 6acd + 6bcd + 6abd$

几何表示如图 16：

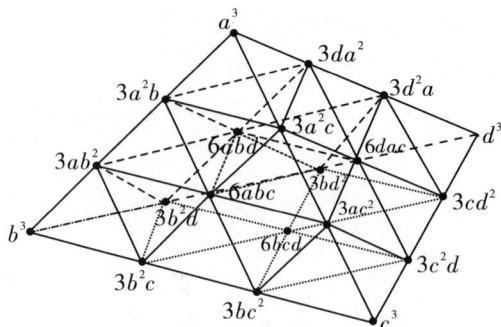

图 16

这是一个三棱锥（严格来说是正四面体），展开式的几何特点如下：

（1）每个侧面上是三项式.

如：三角形面"a^3—b^3—c^3"上各结点及对应项为：

$(a+b+c)^3 = a^3 + b^3 + c^3 + 3a^2b + 3a^2c + 3b^2a + 3b^2c + 3c^2a + 3c^2b + 6abc.$

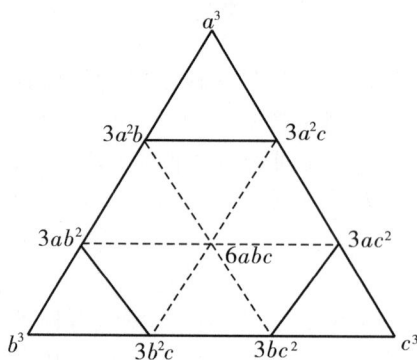

图 17

（2）每一分层的面也是三项式展开，每条线上是二项式展开.

如三角形面"$3ab^2$—$3ac^2$—$3ad^2$"，

面 $3ab^2 + 6abc + 3ac^2 + 6acd + 3ad^2 + 6abd$

$= 3a(b^2 + 2bc + c^2 + 2dc + d^2 + 2bd)$

$= 3a(b+c+d)^2$

三边分别是 $3ab^2 + 6abc + 3ac^2 = 3a(b^2 + 2bc + c^2) = 3a(b+c)^2$,

$3ac^2 + 6acd + 3ad^2 = 3a(c+d)^2$,

$3d^2a + 6abd + 3ab^2 = 3a(d+b)^2$.

（3）仿三项式的三棱锥塔将四项式：

$$(a+b+c+d)^0, (a+b+c+d)^1, (a+b+c+d)^2, (a+b+c+d)^3, \cdots$$

的系数正四面体叠摞在一起，成为四维空间的超三棱锥，每个超侧面的数字是杨辉三棱锥数字，中间任一个数字 $C_{n+1}^{m+1} C_{m+1}^{k+1} C_{k+1}^{h+1}$ 应是它"顶"上四个数 $C_n^m C_m^k C_k^h$，$C_n^m C_m^k C_k^{h+1}$，$C_n^m C_m^{k+1} C_k^{h+1}$，$C_n^{m+1} C_{m+1}^{k+1} C_{k+1}^{h+1}$ 之和．即发现组合恒等式

$$C_n^m C_m^k C_k^h + C_n^m C_m^k C_k^{h+1} + C_n^m C_m^{k+1} C_k^{h+1} + C_n^{m+1} C_{m+1}^{k+1} C_{k+1}^{h+1} = C_{n+1}^{m+1} C_{m+1}^{k+1} C_{k+1}^{h+1}.$$

证明过程从略．

到此，几何已到了很难想象的地步，用代数的形式就容易理解一些．我们已发现了研究的道路，数与形犹如灵与肉，只有相结合的统一体才会是有血、有肉、有情感的生物．有兴趣的读者请继续探究吧．

5　三角函数与三角形

5.1　三角函数意义及三角函数值的计算

> 正是数学本身的永葆青春使它脱颖而出，以与众不同的不朽区别于其他学科.
>
> ——埃里克·坦普尔·贝尔

在学习三角函数时，学生常有这样的问题：为什么把"对比斜"叫正弦，三角函数是如何计算出来的⋯⋯其实，许多定义源于自然属性. 至于计算，只要我们注意课本知识的联系，如特殊角的三角函数值与和、差、倍、半公式就可计算出许多角的三角函数值. 要完全算出所有三角函数值需要应用高等数学的泰勒公式，此外应用几何知识也可计算.

5.1.1　正弦的称谓

正弦为什么叫正弦? 很直接，跟其本义大有关联. 如图 1，将 α 画在半径为 R 的圆中，根据正弦定理有：

$$2R\sin\alpha = l$$

我们说成自然语言就是：一个角度的正弦与圆直径的乘积，等于这个角度正对弦的长度.

如果我们让圆的直径为 1（这很正常，因为圆周率也是周长与直径的比值，而不是与半径的比值），那么一个角度的正弦就是这个角度所对的弦长. 角度正对的弦长，简称"正弦"，关于这个，还可以这样说：

考虑圆周角 α，α 的两边与该圆有两个交点. 这两个交点之间的直线距离 l 与圆直径的比值就是 α 的正弦（正弦定理）.

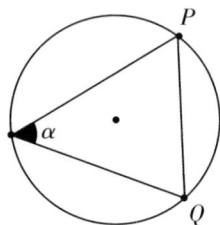

图1

5.1.2 正切的来由

我们再次看图1，以便说明进一步的问题：假设这个圆的直径为1，那么弦 PQ 的长度就等于 α 的正弦值。也就是交点 P 和 Q 之间的直线距离。那么由 P 到 Q 有没有其他的路可走？当然路是有很多条，不过只有一条特殊的路值得我们考虑：

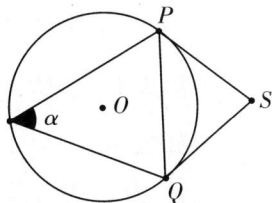

如图2，过 P 点和 Q 点作圆的两条切线，并相交于 S 点，这条 $P-S-Q$ 路特别重要，若要是从 P 点到 Q 点的话，需要走多长的路？

如图3，经过简单的几何运算即可得：

$PS + SQ = 2OP \cdot \tan\alpha = \tan\alpha$，

即 $P-S-Q = \tan\alpha$。

也就是经过这一条路的长度，为 α 的正切值，这就是正切为什么叫正切了：α 与圆的两个交点 P 和 Q 之间切线的长度。至于余弦和余切，通过公式 $\sin(90° - \alpha) = \cos\alpha$ 就知道，一个角度的余弦就是指这个角度余角的正弦。

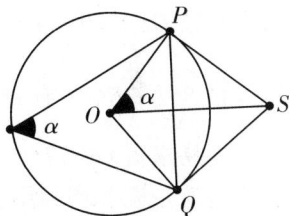

图2

图3

5.1.3 从课本知识发现三角函数计算的初等方法

如初中数学新教材《几何》第三册第164页例3："已知：正十边形半径为 R，求证：它的边长 $a_{10} = \dfrac{\sqrt{5}-1}{2}R$."（见图4）利用此题，我们可计算出许多角的三角函数值。

证明：AB 为圆内接正十边形的边长，O 为圆心，则 $\angle AOB = 36°$，作 $\angle OAB$ 的平分线 AC，则 $\triangle ABC \backsim \triangle OAB$，

所以 $\dfrac{AB}{OB} = \dfrac{BC}{AB}$，而 $AB = AC = OC$，且 $BC = OB - OC$，

所以 $AB^2 + R \cdot AB - R^2 = 0$。解得 $AB = a_{10} = \dfrac{\sqrt{5}-1}{2}R$。

我们从求 $\angle AOB$ 的余弦谈起。

现在应认为 $\triangle OAB$ 三边均已知，$\angle AOB = 36°$，令 $R = 1$，

图4

则 $OB = OA = 1$，$AB = a_{10} = \dfrac{\sqrt{5}-1}{2}R = \dfrac{\sqrt{5}-1}{2}$，这为我们运用解直角三角形的知识解决上述问题准备了很好的条件，可谓"万事俱备，只欠东风"。为此，如图5，

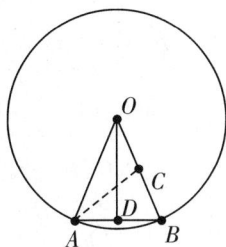

作 $AE \perp OB$ 于 E，作 $OD \perp AB$ 于 D（仅为求 BE 或 OE 时的方便而作）．现在可以利用此例求 $\cos \angle AOB$ 的准确值（下同）了．

因为 $OD \perp AB$ 于 D．

所以 $DB = \dfrac{1}{2}AB = \dfrac{\sqrt{5}-1}{4}$（$OA = OB = 1$），

易知 $\triangle ODB \backsim \triangle AEB$

所以 $\dfrac{BE}{BD} = \dfrac{AB}{OB}$，即 $\dfrac{BE}{\frac{1}{4}(\sqrt{5}-1)} = \dfrac{1}{2}(\sqrt{5}-1)$，

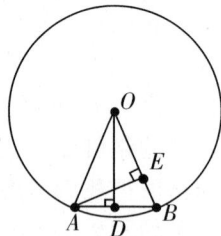

图 5

所以 $BE = \dfrac{1}{8}(\sqrt{5}-1)^2 = \dfrac{1}{4}(3-\sqrt{5})$，

所以 $OE = OB - BE = 1 - \dfrac{1}{4}(3-\sqrt{5}) = \dfrac{1}{4}(\sqrt{5}+1)$

在 $\mathrm{Rt}\triangle OEA$ 中有 $\cos \angle AOB = \cos 36° = \dfrac{1}{4}(\sqrt{5}+1)$．

还易求得 $\cos 72°$，$\cos 54°$ 之值（请读者自己计算，下同）．

这就是说，若利用正多边形中一等腰三角形（腰为单位长，底边长已知或可求得），则顶角的余弦可求，由此可联想到以下余弦值的求法．

5.1.4 $\dfrac{36°}{2}$，$\dfrac{36°}{2^2}$，$\dfrac{36°}{2^3}$ 的余弦值的求法

作半径为单位长的正十二边形，一边 AB 连 OA，OB．则 $\angle AOB = 18°$．

$$a_{20} = a_{2\times10} = \sqrt{2R^2 - R\sqrt{4R^2 - a_{10}^2}} = \sqrt{2 - \sqrt{4 - \left(\dfrac{\sqrt{5}-1}{2}\right)^2}}$$

$$= \dfrac{1}{2}\sqrt{8 - 2\sqrt{10 + 2\sqrt{5}}}$$

作 $AE \perp OB$ 于 E，作 $OD \perp AB$ 于 D．

易知 $DB = \dfrac{1}{2}AB = \dfrac{1}{2}a_{20} = \dfrac{1}{4}\sqrt{8 - 2\sqrt{10+2\sqrt{5}}}$，

及 $\triangle ODB \backsim \triangle AEB$．

所以 $\dfrac{BD}{BE} = \dfrac{OB}{AB}$，代入有关数据计算得：$BE = 1 - \dfrac{1}{4}\sqrt{10+2\sqrt{5}}$．

所以 $OE = \dfrac{1}{4}\sqrt{10+2\sqrt{5}}$．

于是可得：

$$\cos \angle AOB = \cos 18° = \dfrac{1}{4}\sqrt{10+2\sqrt{5}}.$$

作半径为单位长的正四十边形及正八十边形一边，同理可求得：

$$\cos\frac{36°}{2^2}=\cos 9°=\frac{1}{4}\sqrt{8+2\sqrt{10+2\sqrt{5}}}\qquad\text{①}$$

$$\cos\frac{36°}{2^3}=\cos 4.5°=\frac{1}{4}\sqrt{8+2\sqrt{8+2\sqrt{10+2\sqrt{5}}}}\qquad\text{②}$$

现化简①式：

令 $\sqrt{8+2\sqrt{10+2\sqrt{5}}}=\sqrt{(\sqrt{x}+\sqrt{y})^2}=\sqrt{x+y+2\sqrt{xy}}$

则 $x+y=8$，$xy=10+2\sqrt{5}$.

所以 $y^2-8y+10+2\sqrt{5}=0$，

而 $\Delta=(-8)^2-4(10+2\sqrt{5})=4(\sqrt{5}-1)^2$，

所以 $y=\dfrac{8\pm2(\sqrt{5}-1)}{2}=4\pm(\sqrt{5}-1)$，

所以 $y_1=3+\sqrt{5}$，$y_2=5-\sqrt{5}$，$x_1=5-\sqrt{5}$，$x_2=3+\sqrt{5}$

因为 $\cos\dfrac{36°}{2^2}=\cos 9°$

$$=\frac{1}{4}\sqrt{\sqrt{(3+\sqrt{5}+\sqrt{5-\sqrt{5}})^2}}$$

$$=\frac{1}{4}\left(\sqrt{\frac{6+2\sqrt{5}}{2}}+\sqrt{5-\sqrt{5}}\right)$$

$$=\frac{1}{4}\left(\frac{\sqrt{2}}{2}\cdot\frac{\sqrt{5}+1}{2}+\sqrt{5-\sqrt{5}}\right)$$

$$=\frac{1}{8}\left(\sqrt{10}+\sqrt{2}+2\sqrt{5-\sqrt{5}}\right)$$

同法（运用两次）可将②化简为：

$\cos\dfrac{36°}{2^3}=\cos 4.5°$

$$=\frac{1}{8}\left[\sqrt{16+\sqrt{10}+\sqrt{2}-2\sqrt{5-\sqrt{5}}}+\sqrt{16-\sqrt{10}-\sqrt{2}-2\sqrt{5-\sqrt{5}}}\right]$$

以同法还易求得 $\cos\dfrac{36°}{2^4}$，$\cos\dfrac{36°}{2^5}$，$\cdots$ 的值，但很难化简了.

从上述求 $36°$，$\dfrac{36°}{2}$，$\dfrac{36°}{2^2}$，$\dfrac{36°}{2^3}$ 的余弦值的求法又可以联想得到更多余弦值的求法.

5.1.5 $\dfrac{60°}{2}$, $\dfrac{60°}{2^2}$, $\dfrac{60°}{2^3}$, $\cdots$; $\dfrac{45°}{2}$, $\dfrac{45°}{2^2}$, $\dfrac{45°}{2^3}$, $\cdots$**的余弦值的求法**

（1）逐次利用半径为单位长的正六、正十二、正二十四、正四十八边形等中的等腰三角形即可求得前列角的余弦值（结果从略）．

（2）逐次利用半径为单位长的正八、正十六、正三十二、正六十四边形等中的等腰三角形即可求得后列角的余弦值（结果从略）．

从上述可见，利用半径为单位长的正十、正六边形（边长已知）分别可独立求得两列角的余弦值，若将它们作简单的组合（中心角之差或和）还可以联想得到如下内容．

5.1.6 $24°$**及**$\dfrac{24°}{2}$, $\dfrac{24°}{2^2}$**的余弦值的求法**

在半径为单位长的圆 O 中分别作正十、正六边形一边 BC，AB（点 C 在 AB 弧上，见图6）．连 OB，OC，AC，则 $\angle AOC = \angle AOB - \angle BOC = 60° - 36° = 24°$，

所以 AC 为同圆 O 内接正十五边形的一边．

由等腰三角形的性质知 $\angle OCA = 78°$，$\angle OCB = 72°$，

所以 $\angle ACB = 150°$，

延长 BC，作 $AD \perp BC$ 于 D，

则在 Rt$\triangle ADC$ 中 $\angle ACD = 30°$，

设 $AD = x$，则 $AC = 2x$，$DC = \sqrt{3}x$. 又 $AB = a_6 = 1$.

$BC = a_{10} = \dfrac{\sqrt{5} - 1}{2}$.

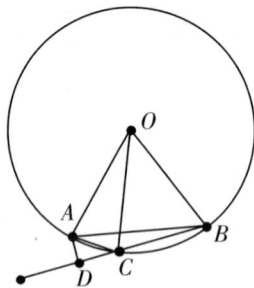

图6

由勾股定理得：$\left(\sqrt{3}x + \dfrac{\sqrt{5} - 1}{2} \right)^2 + x^2 = 1$，解之，得

$$x = \dfrac{1}{8}(\sqrt{3} - \sqrt{15} + \sqrt{10 + 2\sqrt{5}}) \quad (x > 0)$$

所以 $AC = 2x = \dfrac{1}{4}(\sqrt{3} - \sqrt{15} + \sqrt{10 + 2\sqrt{5}})$

仿 $\cos 9°$ 求法可得：$\cos 24° = \dfrac{1}{8}(1 + \sqrt{5} - \sqrt{30 - 6\sqrt{5}})$

以此组合法还可求得一些角（如 $42°$，$51°$ 等）的余弦值，

仿 $\dfrac{36°}{2}$, $\dfrac{36°}{2^2}$, $\dfrac{36°}{2^3}$ 的余弦值的求法可求得：

$$\cos \dfrac{24°}{2} = \cos 12° = \dfrac{1}{8}(\sqrt{5} - 1 + \sqrt{30 + 6\sqrt{5}})$$

$$\cos \frac{24°}{2^2} = \cos 6° = \frac{1}{8} \ (\sqrt{15} + \sqrt{3} + \sqrt{10 - 2\sqrt{5}})$$

到此，我们看到许多三角函数归为开方运算，那么在还未有计算机的年代，开方又是如何计算的？（见本节附录）

我们通过一道课本题得到了许多新知识与新方法．数学课本中的例题大都有很高的（开发或）利用价值，在学习过程中，我们要善于分析、挖掘．

5.1.7　近代计算三角函数的方法

有公式 $\sin x = x - \dfrac{x^3}{3!} + \dfrac{x^5}{5!} - \dfrac{x^7}{7!} + \dfrac{x^9}{9!} + \cdots$

所要算的角度的三角函数用弧度表示，代入公式即可算出任意角的三角函数值．

此公式叫作正弦函数的泰勒公式，可将三角函数的计算转化为多项式的计算，其他三角函数也有相应的公式，由此可计算任意角的三角函数值．

附录 ❶

笔开平方的传统方法

以计算 2 016.2 的算术平方根作为例子．全程用竖式计算．

首先，以小数点为基准，左右每两位数作为一组．像这样写：20′16.2.

注意，平方根的两倍那个位置要往左边写一点，不然后面不够位置．接下来估算第一节，是 20，$4^2 < 20 < 5^2$，所以在第一节的上面写上 4，对应的在左边写上 8，$4^2 = 16$ 写到 20 的下面，减一下得 4，把下一节拉下来为 416.

估计下一位的方法是：8?×? = 416. 因为 $83 \times 3 = 249$，$84 \times 4 = 336$，$85 \times 5 = 425$，425 大于 416 了，所以下一位就是 4 了，更新算式 416 − 336 = 80，把下一节 20 拉下来为 8 020.

再估计下一位：88?×? = 8 020. $888 \times 8 = 7\ 104$，$889 \times 9 = 8\ 001$，还是 9 吧．

下一位：898?×? = 1 900，由于刚才就差一点点，这次应该是 0 了. $8\ 980 \times 0 = 0$，更新算式 1 900 − 0 = 1 900，把下一节 00 拉下来为 190 000.

8 980?×? = 190 000，凭感觉应该还是 2，$89\ 802 \times 2 = 179\ 604$．

89 804?×? = 1 039 600，这回是 1 了．如法炮制？结果为 44.902 1.

笔开平方的代数背景：

$$
\begin{array}{r}
4 \\
4{\overline{\smash{\big)}\,20'16.20}} \\
\underline{16} \\
4
\end{array}
; \quad
\begin{array}{l}
20\times4=80 \\
84\times4=336
\end{array},\quad
\begin{array}{r}
4\ 4 \\
4{\overline{\smash{\big)}\,20'16.20}} \\
\underline{16} \\
416 \\
\underline{336} \\
80
\end{array}
;\quad
\begin{array}{l}
20\times44=880 \\
889\times9=8\,001
\end{array},\quad
\begin{array}{r}
4\ 4.\ 9 \\
4{\overline{\smash{\big)}\,20'16.20}} \\
\underline{16} \\
416 \\
\underline{336} \\
8020 \\
\underline{8001} \\
19
\end{array}
;\ \cdots
$$

源于和平方公式, $(10a+b)^2=100a^2+20ab+b^2=100a^2+(20a+b)b$.
在此基础上也可以得到笔开立方的方法, 不过对试算要求更高.

附录 ❷

笔开平方简易方法

以 $\sqrt{19}$ 为例, $\sqrt{19}$ 的近似值为 $\sqrt{19}\approx4.358\,898\,944$.

①设 4 为初步近似值, 以 19 除以 4, 得

$19\div4=4.75$

求近似值 4 与 4.75 的平均数

$\dfrac{4.75+4}{2}=4.375$

显然, 4.375 的平方更接近 19, 比 $4^2=16$ 好多了.

②如法炮制, 现在以 4.375 作为新近似值,

$19\div4.375\approx4.343$ (取三位近似值)

求平均数

$\dfrac{4.375+4.343}{2}=4.359$

以下的办法几乎是一成不变的"迭代".

③现在以 4.359 作为新近似值,

$19\div4.359\approx4.358\,798$

$\dfrac{4.359+4.358\,798}{2}=4.358\,899$

④现在以 4.358 899 作为新近似值,

$19\div4.358\,899\approx4.358\,898\,9$

$\dfrac{4.358\,899+4.358\,898\,9}{2}=4.358\,898\,95$

⑤现在以 4.358 898 95 作为新近似值,

$19 \div 4.358\,898\,95 \approx 4.358\,898\,937$

$$\frac{4.358\,898\,95 + 4.358\,898\,937}{2} \approx 4.358\,898\,944$$

经过五步，同参照值完全吻合.

此方法最精华的地方在于它有"自动纠错"的功能.

若把 $\sqrt{19}$ 的初步近似值定错了，算成 7，不会"差之毫厘，谬以千里"，照老方法执行下去，仍可得 $\sqrt{19}$ 的正确结果.

$7 - 4.875 - 4.384\,5 - 4.358\,95 - 4.358\,899 - 4.358\,898\,95 - 4.358\,898\,944$

一步就可以纠正过来，迭代的过程是收敛的，这才是本方法的奥妙、精髓.

此法代数化，即为 $\sqrt{A} \approx \dfrac{1}{2}\left(a + \dfrac{A}{a}\right)$

$$A,\ a_1 \longrightarrow a_2 = \frac{1}{2}\left(a_1 + \frac{A}{a_1}\right) \longrightarrow a_3 = \frac{1}{2}\left(a_2 + \frac{A}{a_2}\right) \longrightarrow \cdots \longrightarrow a_{n+1} = \frac{1}{2}\left(a_n + \frac{A}{a_n}\right)$$

推广可开 3 次方根与 n 次方根：$\sqrt[3]{A} \approx \dfrac{1}{3}\left(a + a + \dfrac{A}{a^2}\right)$.

附录 ❸

sin 1°是代数数

$\sin 3° = \sin\left[30° - (45° - 18°)\right]$

$$= \frac{1}{16}\left[\sqrt{2}(1+\sqrt{3})(-1+\sqrt{5}) - 2(-1+\sqrt{3})\sqrt{5+\sqrt{5}}\right]$$

令 $\sin 1° = x$，$\sin 3° = 3x - 4x^3$，可解出 x（用根号表示）.

5.2　正弦定理问题

> 学习任何知识的最佳途径是自己去发现.
>
> ——波利亚

我们知道，三角形有海伦公式计算其面积，即已知 $\triangle ABC$ 三边长为 a，b，c，设 $p = \dfrac{1}{2}(a+b+c)$，则 $S = \sqrt{p(p-a)(p-b)(p-c)}$. 怎样想到寻求三边的面积公式呢？因为已知三角形的三边，则三角形固定，当然三角形面积固定，自然想

到面积必能用其三边表示. 由此可想到三角形全等的条件可固定三角形. 沿着这条路可得到三角形新的面积公式:

$$S = \frac{1}{2}ab\sin C（两边及夹角），S = \frac{a^2 \sin B \sin C}{\sin(B+C)}（两角及夹角）$$

如果再应用三角函数、三角形边角关系, 可得到十几个面积公式.

当三角形确定时, 它的面积必然确定, 此三角形的其他量也就确定（诸如: 中线、角平分线、内切圆等）. 我们就将此思想称为确定性原理吧. 许多数学问题的发现与解决源于此原理.

5.2.1　三角形的确定关系

我们知道三角形的基本元素有六个: a, b, c, A, B, C. 已知哪些元素可确定三角形呢? 显然, 以下已知条件可确定三角形:

（1）已知三角形的三边;

（2）已知三角形的两边及夹角;

（3）已知三角形的两角及任意一边.

可以看出, 确定三角形的条件正是三角形全等的条件.

（1）假设知道三角形的边 a, b 及夹角 C, 试分析边 c 及角 A, B 与已知元素的关系.

如图 7, 在 $\triangle ABC$ 中, $c^2 = (b\cos C - a)^2 + (b\sin C)^2$, 化简得

$$c^2 = a^2 + b^2 - 2ab\cos C$$

即余弦定理公式. 由对称性又得出该公式的另外两个表达式, 从而也就得到计算角 A（或 B）的公式:

$$\cos A = \frac{b^2 + c^2 - a^2}{2bc} = \frac{b - a\cos C}{c} = \frac{b - a\cos C}{\sqrt{a^2 + b^2 - 2ab\cos C}}$$

理论上存在的公式我们找到了, 此公式较复杂, 一般只需用余弦定理就行了. 由上式又可得到射影公式:

$$b = a\cos C + c\cos A$$

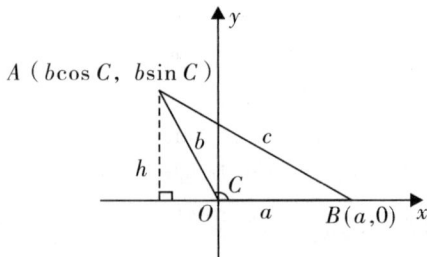

图 7

（2）试分析△ABC 的面积与已知元素的关系.

如图 7，用 a，b，C 表示的△ABC 的面积公式为 $S = \dfrac{1}{2}ah = \dfrac{1}{2}ab\sin C$.

由对称性可得到：

$$S = \frac{1}{2}ah = \frac{1}{2}ab\sin C = \frac{1}{2}bc\sin A = \frac{1}{2}ca\sin B$$

对于 $\dfrac{1}{2}ab\sin C = \dfrac{1}{2}bc\sin A = \dfrac{1}{2}ca\sin B$ 是一个轮换对称的关系式. 通过化简，得

$$\frac{\sin A}{a} = \frac{\sin B}{b} = \frac{\sin C}{c}$$

这是一个很整齐、很好记的关系式. 很自然会有人问它的比值到底是什么？

分析 ①对于给定的三角形，$\dfrac{\sin A}{a} = \dfrac{\sin B}{b} = \dfrac{\sin C}{c}$ 的比值是一个确定的常数.

②可以看到，如果只有已知三角形的元素 A 和 a，这时的三角形是不确定的（b，c 都变），但此比值应是不变的（比较奇怪的事情）.

③不妨由 A 与 a 画三角形分析.

容易想到固定角 A（见图 8），再画对边 a，看不出有什么规律. 如果应用辩证思想，先固定边 a 再画角呢（见图 9）？发现 $\angle A$ 与同弧上的圆周角联系起来了，所以以 a 为弦，$\angle A$ 为圆周角作圆，此圆完全由 a 与 $\angle A$ 确定. 如果使 $\angle A$ 的一边过圆心（见图 10），由以上比例得：

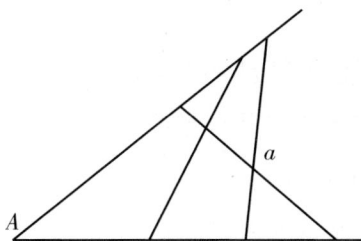 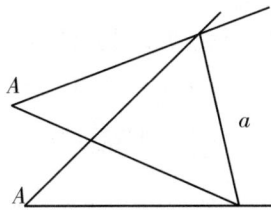 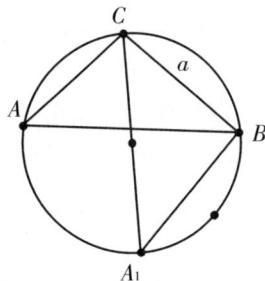

图 8   图 9   图 10

$$\frac{\sin A}{a} = \frac{\sin B}{b} = \frac{\sin 90°}{CA_1} = \frac{1}{2R}$$

很自然，比例式倒过来更简洁，这就是正弦定理. 进一步可得：

$$\frac{a}{\sin A} = \frac{b}{\sin B} = \frac{c}{\sin C} = 2R = \frac{abc}{2S}$$

只已知三角形的元素 A 和 a，此三角形不定而外接圆确定.

同样可分析三角形的内切圆半径、角平分线长等量与已知条件的关系.

如果已知三角形的其他元素（如三边 a，b，c 等），也可得到别的量用它们表示的各种公式，有兴趣的读者可以往下做此工作.

三角形中的正弦定理有其结构对称、形式优美的特点. 这种外在的美，使人深思. 记 $\triangle ABC$ 的三边分别为 a，b，c，外接圆半径为 R，内切圆半径为 r，面积为 S.

5.2.2　$\sin A$，$\sin B$，$\sin C$ 是某一三角形的三边

正弦定理的思考一：对于正弦定理的形式 $\dfrac{a}{\sin A} = \dfrac{b}{\sin B} = \dfrac{c}{\sin C}$，如果将 $\sin A$，$\sin B$，$\sin C$ 看成某一三角形的三边，不正是两个三角形三边对应成比例吗？

定理 1　在 $\triangle ABC$ 中，

（1）以 $\sin A$，$\sin B$，$\sin C$ 为边可作成一个三角形，记为 $\triangle A_1 B_1 C_1$.

（2）$\triangle A_1 B_1 C_1 \backsim \triangle ABC$.

（3）$\triangle A_1 B_1 C_1$ 中，$A_1 = A$，$B_1 = B$，$C_1 = C$.

（4）$\triangle A_1 B_1 C_1$ 的外接圆直径为 1.

证明：（1）首先 $\sin A > 0$，$\sin B > 0$，$\sin C > 0$，

又因为 $\sin A + \sin B = \dfrac{1}{2R}(a + b) > \dfrac{1}{2R} \cdot c = \sin C$，

同理 $\sin B = \sin C > \sin A$，$\sin C + \sin A > \sin B$.

所以 $\sin A$，$\sin B$，$\sin C$ 可构成三角形.

（2）、（3）、（4）证明略.

由熟知的三角形中的恒等式或不等式出发，我们可得到一些有趣的结果.

① $a^2 = b^2 + c^2 - 2bc\cos A \Leftrightarrow \sin^2 A = \sin^2 B + \sin^2 C - 2\sin B \sin C \cos A$.

② $S_{\triangle ABC} = \dfrac{1}{2}bc\sin A \Leftrightarrow S_{\triangle A_1 B_1 C_1} = \dfrac{1}{2}\sin A \sin B \sin C$.

③ $r = 4R\sin\dfrac{A}{2}\sin\dfrac{B}{2}\sin\dfrac{C}{2} \Leftrightarrow r_{\triangle A'B'C'} = 2\sin\dfrac{A}{2}\sin\dfrac{B}{2}\sin\dfrac{C}{2}$.

④ $\cos A + \cos B + \cos C = 1 + 4\sin\dfrac{C}{2}\sin\dfrac{B}{2}\sin\dfrac{C}{2} \Leftrightarrow \cos A + \cos B + \cos C = 1 + \dfrac{r}{R}$.

⑤ $\sin\dfrac{A}{2}\sin\dfrac{B}{2}\sin\dfrac{C}{2} \leqslant \dfrac{1}{8} \Leftrightarrow R \geqslant 2r$（欧拉不等式）.

⑥ $\sin A + \sin B + \sin C \leqslant \dfrac{3\sqrt{3}}{2} \Leftrightarrow a + b + c \leqslant 3\sqrt{3}R$.

⑦$\sin A\sin B\sin C\leqslant\dfrac{3\sqrt{3}}{8}\Leftrightarrow S\leqslant\dfrac{3\sqrt{3}}{4}R^2$.

⑧$\sin^2 A+\sin^2 B+\sin^2 C\leqslant\dfrac{9}{4}\Leftrightarrow a^2+b^2+c^2\leqslant 9R^2$.

⑨$a+b+c\geqslant\dfrac{abc}{R^2}\Leftrightarrow\sin A+\sin B+\sin C\geqslant 4\sin A\sin B\sin C$.

⑩$a^2+b^2+c^2\geqslant 4\sqrt{3}S\Leftrightarrow\sin A+\sin B+\sin C\geqslant 2\sqrt{3}\sin A\sin B\sin C$.

以上每对公式都是等价的，知道一个可得另一个.

以上部分结论由来：因为 $S=\dfrac{1}{2}ab\sin C=\dfrac{abc}{4R}=\dfrac{1}{2}r(a+b+c)$，

所以 $r=\dfrac{abc}{2R(a+b+c)}$

$$=\dfrac{2R\sin A\sin B\sin C}{\sin A+\sin B+\sin C}$$

$$=\dfrac{2R\sin A\sin B\sin C}{4\cos\dfrac{A}{2}\cos\dfrac{B}{2}\cos\dfrac{C}{2}}$$

$$=4R\sin\dfrac{A}{2}\sin\dfrac{B}{2}\sin\dfrac{C}{2},$$

得到③.

又 $\dfrac{abc}{4R}=\dfrac{1}{2}r(a+b+c)$，得 $a+b+c=\dfrac{abc}{2rR}\geqslant\dfrac{abc}{R^2}$. 得到⑨.

由余弦定理 $c^2=a^2+b^2-2ab\cos C$ 及面积公式 $S=\dfrac{1}{2}ab\sin C$ 得：

$$a^2+b^2+c^2-4\sqrt{3}S=2(a^2+b^2)-2ab\cos C-2\sqrt{3}ab\sin C$$

$$=2(a^2+b^2)-4ab\cos\left(\dfrac{\pi}{3}-C\right)\geqslant 2(a^2+b^2)-4ab$$

$$=2(a-b)^2\geqslant 0$$

上面两个不等式中的等号成立的充要条件为 $a=b$ 及 $C=\dfrac{\pi}{3}$. 由此证得：

$a^2+b^2+c^2\geqslant 4\sqrt{3}S$，得到结论⑩.

利用定理1的思想，可使一些三角问题迎刃而解. 例如高中《代数》上册第193页例："求 $\sin^2 10°+\cos^2 40°+\sin 10°\cos 40°$ 的值."

可这样解，

$\sin^2 10°+\cos^2 40°+\sin 10°\cos 40°$

$=\sin^2 10°+\sin^2 50°-2\sin 10°\sin 50°\cos 120°$（余弦定理）

$$= \sin^2 120°$$

$$= \frac{3}{4}$$

普通高中课程标准实验教科书（人教版）《数学》必修 4 第 153 页有这么一道题：

"观察下列各式：$\sin^2 30° + \cos^2 60° + \sin 30° \cos 60° = \frac{3}{4}$,

"$\sin^2 20° + \cos^2 50° + \sin 20° \cos 50° = \frac{3}{4}$,

"$\sin^2 15° + \cos^2 45° + \sin 15° \cos 45° = \frac{3}{4}$.

"分析上述各式的共同点，写出能反映一般规律的等式，并证明．"

除得到结论 "$\sin^2 \alpha + \cos^2 (\alpha + 30°) + \sin \alpha \cos (\alpha + 30°) = \frac{3}{4}$，其中 α 是任意角"外，可以看成新的余弦定理 $\sin^2 A = \sin^2 B + \sin^2 C - 2 \sin B \sin C \cos A$．对课本问题有了新感觉．

5.2.3　三余弦 $\cos A$，$\cos B$，$\cos C$ 的性质

正弦定理的思考二：已知 $\triangle ABC$，以 $\sin A$，$\sin B$，$\sin C$ 为边可构成一三角形，那么以 $\cos A$，$\cos B$，$\cos C$ 为边如何呢？显然 $\triangle ABC$ 为钝角或直角三角形时，不能构成三角形三边，若 $\triangle ABC$ 为锐角三角形，一般情况也不构成三角形三边，但我们有下面一个有趣的性质．

定理 2　已知锐角 $\triangle ABC$，以 $\sin A$，$\sin B$，$\sin C$ 为边作出另一 $\triangle A_1 B_1 C_1$，分别以 A_1，B_1，C_1 为顶点，$\cos A$，$\cos B$，$\cos C$ 为半径画圆．此三圆必交于一点 H，H 点正是 $\triangle A_1 B_1 C_1$ 的垂心．

要证明定理 2，我们先证明第一类正弦定理：如果 H 是锐角 $\triangle ABC$ 垂心，则 $\dfrac{AH}{\cos A} = \dfrac{BH}{\cos B} = \dfrac{CH}{\cos C} = 2R$．

证明：如图，在 $\triangle ABC$ 中，

$$\angle A = \frac{\pi}{2} - \angle ABE, \quad \angle AHB = \pi - \angle ACB$$

所以 $\dfrac{AH}{\cos A} = \dfrac{AH}{\sin\left(\dfrac{\pi}{2} - A\right)}$

$$= \frac{AH}{\sin \angle ABH}$$

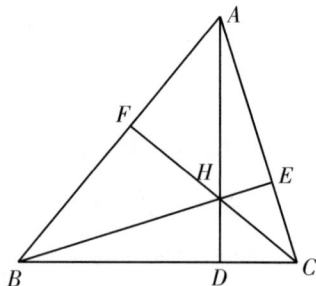

图 11

$$= \frac{AB}{\sin \angle AHB}$$

$$= \frac{AB}{\sin C}$$

$$= 2R$$

同理$\dfrac{BH}{\cos B} = 2R$，$\dfrac{CH}{\cos C} = 2R$.

所以$\dfrac{AH}{\cos A} = \dfrac{BH}{\cos B} = \dfrac{CH}{\cos C} = 2R$.

现在来证明定理2.

证明：因为$\triangle A_1B_1C_1$三边分别为$\sin A$，$\sin B$，$\sin C$，

所以$\triangle A_1B_1C_1$的外接圆直径为1，由第一类正弦定理得：

$$\frac{A_1H}{\cos A} = \frac{B_1H}{\cos B} = \frac{C_1H}{\cos C} = 1$$

即$A_1H = \cos A$，$B_1H = \cos B$，$C_1H = \cos C$. 得证.

5.2.4　其他三角形

正弦定理的思考三：由前面的分析，我们完全可以确定，只要A，B，C是一三角形三内角，则$\sin A$，$\sin B$，$\sin C$必是一三角形三边，而$\dfrac{\pi}{2} - \dfrac{A}{2}$，$\dfrac{\pi}{2} - \dfrac{B}{2}$，$\dfrac{\pi}{2} - \dfrac{C}{2}$以及$\pi - 2A$，$\pi - 2B$，$\pi - 2C$也有可能是一三角形三内角，由此我们得到以下定理：

定理3　在$\triangle ABC$中，以$\cos \dfrac{A}{2}$，$\cos \dfrac{B}{2}$，$\cos \dfrac{C}{2}$为边可构成$\triangle A_2B_2C_2$，且$A_2 = \dfrac{\pi}{2} - \dfrac{A}{2}$，$B_2 = \dfrac{\pi}{2} - \dfrac{B}{2}$，$C_2 = \dfrac{\pi}{2} - \dfrac{C}{2}$，该三角形的外接圆直径为1.

定理4　在锐角$\triangle ABC$中，以$\sin 2A$，$\sin 2B$，$\sin 2C$为边可构成$\triangle A_3B_3C_3$，且$A_3 = \pi - 2A$，$B_3 = \pi - 2B$，$C_3 = \pi - 2C$，该三角形外接圆直径为1.

证明略.

当然，由熟知的三角关系式又能得到一些新的关系式. 例如：

$$a^2 + b^2 + c^2 \leqslant 9R \Leftrightarrow \sin^2 A + \sin^2 B + \sin^2 C \leqslant \frac{9}{4}$$

$$\Leftrightarrow \cos^2 \frac{A}{2} + \cos^2 \frac{B}{2} + \cos^2 \frac{C}{2} \leqslant \frac{9}{4}$$

$$\Leftrightarrow \sin^2 2A + \sin^2 2B + \sin^2 2C \leqslant \frac{9}{4}$$

由定理 3 和定理 4，我们可得到三角形的一个角变换定理：

定理 5　在 △ABC 中，若 $f(A, B, C) \geqslant 0$，则 $f(A', B', C') \geqslant 0$，其中：

$$\begin{cases} A' = \dfrac{k+1}{3}\pi - kA, \\[2mm] B' = \dfrac{k+1}{3}\pi - kB, \quad (k \in \mathbf{R}) \\[2mm] C' = \dfrac{k+1}{3}\pi - kC, \end{cases}$$

且 $0 < A'$，B'，$C' < \pi$.

此定理由 $A' + B' + C' = A + B + C = \pi$ 立即得证. 由此我们可得到下列置换：

$$k = \frac{1}{2}, \quad (A, B, C) \leftrightarrow \left(\frac{\pi}{2} - \frac{A}{2}, \frac{\pi}{2} - \frac{B}{2}, \frac{\pi}{2} - \frac{C}{2} \right)$$

$$k = -\frac{1}{2}, \quad (A, B, C) \leftrightarrow \left(\frac{\pi}{6} + \frac{A}{2}, \frac{\pi}{6} + \frac{B}{2}, \frac{\pi}{6} + \frac{C}{2} \right)$$

$$k = 2, \quad (A, B, C) \leftrightarrow (\pi - 2A, \pi - 2B, \pi - 2C)$$

……

在这种变换下，我们从一个三角关系式可找到与它等价的许多关系式.
例如：

$$\cos A + \cos B + \cos C \leqslant \frac{3}{2} \Leftrightarrow \sin \frac{A}{2} + \sin \frac{B}{2} + \sin \frac{C}{2} \leqslant \frac{3}{2}$$

$$\Leftrightarrow \sqrt{3}\left(\cos \frac{A}{2} + \cos \frac{B}{2} + \cos \frac{C}{2} \right) - \left(\sin \frac{A}{2} + \sin \frac{B}{2} + \sin \frac{C}{2} \right) \leqslant 3$$

$$\Leftrightarrow \cos \frac{A}{4} + \cos \frac{B}{4} + \cos \frac{C}{4} \leqslant \frac{3\sqrt{2}}{2} + \sin \frac{A}{4} + \sin \frac{B}{4} + \sin \frac{C}{4}$$

$$\Leftrightarrow \sqrt{3}(\sin A + \sin B + \sin C) - (\cos A + \cos B + \cos C) \leqslant 3$$

……

5.2.5　垂心的新性质

正弦定理的思考四：我们应用比例的等比性质于第一正弦定理如何呢？

定理 6　锐角三角形的垂心到三顶点距离和等于外接圆直径与内切圆直径和.

证明：设 △ABC 的垂心为 H，

因为 $\dfrac{AH}{\cos A} = \dfrac{BH}{\cos B} = \dfrac{CH}{\cos C} = 2R$

所以 $\dfrac{AH + BH + CH}{\cos A + \cos B + \cos C} = 2R$

即 $AH + BH + CH = 2R(\cos A + \cos B + \cos C)$.

而 $\cos A + \cos B + \cos C = 1 + \dfrac{r}{R}$,

所以 $AH + BH + CH = 2R\left(1 + \dfrac{r}{R}\right) = 2R + 2r$.

得证.

此结论可推广到直角三角形与钝角三角形中, 只不过要在垂心到钝角距离前加负号.

我们自然会问, 既然三角形垂心到三顶点距离有这么多性质, 那么, 三角形垂心到三边距离如何呢? 我们有三角形第二正弦定理:

定理 7　设锐角 $\triangle ABC$ 的垂心到三角形三边 BC, CA, AB 的距离 HD, HE, HF, 则 $\dfrac{HD}{\cos B \cos C} = \dfrac{HE}{\cos C \cos A} = \dfrac{HF}{\cos A \cos B} = 2R$.

证明: 如图, 锐角 $\triangle ABC$ 的高 AD, BE, CF 交于点 H, 显然 B, D, H, F 四点共圆.

所以 $\dfrac{HD}{\sin \angle EBC} = BH = 2R\cos B$,

即 $\dfrac{HD}{\cos B \cos C} = 2R$

同理 $\dfrac{HE}{\cos A \cos C} = 2R$, $\dfrac{HF}{\cos A \cos B} = 2R$

$\dfrac{HD}{\cos B \cos C} = \dfrac{HE}{\cos C \cos A} = \dfrac{HF}{\cos A \cos B} = 2R$

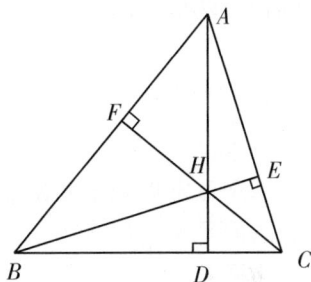

图 12

深刻分析一个问题, 往往能得到许多有价值的东西. 当然以上结论还可推广到一般三角形中.

5.3　三角形中的边角定理及基本关系式

> 几何学的简洁美却又正是几何学之所以完美的核心存在.
>
> ——牛顿

5.3.1　三角形中的三角函数定理与关系

设 $\triangle ABC$ 三边为 a, b, c, 其中 r 为 $\triangle ABC$ 内切圆半径, R 为 $\triangle ABC$ 外接圆

半径，S 为三角形的面积，$p = \dfrac{1}{2}(a+b+c)$ 为三角形半周长，它们之间满足以下性质：

5.3.1.1 正弦定理

在一个三角形中，各边与它所对角的正弦的比相等且等于其外接圆的直径，即

$$\frac{a}{\sin A} = \frac{b}{\sin B} = \frac{c}{\sin C} = 2R$$

正弦定理指出了任意三角形中三条边与对应角的正弦之间的一个关系式，又由正弦函数在区间上的单调性可知，正弦定理非常好地描述了任意三角形中边与角的一种数量关系.

5.3.1.2 余弦定理

三角形中任何一边的平方等于其他两边平方的和减去这两边与它们夹角的余弦的积的两倍. 即

$$a^2 = b^2 + c^2 - 2bc\cos A$$
$$b^2 = a^2 + c^2 - 2ac\cos B$$
$$c^2 = a^2 + b^2 - 2ab\cos C$$

从余弦定理和余弦函数的性质可以看出，如果一个三角形两边的平方和等于第三边的平方，那么第三边所对的角一定是直角；如果小于第三边的平方，那么第三边所对的角是钝角；如果大于第三边的平方，那么第三边所对的角是锐角. 即利用余弦定理，可以判断三角形形状. 同时，还可以用余弦定理求三角形边长取值范围.

正弦定理与余弦定理都是三角形的边角关系，有三角形就有它们，当然彼此可以互推.

（1）余弦定理推导正弦定理：

$a^2 = b^2 + c^2 - 2bc\cos A$ ①

$b^2 = a^2 + c^2 - 2ac\cos B$ ②

①+②得 $c = a\cos B + b\cos A$ ③

①-②得 $a^2 - b^2 = c(a\cos B - b\cos A)$ ④

③代入④得 $a^2 - b^2 = (a\cos B + b\cos A)(a\cos B - b\cos A)$

即 $a^2 - b^2 = a^2\cos^2 B - b^2\cos^2 A$，也即 $a^2\sin^2 B = b^2\sin^2 A$

故 $a\sin B = b\sin A$，也即 $\dfrac{a}{\sin A} = \dfrac{b}{\sin B}$

同理 $\dfrac{a}{\sin A} = \dfrac{c}{\sin C}$

所以 $\dfrac{a}{\sin A} = \dfrac{b}{\sin B} = \dfrac{c}{\sin C}$.

（2）正弦定理推导余弦定理：

$$\frac{a}{\sin A} = \frac{b}{\sin B} = \frac{c}{\sin C} = 2R$$

$$\Rightarrow a\sin B = b\sin A \qquad\qquad\qquad ⑤$$

$$c\sin A = a\sin C = a\sin(A+B) = a\sin A\cos B + a\cos A\sin B \qquad ⑥$$

将⑤代入⑥，整理得 $a\cos B = c - b\cos A$ $\qquad\qquad ⑦$

将⑤、⑦平方相加得 $a^2 = (b\sin A)^2 + (c - b\cos A)^2 = b^2 + c^2 - 2bc\cos A$

所以 $a\sin B = b\sin A$，即 $\dfrac{a}{\sin A} = \dfrac{b}{\sin B}$.

5.3.1.3　正切定理

在平面三角形中，正切定理说明任意两条边的和除以第一条边减第二条边的差所得的商，等于这两条边的对角的和的一半的正切除以第一条边对角减第二条边对角的差的一半的正切所得的商. 即

$$\frac{a-b}{a+b} = \frac{\tan\dfrac{A-B}{2}}{\tan\dfrac{A+B}{2}}$$

$$\frac{b-c}{b+c} = \frac{\tan\dfrac{B-C}{2}}{\tan\dfrac{B+C}{2}}$$

$$\frac{c-a}{c+a} = \frac{\tan\dfrac{C-A}{2}}{\tan\dfrac{C+A}{2}}$$

正切定理证明：

由正弦定理得出

$$\frac{a-b}{a+b} = \frac{\sin A - \sin B}{\sin A + \sin B} = \frac{2\cos\dfrac{A+B}{2}\sin\dfrac{A-B}{2}}{2\sin\dfrac{A+B}{2}\cos\dfrac{A-B}{2}} = \frac{\tan\dfrac{A-B}{2}}{\tan\dfrac{A+B}{2}}.$$

第一式得证，同理可证后两式.

5.3.1.4　海伦公式与余切定理（半角与边长的关系式）

（1）海伦公式.

三角形半周长 $p = \dfrac{1}{2}(a+b+c)$，三角形面积 S．则

$$S = \sqrt{p(p-a)(p-b)(p-c)}$$

（2）余切定理．

余切定理是三角学中关于三角形内切圆半径的定理，就是某个角一半的余切等于半周长减去这个角所对的边长再除以三角形的内切圆半径．

$$r = \sqrt{\dfrac{(p-a)(p-b)(p-c)}{p}} = \dfrac{S}{p} = p\tan\dfrac{A}{2}\tan\dfrac{B}{2}\tan\dfrac{C}{2}$$

$$\cot\dfrac{A}{2} = \dfrac{p-a}{r}, \quad \cot\dfrac{B}{2} = \dfrac{p-b}{r}, \quad \cot\dfrac{C}{2} = \dfrac{p-c}{r}$$

即 $p-a = r\cot\dfrac{A}{2}, \quad p-b = r\cot\dfrac{B}{2}, \quad p-c = r\cot\dfrac{C}{2}$．

5.3.1.5　利用三角形三边表示三角形中有关量

三角形外接圆半径 $R = \dfrac{abc}{\sqrt{p(p-a)(p-b)(p-c)}}$，

三角形内切圆半径 $r = \sqrt{\dfrac{(p-a)(p-b)(p-c)}{p}}$，

三角形面积 $S = \sqrt{p(p-a)(p-b)(p-c)}$，

三角形 a 边上的高 $h_a = \dfrac{2}{a}\sqrt{p(p-a)(p-b)(p-c)}$，

三角形角 A 的平分线 $t_a = \dfrac{2}{b+c}\sqrt{bcp(p-a)}$，

三角形 a 边上的中线 $m_a = \dfrac{1}{2}\sqrt{2(b^2+c^2)-a^2}$．

5.3.2　三角形基本恒等式与不等式

$\triangle ABC$ 中的关系式成千上万，以下的四个恒等式与四个不等式可以说是最基本的．

（1）$\sin A + \sin B + \sin C = 4\cos\dfrac{A}{2}\cos\dfrac{B}{2}\cos\dfrac{C}{2}$；

（2）$\cos A + \cos B + \cos C = 1 + 4\sin\dfrac{A}{2}\sin\dfrac{B}{2}\sin\dfrac{C}{2}$；

（3）斜三角形中，$\tan A + \tan B + \tan C = \tan A\tan B\tan C$；

（4）$\cot A + \cot B + \cot C = \cot A\cot B\cot C + \csc A\csc B\csc C$；

（5）$\sin A + \sin B + \sin C \leqslant \dfrac{3\sqrt{3}}{2}$；

（6） $\cos A + \cos B + \cos C \leqslant \dfrac{3}{2}$ ；

（7） 在锐角三角形中，$\tan A + \tan B + \tan C \geqslant 3\sqrt{3}$ ；

（8） $\cot A + \cot B + \cot C \geqslant \sqrt{3}$.

证明：因为在 $\triangle ABC$ 中，$A + B + C = 180°$，

所以 $\sin A + \sin B + \sin C$
$$\begin{aligned} &= 2\sin\dfrac{A+B}{2}\cos\dfrac{A-B}{2} + 2\sin\dfrac{C}{2}\cos\dfrac{C}{2} \\ &= 2\cos\dfrac{C}{2}\cos\dfrac{A-B}{2} + 2\cos\dfrac{A+B}{2}\cos\dfrac{C}{2} \\ &= 2\cos\dfrac{C}{2}\left(\cos\dfrac{A-B}{2} + \cos\dfrac{A+B}{2}\right) \\ &= 4\cos\dfrac{A}{2}\cos\dfrac{B}{2}\cos\dfrac{C}{2} \end{aligned}$$

所以（1）得证.

因为 $\cos A + \cos B + \cos C$
$$\begin{aligned} &= 2\cos\dfrac{A+B}{2}\cos\dfrac{A-B}{2} + 1 - 2\sin^2\dfrac{C}{2} \\ &= 2\sin\dfrac{C}{2}\cos\dfrac{A-B}{2} - 2\cos\dfrac{A+B}{2}\sin\dfrac{C}{2} + 1 \\ &= 2\sin\dfrac{C}{2}\left(\cos\dfrac{A-B}{2} - \cos\dfrac{A+B}{2}\right) + 1 \\ &= 1 + 4\sin\dfrac{A}{2}\sin\dfrac{B}{2}\sin\dfrac{C}{2} \end{aligned}$$

所以（2）得证.

因为 $\tan A + \tan B + \tan C$
$$= \tan(A+B)(1 - \tan A\tan B) + \tan C$$
$$= -\tan C(1 - \tan A\tan B)$$
$$= \tan A\tan B\tan C$$
所以（3）得证.

$$\begin{aligned} \cot A + \cot B + \cot C &= \dfrac{\cos A}{\sin A} + \dfrac{\cos B}{\sin B} + \dfrac{\cos C}{\sin C} \\ &= \dfrac{\sin(A+B)}{\sin A\sin B} + \dfrac{\cos C}{\sin C} \\ &= \dfrac{\sin^2 C + \sin A\sin B\cos C}{\sin A\sin B\sin C} \\ &= \dfrac{1 - \cos C(\cos C - \sin A\sin B)}{\sin A\sin B\sin C} \end{aligned}$$

$$= \frac{1 + \cos C \left[\cos(A + B) + \sin A \sin B \right]}{\sin A \sin B \sin C}$$

$$= \frac{1 + \cos A \cos B \cos C}{\sin A \sin B \sin C}$$

$$= \cot A \cot B \cot C + \csc A \csc B \csc C$$

所以(4)得证.

因为 $U = \sin A + \sin B + \sin C$

$$= 2\sin \frac{A + B}{2} \cos \frac{A - B}{2} + \sin(A + B)$$

$$\leqslant 2\sin \frac{A + B}{2} + \sin(A + B)$$

$$= 2\sin \frac{A + B}{2} \left(1 + \cos \frac{A + B}{2} \right)$$

$$= 2\sqrt{1 - \cos^2 \frac{A + B}{2}} \left(1 + \cos \frac{A + B}{2} \right)$$

$$= \frac{2\sqrt{3}}{3} \sqrt{3\left(1 - \cos \frac{A + B}{2} \right)\left(1 + \cos \frac{A + B}{2} \right)^3}$$

又因为

$$3\left(1 - \cos \frac{A + B}{2} \right) + \left(1 + \cos \frac{A + B}{2} \right) + \left(1 + \cos \frac{A + B}{2} \right) + \left(1 + \cos \frac{A + B}{2} \right) = 6$$

所以当且仅当 $3\left(1 - \cos \frac{A + B}{2} \right) = 1 + \cos \frac{A + B}{2}$,

即 $\cos \frac{A + B}{2} = \frac{1}{2}$,

即 $A + B = 120°$时，U 有最大值；

又因为当 $A = B$ 时，即 $\cos \frac{A - B}{2} = 1$ 时，前述不等式取等号，

故综合之，即当 $A = B = C$ 时，U 有最大值，且 $U_{\max} = \frac{2\sqrt{3}}{3} \sqrt{\left(\frac{6}{4} \right)^4} = \frac{3\sqrt{3}}{2}$.

所以(5)得证.

因为 $\cos A + \cos B + \cos C = 2\cos \frac{A + B}{2} \cos \frac{A - B}{2} - \cos(A + B)$

$$\leqslant 2\cos \frac{A + B}{2} - \left(2\cos^2 \frac{A + B}{2} - 1 \right)$$

$$= -2\cos^2 \frac{A + B}{2} + 2\cos \frac{A + B}{2} + 1$$

$$= -2\left(\cos\frac{A+B}{2} - \frac{1}{2}\right)^2 + \frac{3}{2}$$

$$\leqslant \frac{3}{2}$$

当且仅当 $\cos\dfrac{A-B}{2} = 1$，$\cos\dfrac{A+B}{2} = \dfrac{1}{2}$，

即 $A + B = 120°$ 且 $A = B$，即 $A = B = C$ 时，前述不等式取等号.

所以(6)得证.

因为在锐角 $\triangle ABC$ 中，

$$\tan A + \tan B + \tan C = \tan A\tan B\tan C \leqslant \left(\frac{\tan A + \tan B + \tan C}{3}\right)^3$$

所以 $\tan A + \tan B + \tan C \geqslant 3\sqrt{3}$

所以(7)得证.

由（*）式，应用平均值不等式与(5)式，可得:

$$\cot A + \cot B + \cot C = \frac{\sin^2 A + \sin^2 B + \sin^2 C}{2\sin A\sin B\sin C}$$

$$\geqslant \frac{3\sqrt[3]{(\sin A\sin B\sin C)^2}}{2\sin A\sin B\sin C}$$

$$= \frac{3}{2} \cdot \frac{1}{\sqrt[3]{\sin A\sin B\sin C}}$$

$$\geqslant \frac{3}{2}\sqrt[3]{\frac{8}{3\sqrt{3}}} = \sqrt{3}$$

所以 $\cot A + \cot B + \cot C \geqslant \sqrt{3}$

所以(8)得证.

5.3.3　三角形不等式演变

应用平均值不等式，我们又可以得到以下不等式:

（9）$\sin A\sin B\sin C \leqslant \dfrac{3\sqrt{3}}{8}$；

（10）$\cos A\cos B\cos C \leqslant \dfrac{1}{8}$；

（11）锐角 $\triangle ABC$ 中，$\tan A\tan B\tan C \geqslant 3\sqrt{3}$；

（12）$\cot A\cot B\cot C \leqslant \dfrac{\sqrt{3}}{9}$.

证明：因为 $\sin A \sin B \sin C \leqslant \left(\dfrac{\sin A + \sin B + \sin C}{3} \right)^3 \leqslant \left(\dfrac{\dfrac{3\sqrt{3}}{2}}{3} \right)^3 = \dfrac{3\sqrt{3}}{8}$

所以（9）得证.

因为在锐角三角形中，$\cos A \cos B \cos C \leqslant \left(\dfrac{\cos A + \cos B + \cos C}{3} \right)^3 \leqslant \dfrac{1}{8}$

在钝角三角形或直角三角形中，上式显然成立.
所以（10）得证.

因为在锐角三角形中，$\tan A \tan B \tan C = \tan A + \tan B + \tan C \geqslant 3\sqrt{3}$.
所以（11）得证.

要证（12），我们先证下式：

$\cot A \cot B + \cot B \cot C + \cot C \cot A = 1$

证明：因为在斜 $\triangle ABC$ 中，$\tan A + \tan B + \tan C = \tan A \tan B \tan C$

即 $\dfrac{\cot A \cot B + \cot B \cot C + \cot C \cot A}{\cot A \cot B \cot C} = \dfrac{1}{\cot A \cot B \cot C}$

所以 $\cot A \cot B + \cot B \cot C + \cot C \cot A = 1$

当为直角三角形时，上式也成立.

以下证明（12）式：

因为在锐角三角形中，有

$1 = \cot A \cot B + \cot B \cot C + \cot C \cot A \geqslant 3 \sqrt[3]{\cot^2 A \cot^2 B \cot^2 C}$

所以 $\cot A \cot B \cot C \leqslant \dfrac{\sqrt{3}}{9}$

在钝角或直角三角形中，上式显然成立.
所以（12）得证.

5.3.4　新不等式产生

结合恒等式（1）、（2）、（3）、（4）与不等式（5）、（6）、（7）、（8）又可得到以下不等式：

恒等式（2）与不等式（6）结合得，

（13）　$\sin \dfrac{A}{2} \sin \dfrac{B}{2} \sin \dfrac{C}{2} \leqslant \dfrac{1}{8}$；

恒等式（1）与不等式（5）结合得，

（14）　$\cos \dfrac{A}{2} \cos \dfrac{B}{2} \cos \dfrac{C}{2} \leqslant \dfrac{3\sqrt{3}}{8}$.

5.3.5 角变换定理

如果应用角变换又可得出一组不等式:

角变换定理: 若 A, B, C 为一三角形三内角, 则 $\dfrac{\pi-A}{2}$, $\dfrac{\pi-B}{2}$, $\dfrac{\pi-C}{2}$ 为一锐角三角形三内角. 在 (5)、(6)、(7)、(8)、(9)、(10)、(11)、(12) 中使用置换:

$$(A,\ B,\ C) \to \left(\frac{\pi-A}{2},\ \frac{\pi-B}{2},\ \frac{\pi-C}{2}\right)$$

得到:

(15) $\cos\dfrac{A}{2} + \cos\dfrac{B}{2} + \cos\dfrac{C}{2} \leqslant \dfrac{3\sqrt{3}}{2}$;

(16) $\sin\dfrac{A}{2} + \sin\dfrac{B}{2} + \sin\dfrac{C}{2} \leqslant \dfrac{3}{2}$;

(17) $\cot\dfrac{A}{2} + \cot\dfrac{B}{2} + \cot\dfrac{C}{2} \geqslant 3\sqrt{3}$;

(18) $\tan\dfrac{A}{2} + \tan\dfrac{B}{2} + \tan\dfrac{C}{2} \geqslant \sqrt{3}$;

(14) $\cos\dfrac{A}{2} \cos\dfrac{B}{2} \cos\dfrac{C}{2} \leqslant \dfrac{3\sqrt{3}}{8}$;

(13) $\sin\dfrac{A}{2} \sin\dfrac{B}{2} \sin\dfrac{C}{2} \leqslant \dfrac{1}{8}$;

(19) $\cot\dfrac{A}{2} \cot\dfrac{B}{2} \cot\dfrac{C}{2} \geqslant 3\sqrt{3}$;

(20) $\tan\dfrac{A}{2} \tan\dfrac{B}{2} \tan\dfrac{C}{2} \leqslant \dfrac{\sqrt{3}}{9}$.

反复应用角变换于上面的 20 个关系式, 可得到更多的恒等式与不等式. 请读者自己分析.

5.3.6 不等式产生不等式

如果注意以上不等式右端值相等的每对, 分析它们左端的大小, 又可得到新的不等式. 如:

(5) $\sin A + \sin B + \sin C \leqslant \dfrac{3\sqrt{3}}{2}$ 与 (15) $\cos\dfrac{A}{2} + \cos\dfrac{B}{2} + \cos\dfrac{C}{2} \leqslant \dfrac{3\sqrt{3}}{2}$

左端:

$\sin A + \sin B + \sin C$ 与 $\cos\dfrac{A}{2} + \cos\dfrac{B}{2} + \cos\dfrac{C}{2}$ 大小如何?

5.3.7　边角结合的不等式

如果将以上关系式结合正弦定理、余弦定理转化为三角形半周长、边、内切圆半径、外接圆半径等的关系，又可得到更丰富的关系式.

注：对于（4），可以这样证明：

$$
\begin{aligned}
因为\ a^2 + b^2 + c^2 &= 2(a^2 + b^2 + c^2) - (a^2 + b^2 + c^2) \\
&= (a^2 + b^2 - c^2) + (b^2 + c^2 - a^2) + (c^2 + a^2 - b^2) \\
&= 2ab\cos C + 2bc\cos A + 2ca\cos B \\
&= \frac{1}{2}ab\sin C \cdot 4\cot C + \frac{1}{2}bc\sin A \cdot 4\cot A + \frac{1}{2}ca\sin B \cdot 4\cot B \\
&= 4S(\cot A + \cot B + \cot C)
\end{aligned}
$$

所以 $\cot A + \cot B + \cot C = \dfrac{a^2 + b^2 + c^2}{4S} = \dfrac{\sin^2 A + \sin^2 B + \sin^2 C}{2\sin A\sin B\sin C}$　　　（ ＊ ）

我们应用降幂公式可证明：

$$
\sin^2 A + \sin^2 B + \sin^2 C = \frac{3}{2} - \frac{1}{2}(\cos 2A + \cos 2B + \cos 2C)
$$

应用（1）式的证明方法可得：

$$
\cos 2A + \cos 2B + \cos 2C = -1 - 4\cos A\cos B\cos C
$$

从而得到：

$$
\sin^2 A + \sin^2 B + \sin^2 C = 2 + 2\cos A\cos B\cos C
$$

所以 $\cot A + \cot B + \cot C = \cot A\cot B\cot C + \csc A\csc B\csc C$.

结合前面结论，又可得到不等式：

$$
\sin^2 A + \sin^2 B + \sin^2 C \leqslant \frac{9}{4}.
$$

也可直接推证：$\triangle ABC$ 中必有锐角，不妨设 A 为锐角，则：

$$
\begin{aligned}
\sin^2 A + \sin^2 B + \sin^2 C &= 1 - \cos^2 A + \frac{1}{2}(1 - \cos 2B) + \frac{1}{2}(1 - \cos 2C) \\
&= 2 - \cos^2 A - \cos(B + C)\cos(B - C) \\
&= 2 - \cos^2 A + \cos A\cos(B - C) \\
&\leqslant 2 - \cos^2 A + \cos A \\
&= -\left(\cos A - \frac{1}{2}\right)^2 + \frac{9}{4} \\
&\leqslant \frac{9}{4}
\end{aligned}
$$

正三角形时取等号.

以上恒等式与不等式的演变过程可以一直进行，得到更丰富的关系式.

5.3.8　锐角三角形的两个特殊不等式

（21）在锐角 $\triangle ABC$ 中，求证：$\cos A + \cos B + \cos C < \sin A + \sin B + \sin C$.

证明：因为在锐角三角形中，有 $A + B = 180° - C > 90°$，

所以 $A > 90° - B > 0$，从而 $\cos A < \cos(90° - B) = \sin B$，

同理 $\cos B < \sin C$，$\cos C < \sin A$.

三式左右相加，得所证不等式.

（22）在锐角 $\triangle ABC$ 中，$\sin A + \sin B + \sin C > 2$.

证明：因为 $0 < \sin A < 1$，$0 < \sin B < 1$，

所以 $\sin A > \sin^2 A$ ①

$\sin B > \sin^2 B$ ②

又因为 $A > 90° - B > 0$，所以 $\cos A < \cos(90° - B) = \sin B$，

即 $\sin B > \cos A$，同理 $\sin A > \cos B$.

可得 $\cos A \sin B > \cos^2 A$ ③

$\sin A \cos B > \cos^2 B$ ④

①、②、③、④式相加，得：

$\sin A + \sin B + \sin A \cos B + \cos A \sin B > \sin^2 A + \sin^2 B + \cos^2 A + \cos^2 B$

即 $\sin A + \sin B + \sin(A + B) > 2$.

5.4　三角形五心的向量形式

> 感觉数学的美，感觉数与形的调和，感觉几何学的优雅，这是所有真正的数学家都知道的真正美感.
>
> ——庞加莱

5.4.1　三角形的"五心"定义及简单性质

重心：三角形的三条中线交于一点，该点叫作三角形的重心. 重心到顶点的距离是它到对边中点距离的 2 倍.

垂心：三角形的三条高交于一点，该点叫作三角形的垂心.

内心：三角形的三内角平分线交于一点，该点叫作三角形的内心. 内心到各边距离相等，即内切圆的圆心为内心.

外心：三角形的三边的垂直平分线交于一点，该点叫作三角形的外心. 外心到各顶点相等，即外接圆的圆心为外心.

旁心:三角形一内角平分线和另外两顶点处的外角平分线交于一点,该点叫作三角形的旁心. 三角形有三个旁心. 旁心到三边距离相等.

5.4.2　三角形五心的其他性质及其联系

(1) 三角形的重心与三顶点的连线所构成的三个三角形面积相等;其实六个小三角形的面积都相等.

(2) 三角形的垂心与三顶点这四点中,任一点是其余三点所构成的三角形的垂心.

(3) 三角形的垂心是其垂足三角形的内心;或者说,三角形的内心是其旁心三角形的垂心.

(4) 三角形的外心是其中点三角形的垂心.

(5) 三角形的重心也是其中点三角形的重心.

(6) 三角形的中点三角形的外心也是其垂足三角形的外心.

5.4.3　三角形五心的向量表示

设 O 为 $\triangle ABC$ 所在平面上一点,角 A,B,C 所对边长分别为 a,b,c,则,

(1) O 为 $\triangle ABC$ 的重心 $\Leftrightarrow \overrightarrow{OA} + \overrightarrow{OB} + \overrightarrow{OC} = \vec{0}$.

(2) O 为 $\triangle ABC$ 的外心 $\Leftrightarrow \overrightarrow{OA}^2 = \overrightarrow{OB}^2 = \overrightarrow{OC}^2$.

$\Leftrightarrow (\overrightarrow{OA} + \overrightarrow{OB}) \cdot \overrightarrow{BA} = (\overrightarrow{OB} + \overrightarrow{OC}) \cdot \overrightarrow{CB} = (\overrightarrow{OC} + \overrightarrow{OA}) \cdot \overrightarrow{AC}$.

(3) O 为 $\triangle ABC$ 的垂心 $\Leftrightarrow \overrightarrow{OA} \cdot \overrightarrow{OB} = \overrightarrow{OB} \cdot \overrightarrow{OC} = \overrightarrow{OC} \cdot \overrightarrow{OA}$.

(4) I 为 $\triangle ABC$ 的内心.

$$\Leftrightarrow \overrightarrow{IA}\left(\frac{\overrightarrow{AB}}{|\overrightarrow{AB}|} - \frac{\overrightarrow{AC}}{|\overrightarrow{AC}|}\right) = \overrightarrow{IB}\left(\frac{\overrightarrow{BC}}{|\overrightarrow{BC}|} - \frac{\overrightarrow{BA}}{|\overrightarrow{BA}|}\right) = \overrightarrow{IC}\left(\frac{\overrightarrow{CA}}{|\overrightarrow{CA}|} - \frac{\overrightarrow{CB}}{|\overrightarrow{CB}|}\right) = \vec{0}.$$

上述结论是三角形"四心"的向量式充要条件,不难看出它们的结构都具有轮换对称性,这给我们以"和谐、平等、简洁、匀称"的感受,体现了数学规律、数学结构的美学价值.

观察上述四个式子,我们不难发现重心的表达方式最为简洁——仅用一个等式. 我们自然会想,其他"三心"能否用类似的形式表达?事实上,三角形还有另外的心——旁心. 它们是否都具有类似的形式?

数学是美妙而公正的,重心具有的向量等式,其他心也有,而且相当漂亮. 结论如下:

(5) O 为 $\triangle ABC$ 的重心 $\Leftrightarrow \overrightarrow{OA} + \overrightarrow{OB} + \overrightarrow{OC} = \vec{0}$.

(6) O 为 $\triangle ABC$ 的外心 $\Leftrightarrow \sin 2A \, \overrightarrow{OA} + \sin 2B \, \overrightarrow{OB} + \sin 2C \, \overrightarrow{OC} = \vec{0}$.

（7）O 为 $\triangle ABC$ 的垂心 $\Leftrightarrow \tan A \overrightarrow{OA} + \tan B \overrightarrow{OB} + \tan C \overrightarrow{OC} = \vec{0}$（直角三角形除外）.

（8）O 为 $\triangle ABC$ 的内心 $\Leftrightarrow \sin A \overrightarrow{OA} + \sin B \overrightarrow{OB} + \sin C \overrightarrow{OC} = \vec{0}$.

（9）O 为 $\triangle ABC$ 的 $\angle A$ 的旁心 $\Leftrightarrow a \overrightarrow{OA} = b \overrightarrow{OB} + c \overrightarrow{OC} \Leftrightarrow \sin A \overrightarrow{OA} = \sin B \overrightarrow{OB} + \sin C \overrightarrow{OC}$.

5.4.4　引理及证明

如何得到上述结论？我们同样是从重心的向量等式中得到启示，我们希望其他心的公式是 $x\overrightarrow{OA} + y\overrightarrow{OB} + z\overrightarrow{OC} = \vec{0}$，即 $\overrightarrow{OA} + m\overrightarrow{OB} + n\overrightarrow{OC} = \vec{0}$，这个形式启示我们利用平面向量的基本定理来待定系数，求出 m，n 的表达式.

设 $|\overrightarrow{OA}| = p$，$|\overrightarrow{OB}| = q$，$|\overrightarrow{OC}| = r$，$\angle AOB = \alpha$，$\angle AOC = \beta$（由于向量最主要的因素是模和方向，所以我们设的量是模长和夹角）.

为了利用向量的坐标运算，我们将图形放入坐标系中，以 O 为原点，OA 方向为 x 轴正方向，建立直角坐标系（如图13）. 得到 A，B，C 三点的坐标分别为 $A(p, 0)$，$B(q\cos\alpha, q\sin\alpha)$，$C(r\cos\beta, -r\sin\beta)$. 由于 $\overrightarrow{OB}$，$\overrightarrow{OC}$ 不共线，所以由平面向量基本定理可以设 $\overrightarrow{OA} = x\overrightarrow{OB} + y\overrightarrow{OC}$，即

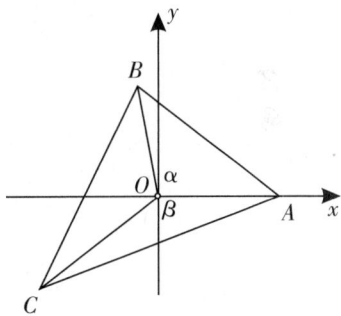

图13

$$(p, 0) = x(q\cos\alpha, q\sin\alpha) + y(r\cos\beta, -r\sin\beta).$$

于是 $\begin{cases} xq\cos\alpha + yr\cos\beta = p \\ xq\sin\alpha - yr\sin\beta = 0 \end{cases}$

解得 $\begin{cases} x = \dfrac{p\sin\beta}{q\sin(\alpha+\beta)} \\ y = \dfrac{p\sin\alpha}{r\sin(\alpha+\beta)} \end{cases}$

即 $\overrightarrow{OA} = \dfrac{p\sin\beta}{q\sin(\alpha+\beta)}\overrightarrow{OB} + \dfrac{p\sin\alpha}{r\sin(\alpha+\beta)}\overrightarrow{OC}$，

注意到 $\sin(\alpha+\beta) \neq 0$，所以有 $qr\sin(\alpha+\beta)\overrightarrow{OA} = pr\sin\beta\overrightarrow{OB} + pq\sin\alpha\overrightarrow{OC}$.

此时，关注到 O 点可能在三角形内部或外部，分两类讨论. 得到：

当 O 在三角形内部时，利用面积公式及诱导公式得

$$S_{\triangle BOC}\overrightarrow{OA} + S_{\triangle AOC}\overrightarrow{OB} + S_{\triangle AOB}\overrightarrow{OC} = \vec{0}$$

当 O 在三角形外部时，得

$$S_{\triangle BOC}\overrightarrow{OA} = S_{\triangle AOC}\overrightarrow{OB} + S_{\triangle AOB}\overrightarrow{OC}$$

我们把这个结论记为引理.

记 $S_{\triangle BOC}=S_A$，$S_{\triangle AOC}=S_B$，$S_{\triangle AOB}=S_C$，

（10）当 O 在 $\triangle ABC$ 内部时，$S_A\overrightarrow{OA}+S_B\overrightarrow{OB}+S_C\overrightarrow{OC}=\vec{0}$；

（11）当 O 在 $\triangle ABC$ 外部时，$S_A\overrightarrow{OA}=S_B\overrightarrow{OB}+S_C\overrightarrow{OC}$.

从引理可以知道，想获得三角形五心的向量形式，只需要得到 $S_A:S_B:S_C$.

5.4.5 三角形五心向量形式的证明

（1）设 O 为重心，则根据重心的比例式，可以得到 $S_A=\dfrac{1}{3}S_{\triangle ABC}$，$S_B=\dfrac{1}{3}S_{\triangle ABC}$，

$S_C=\dfrac{1}{3}S_{\triangle ABC}$，从而 $S_A:S_B:S_C=1:1:1$.

代入（10），即可得到 $\overrightarrow{OA}+\overrightarrow{OB}+\overrightarrow{OC}=\vec{0}$.

（2）设 O 为外心，外接圆半径为 R，则：

若 $\triangle ABC$ 是锐角三角形，外心在三角形内，且有 $S_A=\dfrac{1}{2}R^2\sin\angle BOC=\dfrac{1}{2}R^2\sin 2A$，

同理，$S_B=\dfrac{1}{2}R^2\sin\angle AOC=\dfrac{1}{2}R^2\sin 2B$，$S_C=\dfrac{1}{2}R^2\sin\angle AOB=\dfrac{1}{2}R^2\sin 2C$.

从而 $S_A:S_B:S_C=\sin 2A:\sin 2B:\sin 2C$.

代入（10）即可得到 $\sin 2A\,\overrightarrow{OA}+\sin 2B\,\overrightarrow{OB}+\sin 2C\,\overrightarrow{OC}=\vec{0}$.

若 $\triangle ABC$ 是钝角三角形（如图14），不妨设 A 为钝角. 在 BC 劣弧上取点 D，连接 BC，DC，则：

$$
\begin{aligned}
S_A &= \frac{1}{2}R^2\sin\angle BOC\\
&= \frac{1}{2}R^2\sin 2\angle BDC\\
&= \frac{1}{2}R^2\sin 2(\pi-A)\\
&= -\frac{1}{2}R^2\sin 2A.
\end{aligned}
$$

而 $S_B=\dfrac{1}{2}R^2\sin 2B$，$S_C=\dfrac{1}{2}R^2\sin 2C$.

此时 $S_A:S_B:S_C=-\sin 2A:\sin 2B:\sin 2C$.

由于此时 O 在三角形外，故代入（11），同样得到

$\sin 2A\,\overrightarrow{OA}+\sin 2B\,\overrightarrow{OB}+\sin 2C\,\overrightarrow{OC}=\vec{0}$.

若 $\triangle ABC$ 为直角三角形，上式仍成立. 原因如下：不妨设 A 为直角，则上式左边为：

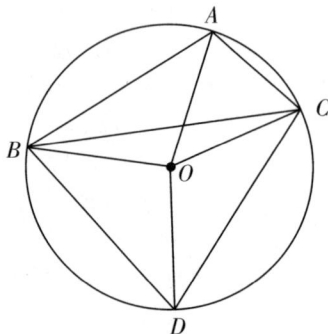

图14

$$\sin 2B\,\overrightarrow{OB} + \sin 2C\,\overrightarrow{OC}$$

$$= \sin 2\left(\frac{\pi}{2} - C\right)\overrightarrow{OB} + \sin 2C\,\overrightarrow{OC}$$

$$= \sin 2C\,\overrightarrow{OB} + \sin 2C\,\overrightarrow{OC}.$$

此时外心 O 是 BC 边的中点，故 $\overrightarrow{OB} = -\overrightarrow{OC}$，则左边 $= \vec{0} =$ 右边.

综上，O 为三角形外心时，$\sin 2A\,\overrightarrow{OA} + \sin 2B\,\overrightarrow{OB} + \sin 2C\,\overrightarrow{OC} = \vec{0}$ 成立.

（3）设 O 为垂心，若三角形为锐角三角形，则点 O 在 $\triangle ABC$ 内（如图 15）. 延长 CO 交 AB 于点 R. 则

$$S_A : S_B = \frac{1}{2}|OC||BR| : \frac{1}{2}|OC||AR|$$

$$= |BR| : |AR|$$

$$= \frac{CR}{\tan B} : \frac{CR}{\tan A}$$

同理可得 $S_B : S_C = \tan B : \tan C$，

从而 $S_A : S_B : S_C = \tan A : \tan B : \tan C$.

代入（10）得到：

$$\tan A\,\overrightarrow{OA} + \tan B\,\overrightarrow{OB} + \tan C\,\overrightarrow{OC} = \vec{0}.$$

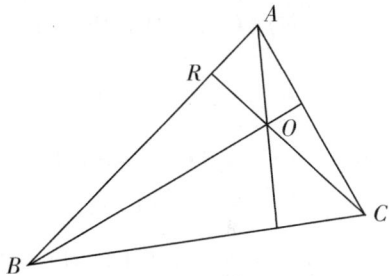

图 15

若 $\triangle ABC$ 为钝角三角形，如图 16，不妨设 A 为钝角，此时垂心在三角形外. 延长 BA 交 OC 于点 R，则：

$$S_A : S_B = \frac{1}{2}|OC||BR| : \frac{1}{2}|OC||AR|$$

$$= |BR| : |AR|$$

$$= \frac{CR}{\tan B} : \frac{CR}{\tan \angle CAR}$$

$$= \tan \angle CAR : \tan B$$

$$= \tan(\pi - A) : \tan B$$

$$= -\tan A : \tan B$$

故 $S_A : S_B : S_C = -\tan A : \tan B : \tan C$.

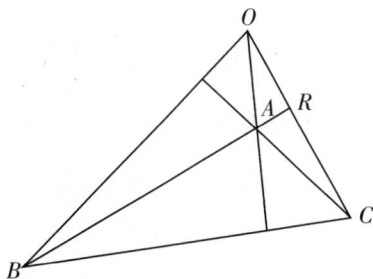

图 16

代入（11）移项得到 $\tan A\,\overrightarrow{OA} + \tan B\,\overrightarrow{OB} + \tan C\,\overrightarrow{OC} = \vec{0}$.

综上，O 为非直角三角形的垂心时，$\tan A\,\overrightarrow{OA} + \tan B\,\overrightarrow{OB} + \tan C\,\overrightarrow{OC} = \vec{0}$ 成立.

注意：当三角形为直角三角形时，上式不成立. 因 $\tan 90°$ 不存在.

（4）设 O 为内心，$\triangle ABC$ 的内切圆半径为 r，则 $S_A = \dfrac{1}{2}ar$，$S_B = \dfrac{1}{2}br$，$S_C = \dfrac{1}{2}cr$，从而 $S_A : S_B : S_C = a : b : c = \sin A : \sin B : \sin C$. 内心在三角形内部，故代入（10）得到 $\sin A \, \overrightarrow{OA} + \sin B \, \overrightarrow{OB} + \sin C \, \overrightarrow{OC} = \vec{0}$.

（5）三角形有三个旁心，我们仅对 $\angle A$ 的旁心 O 进行讨论，其他情况可以得到形似的结果.

此时点 O 在三角形外，记 $\angle A$ 的旁切圆半径为 r_a，则有 $S_A = \dfrac{1}{2}ar_a$，$S_B = \dfrac{1}{2}br_a$，$S_C = \dfrac{1}{2}cr_a$，代入（11）得到 $a \, \overrightarrow{OA} = b \, \overrightarrow{OB} + c \, \overrightarrow{OC}$. 利用正弦定理，即可得到：$\sin A \, \overrightarrow{OA} = \sin B \, \overrightarrow{OB} + \sin C \, \overrightarrow{OC}$.

至此，我们得到了：

（1）O 为 $\triangle ABC$ 的重心 $\Rightarrow \overrightarrow{OA} + \overrightarrow{OB} + \overrightarrow{OC} = \vec{0}$；

（2）O 为 $\triangle ABC$ 的外心 $\Rightarrow \sin 2A \, \overrightarrow{OA} + \sin 2B \, \overrightarrow{OB} + \sin 2C \, \overrightarrow{OC} = \vec{0}$；

（3）O 为 $\triangle ABC$ 的垂心 $\Rightarrow \tan A \, \overrightarrow{OA} + \tan B \, \overrightarrow{OB} + \tan C \, \overrightarrow{OC} = \vec{0}$（直角三角形除外）；

（4）O 为 $\triangle ABC$ 的内心 $\Rightarrow \sin A \, \overrightarrow{OA} + \sin B \, \overrightarrow{OB} + \sin C \, \overrightarrow{OC} = \vec{0}$；

（5）O 为 $\triangle ABC$ 的 $\angle A$ 的旁心
$$\Rightarrow a \, \overrightarrow{OA} = b \, \overrightarrow{OB} + c \, \overrightarrow{OC} \Leftrightarrow \sin A \, \overrightarrow{OA} = \sin B \, \overrightarrow{OB} + \sin C \, \overrightarrow{OC}.$$
当点 O 满足上述的向量表达式时，是否就是三角形相应的"心"？

5.4.6　三角形五心的向量形式等价性证明

我们采用同一法进行证明. 设三角形重心为 O'，则由我们上述的证明，有

（12）$\overrightarrow{O'A} + \overrightarrow{O'B} + \overrightarrow{O'C} = \vec{0}$；

又已知点 O 满足 $\overrightarrow{OA} + \overrightarrow{OB} + \overrightarrow{OC} = \vec{0}$，即

（13）$\overrightarrow{AO} + \overrightarrow{BO} + \overrightarrow{CO} = \vec{0}$；

（12）+（13）得，$3\overrightarrow{O'O} = \vec{0}$.

从而 O 与 O' 重合，即 O 为 $\triangle ABC$ 的重心.

采用上述方法对外心、垂心、内心、旁心的向量形式等价性进行证明，就转化为证明 $\sin 2A + \sin 2B + \sin 2C \neq 0$，$\tan A + \tan B + \tan C \neq 0$，$\sin A + \sin B + \sin C \neq 0$，$a - (b + c) \neq 0$.

由于

$$\sin 2A + \sin 2B + \sin 2C = 2\sin A\cos A + 2\sin(B + C)\cos(B - C)$$

$$= 2\sin A \left[\cos A + \cos(B - C) \right]$$

$$= 2\sin A \left[-\cos(B + C) + \cos(B - C) \right]$$

$$= 4\sin A \sin B \sin C$$

$$\tan A + \tan B + \tan C = -\tan(B + C) + \tan(B + C)\left[1 - \tan B \tan C \right]$$

$$= -\tan(B + C)\tan B \tan C$$

$$= \tan A \tan B \tan C$$

而 $\sin A > 0$，$\sin B > 0$，$\sin C > 0$，$\tan A \neq 0$，$\tan B \neq 0$，$\tan C \neq 0$，$a < b + c$，从而上述四式得证.

此时，我们得到了 (5) ~ (9) 式，可以利用三角形五心的向量等价形式来得到五心的坐标表示，以及得到过三角形一个顶点以及一"心"的向量表达式.

5.4.7 五心的坐标表示

为了区别五心，以下我们把重心记为 G，外心记为 N，垂心记为 H，内心记为 I，$\angle A$ 的旁心记为 I_a. 平面上任取一点 Q，则：

(14) G 为 $\triangle ABC$ 的重心 $\Leftrightarrow \overrightarrow{GA} + \overrightarrow{GB} + \overrightarrow{GC} = \vec{0}$

$$\Leftrightarrow (\overrightarrow{GQ} + \overrightarrow{QA}) + (\overrightarrow{GQ} + \overrightarrow{QB}) + (\overrightarrow{GQ} + \overrightarrow{QC}) = \vec{0}$$

$$\Leftrightarrow \overrightarrow{QG} = \frac{1}{3}(\overrightarrow{QA} + \overrightarrow{QB} + \overrightarrow{QC})$$

同理，可以得到，

(15) N 为 $\triangle ABC$ 的外心 $\Leftrightarrow \overrightarrow{QN} = \dfrac{1}{\sum \sin 2A}(\sin 2A \, \overrightarrow{QA} + \sin 2B \, \overrightarrow{QB} + \sin 2C \, \overrightarrow{QC})$；

(16) H 为 $\triangle ABC$ 的垂心 $\Leftrightarrow \overrightarrow{QH} = \dfrac{1}{\sum \tan A}(\tan A \, \overrightarrow{QA} + \tan B \, \overrightarrow{QB} + \tan C \, \overrightarrow{QC})$（直角三角形除外）；

(17) I 为 $\triangle ABC$ 的内心 $\Leftrightarrow \overrightarrow{QI} = \dfrac{1}{\sum \sin A}(\sin A \, \overrightarrow{QA} + \sin B \, \overrightarrow{QB} + \sin C \, \overrightarrow{QC})$；

(18) I_a 为 $\triangle ABC$ 的 $\angle A$ 的旁心 $\Leftrightarrow \overrightarrow{QI_a} = \dfrac{1}{-a + b + c}(-a \, \overrightarrow{QA} + b \, \overrightarrow{QB} + c \, \overrightarrow{QC})$.

设三角形三点坐标为 (x_A, y_A)，(x_B, y_B)，(x_C, y_C). 取 Q 为坐标原点时，就得到了三角形五心的坐标，分别为：

$$\left(\frac{\sum x_A}{3}, \frac{\sum y_A}{3} \right), \left(\frac{\sum x_A \sin 2A}{\sum \sin 2A}, \frac{\sum y_A \sin 2A}{\sum \sin 2A} \right), \left(\frac{\sum x_A \tan A}{\sum \tan A}, \frac{\sum y_A \tan A}{\sum \tan A} \right),$$

$$\left(\frac{\sum x_A \sin A}{\sum \sin A}, \frac{\sum y_A \sin A}{\sum \sin A} \right), \left(\frac{-ax_A + bx_B + cx_C}{-a + b + c}, \frac{-ay_A + by_B + cy_C}{-a + b + c} \right).$$

5.4.8 过三角形"心"及某顶点的向量

过三角形"心"及某顶点的向量有如下结论:

平面上动点 P, 满足 $\overrightarrow{AP} = \lambda(\overrightarrow{AB} + \overrightarrow{AC})$, 则动点 P 的轨迹过 $\triangle ABC$ 的重心.

理由如下: 在 (14) 式中, 取 Q 为三角形的顶点 A, 代入, 得到 $\overrightarrow{AG} = \frac{1}{3}(\overrightarrow{AB} + \overrightarrow{AC})$, 则 $\overrightarrow{AP} = \lambda(\overrightarrow{AB} + \overrightarrow{AC})$ 与 $\overrightarrow{AG}$ 共线, 从而动点 P 的轨迹过 $\triangle ABC$ 的重心.

同理, 在(15)~(18)中取 Q 为三角形的顶点 A, 可以得到:

平面上的动点 P, 满足 $\overrightarrow{AP} = \lambda(\sin 2B \overrightarrow{AB} + \sin 2C \overrightarrow{AC})$, 则动点 P 的轨迹过 $\triangle ABC$ 的外心.

平面上的动点 P, 满足 $\overrightarrow{AP} = \lambda(\tan B \overrightarrow{AB} + \tan C \overrightarrow{AC})$, 则动点 P 的轨迹过 $\triangle ABC$ 的垂心.

平面上的动点 P, 满足 $\overrightarrow{AP} = \lambda(\sin B \overrightarrow{AB} + \sin C \overrightarrow{AC})$, 则动点 P 的轨迹过 $\triangle ABC$ 的内心及 $\angle A$ 的旁心.

注意到过顶点 A 和三角形"心"的向量的方向由 $\overrightarrow{AB}$, $\overrightarrow{AC}$ 的系数比决定. 从而, 上述结论可以记为: 平面上的动点 P, 满足 $\overrightarrow{AP} = \lambda(m \overrightarrow{AB} + n \overrightarrow{AC})$, 当 $\frac{m}{n} = 1$, 则动点 P 的轨迹过 $\triangle ABC$ 的重心; 当 $\frac{m}{n} = \frac{\sin 2B}{\sin 2C}$, 则动点 P 的轨迹过 $\triangle ABC$ 的外心; 当 $\frac{m}{n} = \frac{\tan B}{C}$, 则动点 P 的轨迹过 $\triangle ABC$ 的垂心; 当 $\frac{m}{n} = \frac{b}{c}$, 则动点 P 的轨迹过 $\triangle ABC$ 的内心及 $\angle A$ 的旁心.

利用这个结论以及正弦定理, 可以解决如下题目.

O 是平面内一定点, A, B, C 是平面上不共线的 3 点, 动点 P 满足:

(1) $\overrightarrow{OP} = \overrightarrow{OA} + \lambda(\overrightarrow{AB} + \overrightarrow{AC})$, 则动点 P 的轨迹一定过 $\triangle ABC$ 的 (　　) 心.

(2) $\overrightarrow{OP} = \overrightarrow{OA} + \lambda\left(\frac{\overrightarrow{AB}}{|\overrightarrow{AB}|} + \frac{\overrightarrow{AC}}{|\overrightarrow{AC}|} \right)$, 则动点 P 的轨迹一定过 $\triangle ABC$ 的 (　　) 心.

(3) $\overrightarrow{OP} = \overrightarrow{OA} + \lambda\left(\frac{\overrightarrow{AB}}{|\overrightarrow{AB}| \cos B} + \frac{\overrightarrow{AC}}{|\overrightarrow{AC}| \cos C} \right)$, 则动点 P 的轨迹一定过 $\triangle ABC$ 的 (　　) 心.

(4) $\overrightarrow{OP} = \overrightarrow{OA} + \lambda\left(\frac{\overrightarrow{AB}}{|\overrightarrow{AB}| \cos C} + \frac{\overrightarrow{AC}}{|\overrightarrow{AC}| \cos B} \right)$, 则动点 P 的轨迹一定过 $\triangle ABC$

的（　　）心.

（5）$\overrightarrow{OP} = \overrightarrow{OA} + \lambda\left(\dfrac{\overrightarrow{AB}}{|\overrightarrow{AB}|\sin B} + \dfrac{\overrightarrow{AC}}{|\overrightarrow{AC}|\sin C}\right)$，则动点 P 的轨迹一定过 $\triangle ABC$

的（　　）心.

（6）$\overrightarrow{OP} = \dfrac{\overrightarrow{OB} + \overrightarrow{OC}}{2} + \lambda\left(\dfrac{\overrightarrow{AB}}{|\overrightarrow{AB}|\cos B} + \dfrac{\overrightarrow{AC}}{|\overrightarrow{AC}|\cos C}\right)$，则动点 P 的轨迹一定过

$\triangle ABC$ 的（　　）心.

（7）$\overrightarrow{OP} = \overrightarrow{OA} + \lambda\left(\dfrac{\overrightarrow{AB}}{|\overrightarrow{AB}|} - \dfrac{\overrightarrow{AC}}{|\overrightarrow{AC}|}\right)$，则动点 P 的轨迹一定过 $\triangle ABC$ 的

（　　）心.

［答案:（1）重;（2）内/旁;（3）垂;（4）外;（5）重;（6）外;（7）旁.］

5.4.9　五心的向量形式联系

在(14)~(18)中取 Q 为三角形另外的心，如在（14）中取 Q 为外心 O，则可以得到外心与重心的联系: $\overrightarrow{OG} = \dfrac{1}{3}(\overrightarrow{OA} + \overrightarrow{OB} + \overrightarrow{OC})$.

除此之外，还有外心和垂心的联系:

如图 17，若点 O，H 分别是 $\triangle ABC$ 的外心和垂心，则 $\overrightarrow{OH} = \overrightarrow{OA} + \overrightarrow{OB} + \overrightarrow{OC}$.

证法一: 设 $\overrightarrow{OA} + \overrightarrow{OB} + \overrightarrow{OC} = \overrightarrow{OH'}$，

则 $\overrightarrow{AH'} \cdot \overrightarrow{BC} = (\overrightarrow{OH'} - \overrightarrow{OA}) \cdot (\overrightarrow{OC} - \overrightarrow{OB})$

$\qquad = (\overrightarrow{OB} + \overrightarrow{OC}) \cdot (\overrightarrow{OC} - \overrightarrow{OB})$

$\qquad = \overrightarrow{OC}^2 - \overrightarrow{OB}^2$

$\qquad = 0$

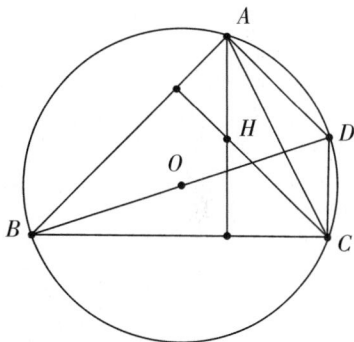

图 17

所以 $\overrightarrow{AH'} \perp \overrightarrow{BC}$.

同理，所以 $\overrightarrow{BH'} \perp \overrightarrow{AC}$，所以 $\overrightarrow{CH'} \perp \overrightarrow{AB}$，

所以 H' 为 $\triangle ABC$ 的垂心.

所以 H' 与 H 重合.

所以 $\overrightarrow{OA} + \overrightarrow{OB} + \overrightarrow{OC} = \overrightarrow{OH}$.

证法二: 延长 BO 交外接圆于点 D，连接 AD，CD，如图 17.

因为 BD 为直径，

所以 $\angle BAD = \angle BCD = 90°$，

所以 $AD \perp AB$，$DC \perp BC$，

又由垂心性质知，$CH \perp AB$，$AH \perp BC$，

所以四边形 $AHCD$ 为平行四边形，

所以 $\overrightarrow{AH} = \overrightarrow{DC} = \overrightarrow{OC} - \overrightarrow{OD} = \overrightarrow{OC} + \overrightarrow{OB}$,

所以 $\overrightarrow{OH} = \overrightarrow{OA} + \overrightarrow{AH} = \overrightarrow{OA} + \overrightarrow{OB} + \overrightarrow{OC}$.

注：设 G 为 $\triangle ABC$ 的重心，则 $\overrightarrow{OG} = \dfrac{1}{3}(\overrightarrow{OA} + \overrightarrow{OB} + \overrightarrow{OC})$，根据本题结论，$\overrightarrow{OH} = 3\overrightarrow{OG}$，所以，$O$，$H$，$G$ 三点共线，且 G 分 $\overrightarrow{OH}$ 的比为 $1 : 2$，直线 OHG 称为欧拉（Eluer）线.

由此，我们可以得到垂心、重心、外心的联系.

若点 O，G，H 分别是 $\triangle ABC$ 的外心、重心和垂心，则 $\overrightarrow{OG} = \dfrac{1}{3}\overrightarrow{OH}$.（欧拉定理）

6 曲线问题

6.1 圆系方程的几何内容

> 数学把我们带进绝对必要的区域，这个区域是不仅真实世界而且每一个可能世界都一定适合的.
>
> ——阿尔伯特·爱因斯坦

我们知道代数具有概括性，代数能帮人思考问题，代数变形可以发现新问题. 我们还发现代数形式可以改进问题表示达到最优，代数形式可以使问题达到理想状态，代数形式的后面有丰富的几何、物理等背景. 数形统一是真正认识数学的一大飞跃.

在物理和化学中我们学过查理定律："一定量的气体，在体积不变的情况下，温度每升高 $1℃$，所增加的压强等于它 $0℃$ 时压强的 $\dfrac{1}{273}$."

我们可用数学关系式表达并改进：

设 $0℃$ 时气体的压强为 P_0，温度所对应值为 T_0，

则 $0℃→P_0$，$1℃→P_0\left(1+\dfrac{1}{273}\right)$，$2℃→P_0\left(1+\dfrac{2}{273}\right)$，$3℃→P_0\left(1+\dfrac{3}{273}\right)$，…

这种关系可归纳为 $P_t = f(t) = P_0\left(1+\dfrac{t}{273}\right)$. 这就是温度与压强的线性（递增）关系. 但我们知道，一次函数 $f(x) = kx + b$ 总可以通过平移变为正比例函数，我们尝试去做.

由于温度 $0℃$ 是人为给定的，不妨设 T_0 表示温度 $0℃$，我们期望使

$$\frac{P_0}{T_0} = \frac{P_0\left(1+\dfrac{1}{273}\right)}{T_0+1} = \frac{P_0\left(1+\dfrac{2}{273}\right)}{T_0+2} = \cdots$$

可得 $T_0 = 273$，所以当规定 0℃ 气体的温度所对应值为 273 时，查理定律可表示为：$\frac{p}{T} = R$（常量）. 由此我们得到了"气态方程"，同时也对绝对温度有了更深刻的认识——气体的本性.

在这里，我们不仅改进了表达式，使式子更简单、更好记，更重要的是以下几点：

（1）把 0℃ 当成 273，即将现在的 -273℃ 当成真正的零度（即绝对温度），可以使物理公式更简单. 这里的 0℃ 是人为规定的，而绝对温度是物质的本性决定的，是从代数式中发现的. 物理中的其他单位规定合理吗？能否改进？

（2）$\frac{p}{T} = R$（常量），这个常量是什么？进一步实验测出，当温度为 273.15K 时，每摩尔任一气体的值为 22.414L，因此在法定单位中 $R = 8.314\text{J} \cdot \text{mol}^{-1} \cdot \text{K}^{-1}$，叫理想气体常量.

（3）当 $T \to 0$ 时，$p \to 0$，这不是没压力了吗？分子将不运动了，世界将冷冻起来了，超导现象不就发生了嘛！

6.1.1　解题过程中的问题

例1　（《平面解析几何》第 61 页第 11 题）求经过两条曲线 $x^2 + y^2 + 3x - y = 0$ 和 $3x^2 + 3y^2 + 2x + y = 0$ 交点的直线方程.

常规解法是联立方程 $\begin{cases} x^2 + y^2 + 3x - y = 0 & \text{①} \\ 3x^2 + 3y^2 + 2x + y = 0 & \text{②} \end{cases}$

求方程组解 ① × 3 - ② 得 $7x - 4y = 0$　　　　　　　　　　　③

由 ③ 解得 $y = \frac{7}{4}x$

代入 ① 得 $\frac{65}{16}x^2 + \frac{5}{4}x = 0$

解得 $x_1 = 0$，$x_2 = -\frac{4}{13}$

分别代入 ③，解得 $\begin{cases} x_1 = 0 \\ y_1 = 0 \end{cases}$ 和 $\begin{cases} x_2 = -\dfrac{4}{13} \\ y_2 = -\dfrac{7}{13} \end{cases}$

即两交点坐标为 $A(0, 0)$，$B\left(-\dfrac{4}{13}, -\dfrac{7}{13}\right)$.

所以，过两交点的直线方程为 $7x - 4y = 0$.　　　　　　　　　　　④

观察分析以上解题过程，可发现所得结果 ④ 与中间状态 ③ 是一样的. 这个是不是普遍规律？本质是什么？

6.1.2　曲线系方程

由上面①、②得到③，这是解方程的基本步骤．这一步的几何意义是什么呢？我们可得以下结论．

结论1　如果两条曲线方程是 $f_1(x,y)=0$ 和 $f_2(x,y)=0$，它们的交点是 $P(x_0,y_0)$，则

方程 $f_1(x,y)+\lambda f_2(x,y)=0$ 的曲线也经过 $P(x_0,y_0)$（λ 是常数）．

此结论即由联立方程 $\begin{cases} f_1(x,y)=0 \\ f_2(x,y)=0 \end{cases}$ 　　　　　　　　　⑤

　　　　　　　　　　　　　　　　　　　　　　　　　　　　　⑥

得到 $f_1(x,y)+\lambda f_2(x,y)=0$　　　　　　　　　　　　　⑦

只需将 (x_0,y_0) 代入⑦，可立即证明．

有了这个结论，有些题目可快速求解．过两圆交点的公共弦所在直线方程就是将两圆方程联立消去二次项所得方程．

例2　（《平面解析几何》第70页第13题）求经过两圆 $x^2+y^2+6x-4=0$ 和 $x^2+y^2+6y-28=0$ 的交点，并且圆心在直线 $x-y-4=0$ 上的圆的方程．

解：构造方程 $x^2+y^2+6x-4+\lambda(x^2+y^2+6y-28)=0$

即 $(1+\lambda)x^2+(1+\lambda)y^2+6x+6\lambda y-(4+28\lambda)=0$

此方程的曲线是过已知两圆交点的圆，且圆心为 $\left(-\dfrac{3}{1+\lambda},-\dfrac{3\lambda}{1+\lambda}\right)$

当该圆心在直线 $x-y-4=0$ 上时，即 $\dfrac{-3}{1+\lambda}+\dfrac{3\lambda}{1+\lambda}-4=0$，

得 $\lambda=-7$．

所以所求圆方程为 $x^2+y^2-x+7y-32=0$．

例3　（《平面解析几何》第81页第14题）求证：两椭圆 $b^2x^2+a^2y^2=a^2b^2$，$a^2x^2+b^2y^2=a^2b^2$ 的交点在以原点为中心的圆周上，并求这个圆的方程．

解：将已知的两椭圆方程相加，得 $x^2+y^2=\dfrac{2a^2b^2}{a^2+b^2}$

此方程是以原点为圆心的圆的方程，由曲线系知识知该圆过已知两椭圆的交点，即原题得证．

6.1.3　反例

由以上分析可以看出，利用曲线系解题，可以快速求解，但有时会失效．

例4　求以圆 $x^2+y^2=5$ 与抛物线 $y^2=4x$ 的公共弦为直径的圆的方程．

常规解法：联立方程 $\begin{cases} x^2 + y^2 = 5 \\ y^2 = 4x \end{cases}$

解得：$\begin{cases} x_1 = 1 \\ y_1 = 2 \end{cases}$ 和 $\begin{cases} x_2 = 1 \\ y_2 = -2 \end{cases}$

以这两点为直径的圆的方程是 $(x-1)^2 + y^2 = 4$.

如果用曲线系分析，构造方程 $(x^2 + y^2 - 5) + \lambda(y^2 - 4x) = 0$

即 $x^2 + (1+\lambda)y^2 - 4\lambda x - 5 = 0$ ⑧

显然，$\lambda = 0$ 不是所求圆的方程，而在 $\lambda \neq 0$ 时，方程⑧已不是圆的方程了.

所以由⑧得不出所求结果.

6.1.4　重新分析曲线系

由方程⑤、⑥得到方程⑦，方程⑦是过⑤、⑥公共点的曲线，但方程⑦不能包含过⑤、⑥的所有曲线. 最简单的例子是：两直线 $x + y = 0$，$x - y = 0$ 的交点是 $(0,0)$，而 $y^2 = 4x$，$(x-1)^2 + y^2 = 1$ 等曲线都过 $(0,0)$，但这些曲线不能从直线系中得到.

6.1.5　曲线系具体化

曲线系方程⑦不能包含过两曲线⑤、⑥公共点的所有曲线，那么使用时怎么知道所求方程在不在方程⑦中呢？

一般地，我们应该认识所求方程结果的形式，所构造的方程中有所求结果的形式就可用，否则不可用. 例3、例4就是例子. 有以下几点是可以肯定的：

（1）如果⑤、⑥是直线，则⑦是直线；

（2）如果⑤、⑥是圆，则⑦是圆，或直线方程（半径为无穷大的圆）.

将此推广可得：

（3）如果⑤是圆，⑥是直线，则⑦是圆；

（4）如果⑤、⑥是二次曲线，则⑦是二次曲线.

6.1.6　广义理解

虽然曲线系有时失效，但它仍不失为一种有用的方法. 如果灵活应用，更能显示它的优越性.

例5　求与圆 $x^2 + y^2 - 4x - 2y - 20 = 0$ 切于 $A(-1, -3)$，且过 $B(2,0)$ 的圆的方程.

解法1：视 $A(-1, -3)$ 为圆 $(x+1)^2 + (y+3)^2 = r^2$ 当 $r \to 0$ 时的极限圆 $(x+1)^2 + (y+3)^2 = 0$，

构造圆系 $x^2 + y^2 - 4x - 2y - 20 + \lambda\left[(x+1)^2 + (y+3)^2\right] = 0$

代入（2，0）可得 $\lambda = \dfrac{4}{3}$，所以所求方程为：

$$7x^2 + 7y^2 - 4x + 18y - 20 = 0$$

解法 2：过 $A(-1,-3)$ 的圆的切线为 $3x + 4y + 15 = 0$. 与已知圆构造圆系 $x^2 + y^2 - 4x - 2y - 20 + \lambda(3x + 4y + 15) = 0$，

代入（2，0）得 $\lambda = \dfrac{8}{7}$，所以所求圆方程为：

$$7x^2 + 7y^2 - 4x + 18y - 20 = 0.$$

6.1.7　继续前进

从例 1 可看到，要求两圆公共弦所在直线方程，只需将两圆方程中的 x^2，y^2 项消去即可. 但是如果两圆无交点，仍可得到一方程是直线方程，这条线是什么？

如已知两圆方程：

$$(x-1)^2 + (y-1)^2 = 2$$
$$(x+2)^2 + (y+2)^2 = 4$$

相减得 $3x + 3y + 2 = 0.$

已知两圆相离，所得直线 $3x + 3y + 2 = 0$ 与已知圆有何关系？由于这条直线的存在性与两圆是否相交无关，所以这条直线只由两圆决定，前面我们看成的公共弦不是其本质，其应有更广泛的意义.

我们先分析两圆有交点，重新认识这条线.

设 $\odot O_1$，$\odot O_2$ 交于 A，B. P 是 AB 上（非点 A，B）的任一点，过 P 作两圆割线与 $\odot O_1$ 交于 C_1，D_1，与 $\odot O_2$ 交于 C_2，D_2，如图 1，由相交弦定理或割线定理有：

$$|PC_1| \cdot |PD_1| = |PC_2| \cdot |PD_2| = |PA| \cdot |PB|$$

如果 P 在线段 AB 的延长线上，上面式子的结果等于切线长. 所以过 P 作两圆的切线 PT_1，PT_2，如图 2，由切割线定理得：

$$|PT_1|^2 = |PT_2|^2 = |PA| \cdot |PB|$$

当两圆运动，从相交到外切，再到相离时，

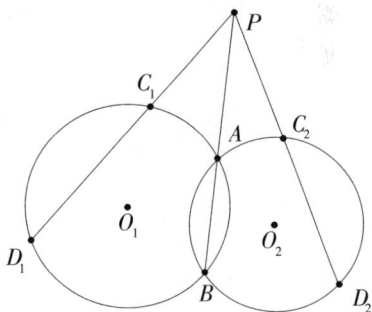
图 1

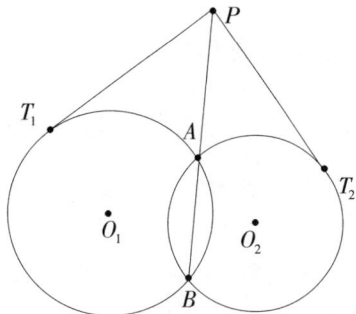
图 2

猜想性质 $|PT_1| = |PT_2|$ 保持不变. 由此得到结论:

结论2 动点 P 到两圆 $\odot O_1$: $x^2 + y^2 + D_1x + E_1y + F_1 = 0$, $\odot O_2$: $x^2 + y^2 + D_2x + E_2y + F_2 = 0$ 的切线长相等, 则动点 P 在一直线上运动, 该直线方程为 $(D_1 - D_2)x + (E_1 - E_2)y + (F_1 - F_2) = 0$.

证明: 设 $P(x, y)$, 则 $O_1\left(-\dfrac{D_1}{2}, -\dfrac{E_1}{2}\right)$, $O_2\left(-\dfrac{D_2}{2}, -\dfrac{E_2}{2}\right)$.

由 P 向两圆分别作一条切线 PT_1, PT_2, 则 $|PT_1| = |PT_2|$, 即
$$|PO_1|^2 - r_1^2 = |PO_2|^2 - r_2^2$$
即 $\left(x + \dfrac{D_1}{2}\right)^2 + \left(y + \dfrac{E_1}{2}\right)^2 - \left(\dfrac{1}{2}\sqrt{D_1^2 + E_1^2 - 4F_1}\right)^2$
$$= \left(x + \dfrac{D_2}{2}\right)^2 + \left(y + \dfrac{E_2}{2}\right)^2 - \left(\dfrac{1}{2}\sqrt{D_2^2 + E_2^2 - 4F_2}\right)^2$$
乘开 $x^2 + y^2 + D_1x + E_1y + F_1 = x^2 + y^2 + D_2x + E_2y + F_2$
即 $(D_1 - D_2)x + (E_1 - E_2)y + (F_1 - F_2) = 0$.

但是当两圆相交时, 点 P 在弦 AB 上, 又谈不到切线, 以上说法不妥. 有没有包含所有的说法?

相交弦定理与切割线定理统一于圆幂定理, 所以应从圆幂定理得到统一结论:

结论3 由两圆 $\odot O_1$: $x^2 + y^2 + D_1x + E_1y + F_1 = 0$, $\odot O_2$: $x^2 + y^2 + D_2x + E_2y + F_2 = 0$ 得到的直线 $(D_1 - D_2)x + (E_1 - E_2)y + (F_1 - F_2) = 0$ 是到两圆圆幂相等的动点的轨迹方程.

有了以上分析, 一些高考题就迎刃而解.

例6 (2007 年四川文科第 15 题) 已知 $\odot O_1$ 的方程是 $x^2 + y^2 - 2 = 0$, $\odot O_2$ 的方程是 $x^2 + y^2 - 8x + 10 = 0$, 由动点 P 向 $\odot O_1$ 和 $\odot O_2$ 所引的切线长相等, 则动点 P 的轨迹方程是_____. (答案: $x = \dfrac{3}{2}$.)

6.1.8 圆幂定理与根轴

切割线定理 如果经过 P 点的两条直线分别与圆交于 A, A' (可能合二为一) 和 B, B' (也可能合二为一), 则 $PA \times PA' = PB \times PB'$.

把直线上的有向线段看成一维向量代数的元素. 设 r 是圆的半径, d 是从点 P 到圆心 O 的距离. 则 $PA \times PA' = d^2 - r^2$ 是定值.

圆幂定义 设 P 是圆 O 所在平面上任意一点, r 是圆的半径, d 是从点 P 到圆心 O 的距离, 则 $d^2 - r^2$ 称为点 P 关于圆 O 的幂.

切割线定理与相交弦定理统一为式子: $PA \times PA' = d^2 - r^2$.

当 P 在圆外时，幂取正值，并且等于 P 到这个圆的切线长的平方；当 P 在圆上时，幂为零；当 P 在圆内时，幂取负值．可以解释为过 P 的直径被分成的两条线段的积 $(\overline{OP}+r)(\overline{OP}-r)$，或过 P 而且垂直于 OP 的弦的一半的平方的相反数．过圆内一点 P，垂直于 OP 的弦，被 P 点平分，称为 P 点的最小弦，因为过 P 的弦中这条弦最短．如果点在圆外，幂的关系用圆的切线简洁地表示；如果点在圆内，则用最小弦表示．定义一点关于一个零圆的幂为这点到零圆的距离的平方．

幂的基本性质：关于两个不同心的圆，幂相等的点的轨迹是一条与两圆连心线垂直的直线．当两圆相交时，它就是过两圆交点的直线．

根轴定义 关于两个非同心圆的幂相等的点的轨迹，称为这两个圆的根轴（等幂轴或等幂线）．

根轴在两非同心圆外的部分，是到两圆的切线相等的点的轨迹；在两非同心圆内的部分（如果有的话），是关于两圆的最小弦相等的点的轨迹．

两非同心圆外离时，根轴与连心线垂直，且与两圆都不相交，根轴上的任意一点到两圆的切线长都相等．若两圆半径相等，则根轴是连心线的公垂线；若两圆半径不相等，则根轴靠近半径小的圆．

两非同心圆外（内）切时，根轴就是两圆的内（外）公切线，除了切点外，根轴上的任意一点到两圆的切线长都相等．

两非同心圆相交时，根轴与连心线垂直，且过两圆的交点．根轴上在圆外部分的点到两圆的切线长相等，每一个交点关于两个圆的幂是零．若两圆半径相等，则根轴是连心线的公垂线．

两个非同心圆内含时，根轴与连心线垂直，且与两圆都不相交，根轴上的任意一点到两圆的切线长都相等．且根轴在从大圆圆心指向小圆圆心的方向上．

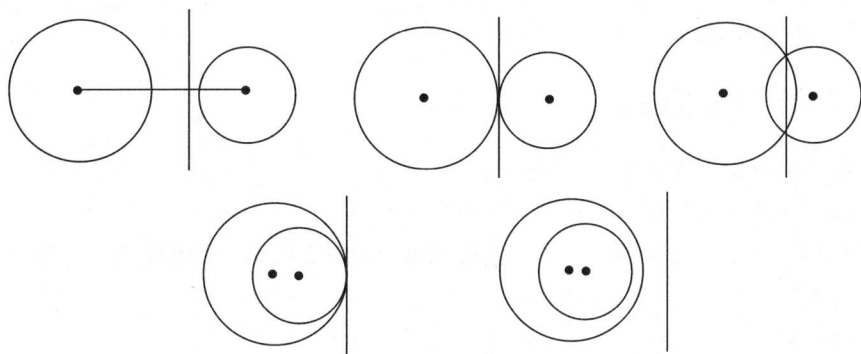

图 3

特殊地，两个同心圆的根轴定义为无穷远线.

6.1.9 三个圆的根心

对于这样的三个圆（其中任意两个圆心不重合，三个圆心不共线），其中每两个圆都有一个根轴，则任意两个根轴的交点关于这三个圆的幂相等，所以交点必在第三个根轴上. 即这三条直线交于同一点.

根心定义 三个圆心不共线的圆的根轴的交点称为根心.

根心可能在这些圆内，也可能在这些圆外. 如果根心在这些圆外，那么它是到这三个圆的切线相等的唯一的点.

特殊地，三个圆心共线的圆，根轴平行，交于无穷远点. 其中有两个圆心重合的三个圆，定义为根轴交于无穷远点；三个圆中，若其中一个或几个圆为零圆，同样定义为根轴交于无穷远点. 这样，对于所有情况，三个圆中每两个的根轴，这三条直线交于同一点.

平面几何根轴定理 任意三个圆的三条根轴，要么相互平行，要么相交于一点.

从圆方程角度，设三个圆方程两两相减得三条根轴方程，只需分析下列三条直线：

$$(D_1 - D_2)x + (E_1 - E_2)y + (F_1 - F_2) = 0 \qquad ⑨$$
$$(D_2 - D_3)x + (E_2 - E_3)y + (F_2 - F_3) = 0 \qquad ⑩$$
$$(D_3 - D_1)x + (E_3 - E_1)y + (F_3 - F_1) = 0 \qquad ⑪$$

发现⑪的左边 $= (D_3 - D_1)x + (E_3 - E_1)y + (F_3 - F_1)$

$$= (D_1 - D_2)x + (E_1 - E_2)y + (F_1 - F_2) - [(D_2 - D_3)x +$$
$$(E_2 - E_3)y + (F_2 - F_3)]$$

即⑪ = ⑨ - ⑩，所以三条直线要么相互平行，要么直线⑪过直线⑨、⑩的交点，即三线交于同一点.

6.1.10 新的发现

由式⑦中的结论证明，可得：

结论 4 对于圆方程 $x^2 + y^2 + Dx + Ey + F = 0$

如果 $P_0(x_0, y_0)$ 是圆外一点，过 P_0 作圆的切线 P_0T，则切线长 $|P_0T|$ 满足：
$$|P_0T|^2 = x_0^2 + y_0^2 + Dx_0 + Ey_0 + F.$$

又可得到以下结论：

结论 5 到已知圆 $x^2 + y^2 + Dx + Ey + F = 0$ 的切线长为 h 的动点 P 的轨迹是与已知圆同心的圆，且方程为 $x^2 + y^2 + Dx + Ey + F = h^2$.

以上分析使我们对"曲线系"有了比较深刻的认识. 如果我们继续研究下去，该往何处走？还能得到什么结论？这是一个值得深思的问题.

6.1.11 用曲线系思想构造解题

若推广曲线系的思想，我们可构造新曲线，如：O 为坐标原点，直线 $mx + ny = 1$ 与二次曲线 $Ax^2 + Bxy + Cy^2 + Dx + Ey + F = 0$ 相交于两点 P，Q，则 OP，OQ 两条直线方程为

$$Ax^2 + Bxy + Cy^2 + (Dx + Ey)(mx + ny) + F(mx + ny)^2 = 0.$$

例7 ［根据 2017 年全国卷理数（Ⅰ）第 20 题改编］已知椭圆 C：$\dfrac{x^2}{4} + y^2 = 1$ 与点 P_2（0，1）. 设直线 l 不经过 P_2 点且与椭圆 C 相交于 A，B 两点. 若直线 P_2A 与直线 P_2B 的斜率和为 -1，证明：直线 l 过定点.

分析 从曲线与方程的关系与本质入手，"整体分析，形式构造"，可以得到比较高明的解法，解答如下：

解：将坐标系向上平移一个单位，新坐标系记为 $x'Oy'$，则椭圆 C 在新坐标系下的方程为 C'：$\dfrac{x'^2}{4} + (y' + 1)^2 = 1$，即 $\dfrac{x'^2}{4} + y'^2 + 2y' = 0$.

设直线 l 对应的直线 l' 为 $mx' + ny' = 1$，则联立直线与椭圆方程化为齐次方程，得

$$\frac{x'^2}{4} + y'^2 + 2y'(mx' + ny') = 0$$

整理，得

$$(2n + 1)y'^2 + 2mx'y' + \frac{1}{4}x'^2 = 0$$

又 $k_{PA} + k_{PB} = -1$

所以 $-\dfrac{2m}{2n + 1} = -1$

即 $2m - 2n = 1$.

此时 l' 的方程为：$(2n + 1)x' + 2ny' = 2$，恒过点（2，-2），所以在原坐标系中，直线 l 恒过点 Q（2，-1）.

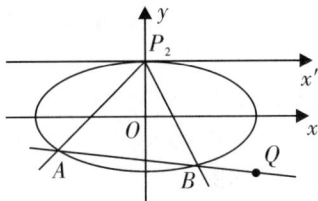

图 4

评述 本解法建立在深刻理解曲线方程代数形式的意义与本质的基础上，通过构造所要的代数形式，从而使问题获得快速解答.

例8 （蝴蝶定理）在 $\odot O$ 中，弦 GH 的中点

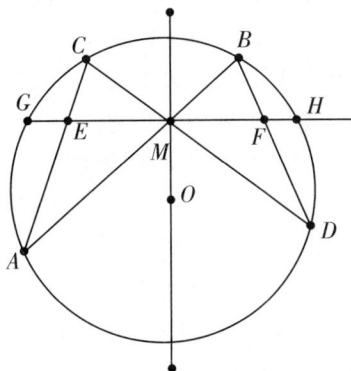

图 5

为 M，过 M 作弦 AB 和 CD．设 AC 和 BD 分别交 GH 于点 E 和 F，则 $EM = MF$．

证明：以 M 为坐标原点，直线 GH 为 x 轴，OM 为 y 轴建系，设 $\odot O$ 方程为

$$x^2 + y^2 - 2by + f = 0 \qquad\qquad ①$$

直线 AB, CD 方程分别为

$$y = k_1 x，\quad y = k_2 x，$$

或合并为 $(y - k_1 x)(y - k_2 x) = 0 \qquad\qquad ②$

于是过二次曲线①、②的四个交点 A，B，C，D 的曲线束为

$$x^2 + y^2 - 2by + f + \lambda(y - k_1 x)(y - k_2 x) = 0 \qquad\qquad ③$$

曲线③与直线 GH，即 x 轴的交点 E，F 的横坐标满足 $(1 + \lambda k_1 k_2)x^2 + f = 0$

根据韦达定理：$x_E + x_F = 0$

这就是说 EF 的中点是 M．

注：实际上证明了更一般的结论，即过 A, B, C, D 四点的任意一条二次曲线在 GH 上截得的线段 EF 被 M 平分．

明白方程与曲线的关系，明白代数变形所对应的几何背景，是我们真正明白数学的开始，由此我们进入新的光明的世界．

6.2　数学问题的发现与发展示例——椭圆

> 任何数学分支，无论怎样抽象，总有一天可被应用于现实世界的各种现象．
>
> ——尼古拉·罗巴切夫斯基

我们知道椭圆是古希腊数学家在圆锥上研究出来的纯数学问题，17 世纪开普勒（Johannes Kepler）发现太阳系行星绕太阳沿椭圆轨道运行．"为什么数学家在纸上搞出来的圆锥曲线竟是空间星球运行的曲线？"本节将详细谈谈椭圆，感受"世界是按照数学规律形成和发展的"这种数学美．

多少年来，教改实验一直在进行，有些教材仅仅使用三年就被新的教材替代了．由于教材与考纲的更新太快，每次的教学要求又不同，有些老师感到很难教学，也导致学生数学学习成绩跟不上．虽然数学教材结构在变、部分内容在调整，但其主要内容变动不大，数学的思想及教育的功能不变．如何在这多变的现实中找到以不变应万变的平衡点，可以说是立于不败之地的法宝．我感到从数学的自然发展提出问题、从人的思维规律去探讨问题就是教学的平衡点．数学的自然发展道路有两条：现实问题和数学形式问题．也就是搞清每一个知识点从哪儿

来，到哪儿去，发展的道路是怎样的，发展过程中会有什么歧路．为使学生学得自然，学得轻松，使数学成为思维的科学，成为科学方法论．现就椭圆教学进行分析．

6.2.1 椭圆定义问题产生的思考（人教版选修 $1-1$、选修 $2-1$）

以前课本上是以汽车油罐形状等引出椭圆，现在许多老师用电脑演示卫星轨道引出椭圆．随后用绳子（或电脑）画椭圆，由画法归纳出椭圆的定义．课本上也直接给出了椭圆的画法．

6.2.1.1 课本上的这个画法是怎么想出来的

如果按照课本的方法，学生仅仅学会接受、记忆，当学生离开课本、离开老师后，还能学到什么？我相信开普勒当年不可能是这样学习的．应该怎样让学生发现椭圆的定义呢？

《圣经》里说，上帝创造了亚当，然后从他的身上取出一根肋骨，将它变成了夏娃，由此就有了人类．我们作为唯物主义者，是不会相信这种说法的，但这种说法体现了西方人的认识，也是西方文化发展的基础．而在古老的中国，人们对世界的认识是：混沌状态演变出阴阳，然后演变出万物，这就是东方的哲学．对照中西方的哲学观，虽然说法不同，但本质一样，都说明的是"一变二"（细胞分裂就是一变二）．这也许是宇宙形成与发展的基本规律吧．我们能否将此思想用于学习？

我们由此体会到问题可分为三类：第一类问题就是原始问题，相当于亚当，他是上帝的杰作，是无中生有的，其实所谓的上帝就是自然规律；第二类问题就是引出问题，相当于夏娃，是在第一类问题的基础上引出的问题；第三类问题是由此派生、组合出来的问题．

从数学的发展来说，数学的原始问题有两个来源，一是现实中的问题，二是自己的灵感产生的，这是第一类问题，无中生有．数学上的第二类问题主要是数学思想应用和数学形式的演变．从一到二困难，从二到三就很自然了，学数学要注重从一到二再到三的数学形式．

6.2.1.2 椭圆定义的发现

在生活中，地面上一个圆球在阳光(平行光)的斜射下照在地面上的影子是一个椭圆面，同样圆球在电灯（点光源）斜射下的影子也是一个椭圆面．

由于光路是可逆的，上面的电灯可以看成一束光线汇聚的一点，这时那个椭圆面又可看成另一个球（地面下的一个球）在同一个面（地面可想象为透明的冰面）上的斜射影．

将电灯看成一个点光源，椭圆周上每一点所在的光线组成一个圆锥的母线，由此我们可以说：一个圆锥为一个平面所截，若此平面与圆锥底面不平行，且与圆锥的每一条母线都相交，则截线为椭圆.

现在，作圆锥的斜截面及两个内切球 O_1 与 O_2，两球在截面的两侧与截面相切，且都与圆锥侧面相切. 设球与截面的切点为 F_1，F_2，椭圆上任一点为 P，则椭圆上的点 P 到两切点 F_1，F_2 的距离和等于两球公切线的长，即 $|PF_1| + |PF_2| = |PT| + |PR| = |TR| = |AB| = 2a$（常量）. 由此引出课本上的椭圆定义：

"平面上到两定点距离和等于定长（定长大于两定点距离）的点的轨迹叫椭圆."

如图 6，$|PF_1| + |PF_2| = 2a$.

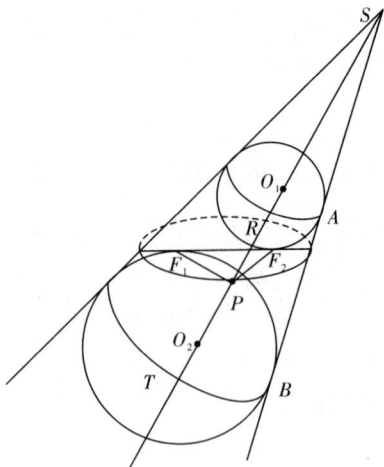

图 6

6.2.2　椭圆方程推导（几何代数化）

在课本上，由椭圆的定义，建立恰当坐标系（如图 7），设两定点为 $F_1(-c, 0)$，$F_2(c, 0)$，可得到关系：

$$\sqrt{(x+c)^2 + y^2} + \sqrt{(x-c)^2 + y^2} = 2a$$

到此，课本上的做法是：移一个根式到等式右边，然后等式两边平方，即

$$\sqrt{(x-c)^2 + y^2} = 2a - \sqrt{(x+c)^2 + y^2} \quad ①$$

$$(x-c)^2 + y^2 = 4a^2 - 4a\sqrt{(x+c)^2 + y^2} + (x+c)^2 + y^2$$

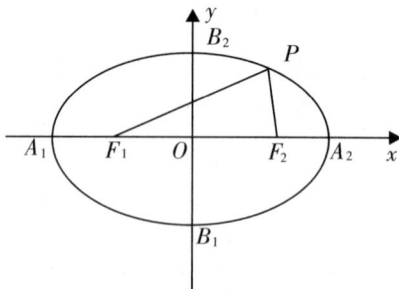

图 7

再移项 $a^2 + cx = a\sqrt{(x+c)^2 + y^2}$ ②

整理得 $(a^2 - c^2)x^2 + a^2 y^2 - a^2(a^2 - c^2) = 0$

$\dfrac{x^2}{a^2} + \dfrac{y^2}{a^2 - c^2} = 1$（不优美）

再变量代换，令 $b^2 = a^2 - c^2$ ③

得标准方程 $\dfrac{x^2}{a^2} + \dfrac{y^2}{b^2} = 1$.

如果想不到移项，能否化简出标准方程？当然可以！

对于 $\sqrt{(x+c)^2 + y^2} + \sqrt{(x-c)^2 + y^2} = 2a$

平方后得 $2(x^2+y^2+c^2)+2\sqrt{(x+c)^2+y^2}\sqrt{(x-c)^2+y^2}=4a^2$

即 $\sqrt{(x+c)^2+y^2}\sqrt{(x-c)^2+y^2}=2a^2-(x^2+y^2+c^2)$

到此，将根式分离在等式的一端就成了自然的事了．

平方后得 $(x^2+y^2+c^2+2cx)(x^2+y^2+c^2-2cx)=[2a^2-(x^2+y^2+c^2)]^2$

$$(x^2+y^2+c^2)^2-4c^2x^2=4a^4-4a^2(x^2+y^2+c^2)+(x^2+y^2+c^2)^2$$

再化简就与课本一致了．

上面的过程在第二次平方前必须移项，即将根式分离在等式的一端，从而使方程简化，这一分离根式的思想提前，就是课本上教的方法．我们可得到经验：分离根式于等式两端对化简有利．

6.2.3　归纳反思

反思1　定义的理解与代数式的认识．

（1）平面上到两定点 F_1，F_2 距离和等于定长，当定长等于两定点距离 $|F_1F_2|$ 时的点的轨迹为线段 F_1F_2．

如：满足 $\sqrt{(x+1)^2+y^2}+\sqrt{(x-1)^2+y^2}=2$ 的点 $M(x,y)$ 的轨迹是＿＿＿＿＿＿＿．（答案：线段．）

（2）平面上到两定点 F_1，F_2 距离和等于定长，当定长小于两定点距离 $|F_1F_2|$ 时的点的轨迹不存在．

如：动点 $M(x,y)$ 满足 $\sqrt{(x-5)^2+y^2}+\sqrt{(x+5)^2+y^2}=6$，分析点 M 的轨迹．（答案：不存在．若套用课本椭圆方程推导，会得到方程 $\dfrac{x^2}{3^2}-\dfrac{y^2}{4^2}=1$，为什么？因为全为增根．）

（3）动点 $M(x,y)$ 满足 $\sqrt{(x-4)^2+y^2}+\sqrt{(x+4)^2+y^2}=10$，点 M 的轨迹方程是＿＿＿＿＿＿．[答案：椭圆（标准方程：$a=5$，$c=4$，$b=3$，$\dfrac{x^2}{25}+\dfrac{y^2}{9}=1$．)]

（4）满足 $\sqrt{(x+1)^2+(y+1)^2}+\sqrt{(x-1)^2+(y-1)^2}=4$ 的点 $M(x,y)$ 的轨迹是（　　）．（答案：B．）

A. 圆　　　　　B. 椭圆　　　　　C. 直线　　　　　D. 线段

反思2　椭圆方程是否完备？

要考查椭圆方程的完备性，只需分析方程的推导过程中是否有增根产生．在推导过程中，第一次平方（对①两端）所加进去的"增根"为 $2a-\sqrt{(x+c)^2+y^2}<0$ 中的 (x,y)，而当 $2a-\sqrt{(x+c)^2+y^2}<0$ 时，①的解集是空集．即本质上没有产生增根．第二次平方（对②两端）所加进去的增根是 $a^2+cx<0$ 所产生的结果，当

$a^2+cx<0$ 时，②的解集是空集. 又无增根. 所以，椭圆方程的推导过程是等价变形，即方程是完备的.

我们进一步对增根的产生有了清楚的认识：

在实数范围内，对于方程 $x=2$，平方后 $x^2=4$，解得 $x=2$ 或 $x=-2$，产生了增根 $x=-2$，为什么？

平方时将 $x=-2$ 加进去了，而 $x=-2$ 在 **R** 内是单独有意义的.

对于方程 $x^2=2$，平方后得 $x^4=4$，解得 $x^2=2$ 或 $x^2=-2$. 虽然平方产生了 $x^2=-2$，但在 **R** 内 $x^2=-2$ 无解，所以仍然没有产生增根.

所以，是否产生增根，在于变形过程中所增加的式子在实数中是否有意义，即是否扩大了范围.

反思 3　定义与方程等价性应用.

由于 $\sqrt{(x+c)^2+y^2}+\sqrt{(x-c)^2+y^2}=2a(2a>2c)\Leftrightarrow \dfrac{x^2}{a^2}+\dfrac{y^2}{b^2}=1$，所以可直接使用.

例 9　（1）化简方程：$\sqrt{x^2+y^2+2x+1}+\sqrt{x^2+y^2-2x+1}=2\sqrt{5}$；

（2）解方程：$\sqrt{x^2+2x+2}+\sqrt{x^2-2x+2}=2\sqrt{5}$.

解（1）：$\sqrt{x^2+y^2+2x+1}+\sqrt{x^2+y^2-2x+1}=2\sqrt{5}$

$$\Leftrightarrow \sqrt{(x+1)^2+y^2}+\sqrt{(x-1)^2+y^2}=2\sqrt{5}$$

$$\Leftrightarrow 椭圆的标准方程，a=\sqrt{5}，c=1，b=2，$$

所以化简的结果为：$\dfrac{x^2}{5}+\dfrac{y^2}{4}=1$.

（直接用式子化简的结论，不需要再平方化简.）

解（2）：$\sqrt{x^2+2x+2}+\sqrt{x^2-2x+2}=2\sqrt{5}$

$$\Leftrightarrow \sqrt{(x+1)^2+1}+\sqrt{(x-1)^2+1}=2\sqrt{5}$$

$$\Leftrightarrow \begin{cases} \sqrt{(x+1)^2+y^2}+\sqrt{(x-1)^2+y^2}=2\sqrt{5} \\ y=1 \end{cases}$$

$$\Leftrightarrow \begin{cases} \dfrac{x^2}{5}+\dfrac{y^2}{4}=1 \\ y=1 \end{cases}$$

$$\Leftrightarrow x=\pm\dfrac{\sqrt{15}}{2}.$$

练习：不等式 $|x+1|+|x-5|<10$ 的解集是_____.（答案：$-3<x<7$.）

反思 4　代数过程的几何意义.

（1）b 的意义.

为了使方程简单，方程推导过程中的③是"令 $b^2 = a^2 - c^2$"，方程化为很对称的形式 $\dfrac{x^2}{a^2} + \dfrac{y^2}{b^2} = 1$.

如图7所示，$|B_1B_2| = 2b$，$|OB_1| = b$，$B_1(0, b)$，b 就是短半轴的长，有优美的几何意义.

（2）焦半径公式的发现.

方程推导过程中②式：$a^2 + cx = a\sqrt{(x+c)^2 + y^2}$ 可变为 $\sqrt{(x+c)^2 + y^2} = \dfrac{c}{a}x + a$，而椭圆上任一点 $P(x, y)$ 到焦点 $F_1(-c, 0)$ 的距离就是 $\sqrt{(x+c)^2 + y^2}$，将此称为焦半径.

所以得到焦半径公式：$d = |PF_1| = \sqrt{(x+c)^2 + y^2} = \dfrac{c}{a}x + a = ex + a$.

焦半径是 x 的一次函数.

练习：已知椭圆 $\dfrac{x^2}{9} + \dfrac{y^2}{5} = 1$，$F_1$ 为椭圆左焦点，P 为椭圆上一动点，则 $|PF_1|$ 的最大值为＿＿＿＿＿；最小值为＿＿＿＿＿.（答案：5；1.）

反思5　代数变形发现新知识.

（1）椭圆第二定义的发现.

由焦半径公式又可将代数变形为

$$d = |PF_1|$$
$$= \sqrt{(x+c)^2 + y^2}$$
$$= \dfrac{c}{a}x + a$$
$$= ex + a$$
$$= e\left[x - \left(-\dfrac{a^2}{c}\right)\right]$$

即 $\dfrac{|PF_1|}{x - \left(-\dfrac{a^2}{c}\right)} = e$　　④

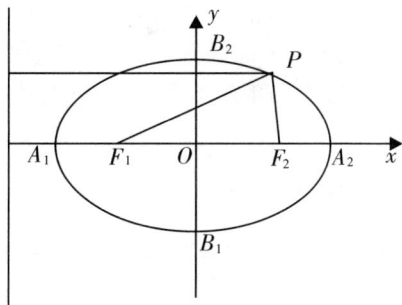

图8

④式的几何意义就是：平面内动点 P 到一定点 F_1 与到一定直线 $x = -\dfrac{a^2}{c}$ 距离（定点不在定直线上）的比为常数 e，当 $0 < e < 1$ 时，动点的轨迹是椭圆.

这就是椭圆的第二定义，由此发现椭圆的准线（如图8所示）.

练习：（选修 $1-1$，第 41 页；选修 $2-1$，第 47 页，例6）点 $M(x, y)$ 与

定点 $F(4，0)$ 的距离和它到直线 $l：x=\dfrac{25}{4}$ 的距离的比是常数 $\dfrac{4}{5}$，求点 M 的轨迹.（答案：$\dfrac{x^2}{25}+\dfrac{y^2}{9}=1$.）

（2）椭圆第三定义的发现（选修 $1-1$，第 35 页；选修 $2-1$，第 41 页，例 3 的发现）.

$$\frac{x^2}{a^2}+\frac{y^2}{b^2}=1\Leftrightarrow\frac{y^2}{b^2}=1-\frac{x^2}{a^2}=-\frac{(x-a)(x+a)}{a^2}\Leftrightarrow\frac{y}{x-a}\cdot\frac{y}{x+a}=-\frac{b^2}{a^2}.$$

椭圆第三定义：若动点 $M(x，y)$ 到两定点 $(a，0)，(-a，0)$ 斜率之积为负常数 $-\dfrac{b^2}{a^2}$，则动点 M 轨迹是椭圆，方程为 $\dfrac{x^2}{a^2}+\dfrac{y^2}{b^2}=1$（广义说法，含极限点）.

6.2.4　类比演变

6.2.4.1　第一定义的运算演变

椭圆的定义：平面内到两定点距离和等于定长的点的轨迹. 从这种运算的形式分析，我们可提出以下问题：

（1）平面内到两定点距离差等于定长的点的轨迹是什么？

（2）平面内到两定点距离积等于定长的点的轨迹是什么？

（3）平面内到两定点距离商等于定值的点的轨迹是什么？

又可提出以下问题：

（4）平面内到三个定点距离和等于定长的点的轨迹是什么？

问题（1）的答案是双曲线（一支）. 问题（3）的答案是圆，叫阿波罗尼斯圆.

例 10　（必修 2，第 124 页，B3）已知点 M 与两定点 $O(0,0)$，$A(3,0)$ 的距离之比为 $\dfrac{1}{2}$，求点 M 的轨迹方程.

解：设 $M(x，y)$，由已知得 $\dfrac{\sqrt{x^2+y^2}}{\sqrt{(x-3)^2+y^2}}=\dfrac{1}{2}$

化简得 $x^2+y^2+2x-3=0$，为 M 点的轨迹方程.

问题（2）的答案叫卡西尼卵形线.

问题（4）的答案是更复杂的曲线，值得我们研究.

一个新问题值得思考：利用这种方法，没有得到抛物线，为什么？ 怎么得到抛物线呢？

6.2.4.2　变为距离平方

又可得到：

（5）平面内到两定点距离平方和等于定值的点的轨迹是什么？

（6）平面内到两定点距离平方差等于定值的点的轨迹是什么？

（7）平面内到两定点距离平方积等于定值的点的轨迹是什么？同"距离积等于定值"．

（8）平面内到两定点距离平方商等于定值的点的轨迹是什么？同"距离商等于定值"．

问题（5）的答案是圆，是课本问题："（选修 2 - 1，第 40 页，B3）两定点 A，B 距离为 6，点 M 到两定点距离的平方和是 26，求点 M 的轨迹.（以 AB 中点为圆心的圆）."

问题（6）的答案为直线．

例 11　（2008 年上海春季高考）已知 $A(1,2)$，$B(3,4)$，直线 l_1：$x = 0$，l_2：$y = 0$ 和 l_3：$x + 3y - 1 = 0$. 设 P_i 是 $l_i(i = 1, 2, 3)$ 上与 A，B 两点距离平方和最小的点，则 $\triangle P_1 P_2 P_3$ 的面积是_____.（答案：$\dfrac{3}{2}$.）

6.2.4.3　椭圆第二定义演变

焦半径 $d = |PF_1| = \sqrt{(x + c)^2 + y^2} = \dfrac{c}{a} x + a = ex + a$ 是 x 的一次函数，具有 $d = kx + h$ 的形式，单调性确定. 而在椭圆中，$\dfrac{c}{a} < 1$，即 $k < 1$. 那么 $k > 1$ 或 $k = 1$ 呢？$k > 1$ 可得到双曲线与抛物线；$k = 1$ 得到抛物线的定义.

如果焦半径 $|PF| = ax^2 + bx + c$，即"焦半径"为 x 的二次函数时，点 P 的轨迹是什么曲线？可继续研究.

6.2.4.4　椭圆第三定义演变

椭圆第三定义：若动点 $M(x,y)$ 到两定点 $(a,0)$，$(-a,0)$ 斜率之积为负常数 $-\dfrac{b^2}{a^2}$，则动点 M 轨迹是椭圆.

从代数形式上可提出以下问题：

（1）动点到两定点斜率之积为正常数，求动点轨迹.

动点 $M(x,y)$ 到两定点 $(a,0)$，$(-a,0)$，斜率之积为正常数 $\dfrac{b^2}{a^2}$，得 $\dfrac{x^2}{a^2} - \dfrac{y^2}{b^2} = 1$，结果是双曲线.

（2）动点到两定点斜率之和为常数，求动点轨迹.

设动点 $M(x,y)$，两定点 $(a,0)$，$(-a,0)$，斜率之和为 $\dfrac{y}{x + a} + \dfrac{y}{x - a} = t \Leftrightarrow$

$y = \dfrac{t(x^2 - a^2)}{2x}$，结果是 $y = ax + \dfrac{b}{x}$ 类型的曲线，是双曲线.

（3）动点到两定点斜率之差为常数，求动点轨迹（选修 $2-1$，第 74 页，B3）.

设动点 $M(x, y)$，两定点 $(a, 0)$，$(-a, 0)$，斜率之和为 $\dfrac{y}{x+a} - \dfrac{y}{x-a} = t \Leftrightarrow$

$y = t\left(1 - \dfrac{x^2}{a^2}\right)$，结果是抛物线.

（4）动点到两定点斜率之商为常数，求动点轨迹.

一般结果是双曲线，特殊结果是直线.

练习：（选修 $1-1$，第 36 页，练习 4）点 A，B 的坐标分别是 $(-1, 0)$，$(1, 0)$，直线 AM，BM 相交于点 M，且直线 AM 的斜率与直线 BM 的斜率的商是 2，点 M 的轨迹是什么？[答案：$x = -3$（$y \neq 0$）.]

$$\dfrac{\dfrac{y-a}{x-a}}{\dfrac{y-b}{x-b}} = k \,(k \neq 1) \Leftrightarrow y = \dfrac{(a - bk)x + (k-1)ab}{(1-k)x + ak - b}$$

推广：有心二次曲线的任一点到任一直径的两端点的斜率之积是常数.

$P(x, y)$，$A(x_1, y_1)$，$B(-x_1, -y_1)$

$$\dfrac{x^2}{m^2} + \dfrac{y^2}{n^2} = 1 \Leftrightarrow n^2 x^2 + m^2 y^2 = m^2 n^2 \qquad \text{①}$$

$$n^2 x_1^2 + m^2 y_1^2 = m^2 n^2 \qquad \text{②}$$

①－②，$\dfrac{y^2 - y_1^2}{x^2 - x_1^2} = -\dfrac{n^2}{m^2}$

而 $k_{PA} = \dfrac{y - y_1}{x - x_1}$，$k_{PB} = \dfrac{y + y_1}{x + x_1}$，$k_{PA} \cdot k_{PB} = \dfrac{y^2 - y_1^2}{x^2 - x_1^2} = -\dfrac{n^2}{m^2}$.

由此看到此结论与 m，n 大小无关，原来的 $-\dfrac{b^2}{a^2}$ 中 a，b 可不分大小.

6.2.5　第二定义中对 e 的取值进行讨论

平面内一动点到一定点与到一定直线距离（定点不在定直线上）的比为常数 e，当 $e < 1$ 时，动点的轨迹是椭圆；当 $e > 1$ 时，动点的轨迹是双曲线；当 $e = 1$ 时，动点的轨迹是抛物线.

对此定义进行分析，又有新的问题：

（1）这个定义中，由 e 的分类只得到三种曲线：椭圆、双曲线和抛物线. 圆不在这个定义中，为什么？

（2）在椭圆中，e 的值决定椭圆的形状（扁平程度），而所有的抛物线 $e=1$，就是说，所有的抛物线形状一样（相似）吗？如何理解？（可证明此结论正确）

6.2.6 椭圆定义式变形的新理解

由于 $|PF_1|+|PF_2|=2a \Leftrightarrow |PF_1|=2a-|PF_2|$，可以看成两圆内切的连心线问题.

例 12 已知焦点为 $F_1(-1,0)$，$F_2(1,0)$ 的椭圆 $\dfrac{x^2}{4}+\dfrac{y^2}{3}=1$，$M$ 是椭圆上的动点，以 M 为圆心，MF_2 为半径作圆，问是否存在定圆 N，使得圆 N 与圆 M 恒相切？

解：（从几何分析）存在以 F_1 为圆心，$2a$ 为半径的圆 $N：(x+1)^2+y^2=16$ 与圆 M 恒相切，满足要求.

由椭圆定义，$|MF_1|+|MF_2|=2a=4$，

所以 $|MF_1|=4-|MF_2|$，

所以 $\odot M$ 在 $\odot N$ 内，内切（如图 9）.

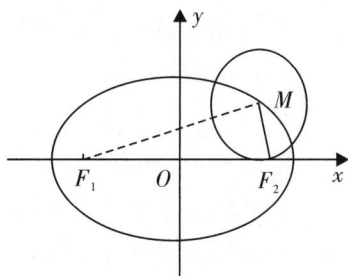

图 9

6.2.7 求最值与椭圆的光学性质

6.2.7.1 "将军饮马"问题的疑问

这个问题早在古罗马时代就有了，传说亚历山大城有一位精通数学和物理的学者，名叫海伦. 一天，一位罗马将军专程去拜访他，向他请教一个百思不得其解的问题.

将军每天从军营 A 出发，先到河边饮马，然后再去河岸同侧的 B 地开会，应该怎样走才能使路程最短？

从此，这个被称为"将军饮马"的问题被广泛流传.

解决这个问题并不难，据说海伦略加思索就解决了它（如图 10）.

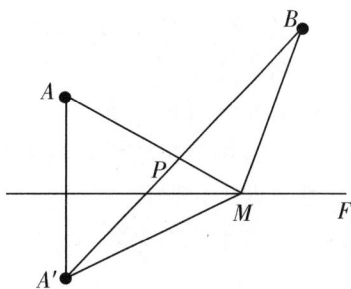

图 10

问题 在"将军饮马"问题中，如果河岸不是直线而是曲线该如何解？

6.2.7.2 椭圆定义是"将军饮马"问题的本质

"将军饮马"问题可这样理解：

要在 l 上求一点 M 使得 $|MA|+|MB|$ 最小，可设 $|MA|+|MB|=2a$

$(2a > |AB|)$，每给一个 a 值，得到 M 的一条轨迹为椭圆．从动态理解，让 a 从小变大，当第一次椭圆与直线 l 相切时的 M 就是饮马处（如图11）．

如果河岸是曲线或河变为湖，同样分析得到饮马点 M．也可想象河岸是光滑的曲线，让一束光从点 A 射出，经河岸反射经过点 B，这样分析得到点 M．以 $|MA| + |MB|$ 为定常数得到椭圆．河岸线与椭圆两曲线相切于 M，在 M 处可作出两曲线的公切线（如图12）．

因为光行最速，如果从 A 处发出的光线经 M 处反射，反射线必经过点 B．这就得到了椭圆的光学性质．

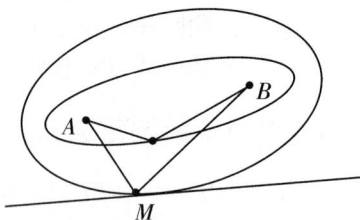

图 11

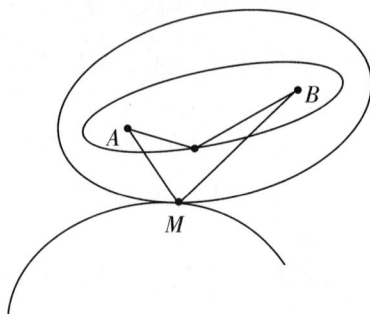

图 12

6.2.7.3 椭圆的光学性质

椭圆的光学性质：从椭圆一个焦点射出的光线，经椭圆反射，其反射光线过椭圆的另一个焦点．

如图13，直线 MN 为椭圆的切线，P 为切点，F_1P 为入射光线．

证明：作 F_1 关于切线 MN 的对称点 R，只需证明 F_2，P，R 三点共线．

反证法：假设 F_2，P，R 三点不共线，设 F_2R 的连线交切线 MN 于点 Q，Q 在椭圆外．

则 $RF_2 = RQ + QF_2 = QF_1 + QF_2 > 2a$，

又 $RF_2 < RP + PF_2 = PF_1 + PF_2 = 2a$，

结论产生矛盾，所以 F_2，P，R 三点共线，即反射光线过焦点 F_2．

也可用解析法分析椭圆的光学性质：椭圆光学性质即经过椭圆上一点的法线，平分这一点的两条焦点半径的夹角．

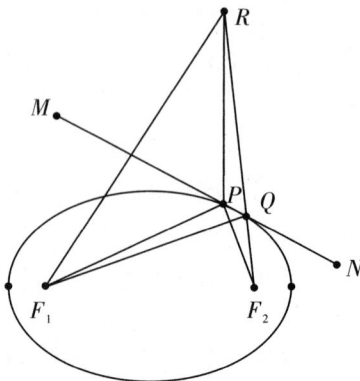

图 13

图14中 F_1，F_2 为椭圆 $\dfrac{x^2}{a^2} + \dfrac{y^2}{b^2} = 1$ 的两个焦点，通过椭圆上任意一点 $P(x_0, y_0)$ 的法线将 $\angle F_1PF_2$ 平分，这就是椭圆的光学性质，证明如下：

利用公式 $\tan \theta = \dfrac{k_2 - k_1}{1 + k_2 k_1}$

椭圆过 P 点的切线 PT 的方程是：

$$\frac{x_0 x}{a^2} + \frac{y_0 y}{b^2} = 1 , \quad k_{PT} = -\frac{b^2 x_0}{a^2 y_0}$$

法线 PE，$k_{PE} = \frac{a^2 y_0}{b^2 x_0}$.

又 $F_1(-c, 0), F_2(c, 0)$，

所以 $k_{PF_1} = \frac{y_0}{x_0 + c}$，$k_{PF_2} = \frac{y_0}{x_0 - c}$

因为 P 点在椭圆上，$b^2 x_0^2 + a^2 y_0^2 = a^2 b^2$.

又 $a^2 - b^2 = c^2$，

$$\tan \varphi_1 = \frac{\dfrac{a^2 y_0}{b^2 x_0} - \dfrac{y_0}{x_0 + c}}{1 + \dfrac{a^2 y_0}{b^2 x_0} \cdot \dfrac{y_0}{x_0 + c}}$$

$$= \frac{(a^2 - b^2) x_0 y_0 + a^2 c y_0}{b^2 x_0^2 + a^2 y_0^2 + b^2 c x_0}$$

$$= \frac{c^2 x_0 y_0 + a^2 c y_0}{a^2 b^2 + b^2 c x_0}$$

$$= \frac{c y_0 (c x_0 + a^2)}{b^2 (c x_0 + a^2)}$$

$$= \frac{c y_0}{b^2}$$

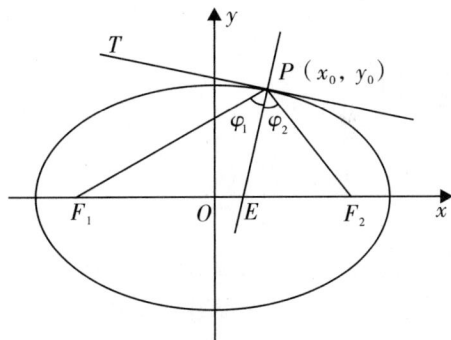

图 14

$$\tan \varphi_2 = \frac{\dfrac{y_0}{x_0 - c} - \dfrac{a^2 y_0}{b^2 x_0}}{1 + \dfrac{y_0}{x_0 - c} \cdot \dfrac{a^2 y_0}{b^2 x_0}}$$

$$= \frac{a^2 c y_0 - (a^2 - b^2) x_0 y_0}{b^2 x_0^2 + a^2 y_0^2 - b^2 c x_0}$$

$$= \frac{a^2 c y_0 - c^2 x_0 y_0}{a^2 b^2 - b^2 c x_0}$$

$$= \frac{c y_0 (a^2 - c x_0)}{b^2 (a^2 - c x_0)}$$

$$= \frac{c y_0}{b^2}$$

所以 $\tan \varphi_1 = \tan \varphi_2$

因为 φ_1，φ_2 都是 0 与 π 之间的角，所以 $\varphi_1 = \varphi_2$.

椭圆以其长轴为旋转轴旋转得到的曲面称为旋转椭圆面，根据椭圆光学性质可以知道：对于一个具有旋转椭圆面的凹面镜来说，当点光源放在一个焦点上时，其发射光线在凹面镜反射后将在另一个焦点上聚焦.

椭圆的光学性质也是声学性质，椭圆绕长轴旋转为椭球. 在椭球房间的一个焦点 F_1 处说话，这时站在另一焦点 F_2 处的人感到说话的人在他耳边说话.

以上是由代数形式发展数学内容的示例，也是我们学习数学的重要思想与方法. 还有许多问题值得研究，诸如椭圆的切线、极点与极线、椭圆的光学性质等，请读者参考《高等几何》等书.

附 录

椭圆的新定义

（选修 $1-1$，第 43 页，习题 2.1B3；选修 $2-1$，第 50 页，习题 2.2B4 的发现）

如图，矩形 $ABCD$ 中，$|AB| = 8$，$|BC| = 6$. E，F，G，H 分别是矩形四条边的中点，R，S，T 是线段 OF 的四等分点，R'，S'，T' 是线段 CF 的四等分点. 请证明直线 ER 与 GR'，ES 与 GS'，ET 与 GT' 的交点 L, M, N 都在椭圆 $\dfrac{x^2}{16} + \dfrac{y^2}{9} = 1$ 上.

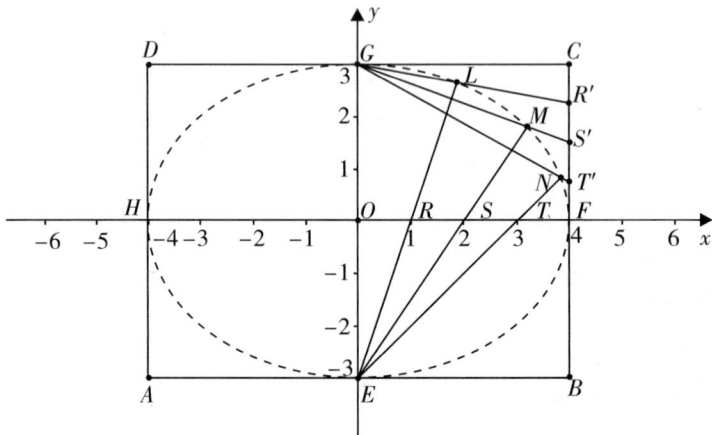

图 15

一般形式为：如图 16，矩形 $ABCD$ 中，$|AB| = 2a$，$|BC| = 2b$. E, F, G, H 分别是矩形四条边的中点，R_1，R_2，R_3，$\cdots$，R_{n-1} 是线段 OF 的 n 等分点，R'_1，

R'_2，R'_3，$\cdots$，R'_{n-1} 是线段 CF 的 n 等分点. 请证明直线 ER_i 与 GR'_i 的交点 L_i 都在椭圆 $\dfrac{x^2}{a^2} + \dfrac{y^2}{b^2} = 1$ 上.

证明：$R_i\left(\dfrac{a_i}{n}, 0\right)$，$R'_i\left(n, \dfrac{(n-i)b}{n}\right)$

所以直线 ER_i 的方程为 $y + b = \dfrac{nb}{ia}x$ ①

直线 GR'_i 的方程为 $y - b = -\dfrac{ib}{na}x$ ②

由①×②得到 $y^2 - b^2 = -\dfrac{b^2}{a^2}x^2$

即直线 ER_i 与直线 GR'_i 的交点 L_i 在椭圆 $\dfrac{x^2}{a^2} + \dfrac{y^2}{b^2} = 1$ 上.

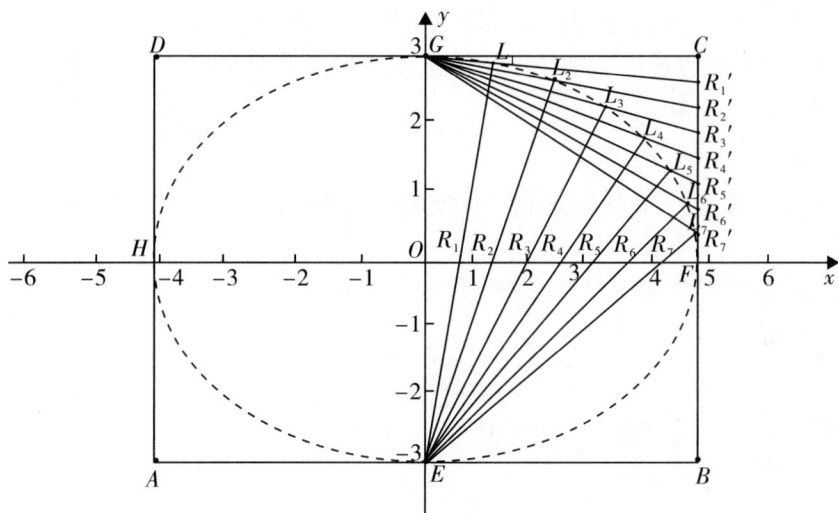

图 16

6.3 椭圆中的垂径定理与切割线定理

> 哪里有数学，哪里就有美.
>
> ——普鲁克勒斯

平面几何中的圆有许多优美性质，它们在椭圆中是否保持，形式如何改变，这是每个人都会思考的问题. 以下就圆的垂径定理与切割线定理在椭圆中进行推广.

6.3.1 圆的垂径定理在椭圆中的形式

古希腊数学家欧几里得（Euclid）《几何原本》第 I 卷中的第 12 个命题即为垂径定理，这可能是最早的有关垂径定理的记载.

6.3.1.1 圆的垂径定理

垂直于弦的直径平分这条弦，并且平分弦所对的两条弧.

已知：如图 17，在 $\odot O$ 中，DC 为直径，AB 是弦，$AB \perp DC$ 于点 E，AB，CD 交于 E，

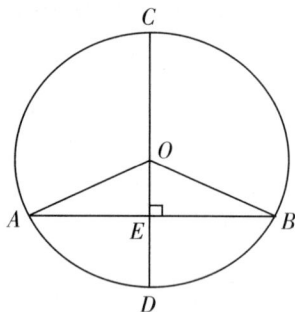

图 17

求证：$AE = BE$，$\overset{\frown}{AD} = \overset{\frown}{BD}$，$\overset{\frown}{AC} = \overset{\frown}{BC}$.

证明：连接 OA，OB 分别交 $\odot O$ 于 A，B，

因为 OA，OB 是 $\odot O$ 的半径

所以 $OA = OB$

所以 $\triangle OAB$ 是等腰三角形

因为 $AB \perp DC$

所以 $AE = BE$，$\angle AOE = \angle BOE$（等腰三角形三线合一）

所以 $\overset{\frown}{AD} = \overset{\frown}{BD}$，$\angle AOC = \angle BOC$

所以 $\overset{\frown}{AC} = \overset{\frown}{BC}$.

6.3.1.2 椭圆中的垂径定理

（1）椭圆中的垂径定理.

换一个角度认识圆的垂径定理：圆中有一条非直径的弦，那么这条弦垂直于

过其中点的直径. 对于椭圆也有类似的性质，我们称之为椭圆的"垂径定理"，描述如下：

结论 6 已知不过椭圆中心 O 的直线与椭圆 $\dfrac{x^2}{m^2}+\dfrac{y^2}{n^2}=1$ 交于 A，B 两点，M 为弦 AB 的中点，则直线 AB 与直线 OM 的斜率之积 $k_{AB}\cdot k_{OM}=-\dfrac{n^2}{m^2}$.

证明：（点差法是证明这一性质的最好方法）

设 $A(x_1,y_1)$，$B(x_2,y_2)$，$M(x_0,y_0)$，则

$$\dfrac{x_1^2}{m^2}+\dfrac{y_1^2}{n^2}=1，\dfrac{x_2^2}{m^2}+\dfrac{y_2^2}{n^2}=1.$$

两式相减，有 $\dfrac{x_1^2-x_2^2}{m^2}+\dfrac{y_1^2-y_2^2}{n^2}=0$，

两边同时除以 $(x_1^2-x_2^2)$，并化简可得 $\dfrac{y_1^2-y_2^2}{x_1^2-x_2^2}=-\dfrac{n^2}{m^2}$，

利用平方差公式变形，有 $\dfrac{y_1-y_2}{x_1-x_2}\cdot\dfrac{y_1+y_2}{x_1+x_2}=-\dfrac{n^2}{m^2}$，

而 $\dfrac{y_1-y_2}{x_1-x_2}=k_{AB}$，$\dfrac{y_1+y_2}{x_1+x_2}=\dfrac{2y_0}{2x_0}=\dfrac{y_0}{x_0}=k_{OM}$，

所以 $k_{AB}\cdot k_{OM}=-\dfrac{n^2}{m^2}$.

注一：当 $m=n=r$ 时，椭圆的垂径定理描述的内容即为圆的垂径定理.

注二：这里并不要求 $m>n$，也就是说此结论对焦点在 x 轴和焦点在 y 轴上的椭圆均适用.

注三：双曲线 $\dfrac{x^2}{m^2}-\dfrac{y^2}{n^2}=\pm1$ 的垂径定理中的斜率之积 $k_{AB}\cdot k_{OM}=\dfrac{n^2}{m^2}$. 对实轴在 x 轴或在 y 轴上的双曲线均适用. 椭圆与双曲线方程可统一为 $\dfrac{x^2}{m}+\dfrac{y^2}{n}=1$（$m$，$n\neq0$）.

（2）椭圆垂径定理的本质.

课本（选修 $1-1$，第 35 页；选修 $2-1$，第 41 页，例 3 的发现）有例题.

结论 7 若动点 $M(x,y)$ 到两定点 $(a,0)$，$(-a,0)$ 斜率之积为负常数 $-\dfrac{b^2}{a^2}$，则动点 M 的轨迹是椭圆，方程为 $\dfrac{x^2}{a^2}+\dfrac{y^2}{b^2}=1$（广义说法，含极限点）.

$$\left[\text{源于：}\dfrac{x^2}{a^2}+\dfrac{y^2}{b^2}=1\Leftrightarrow\dfrac{y^2}{b^2}=1-\dfrac{x^2}{a^2}=-\dfrac{(x-a)(x+a)}{a^2}\Leftrightarrow\dfrac{y}{x-a}\cdot\dfrac{y}{x+a}=-\dfrac{b^2}{a^2}.\right]$$

椭圆中更一般的结论：

结论 8　若动点 $M(x，y)$ 到两定点 $A(x_0，y_0)$，$B(-x_0，-y_0)$ 斜率之积 k_{MA}·

$k_{MB} = -\dfrac{b^2}{a^2}$，则动点 M 的轨迹是椭圆，方程为 $\dfrac{x^2}{a^2} + \dfrac{y^2}{b^2} = 1$.

$$\left(\frac{y-y_0}{x-x_0} \cdot \frac{y+y_0}{x+x_0} = -\frac{b^2}{a^2} \Leftrightarrow \frac{x^2}{a^2} + \frac{y^2}{b^2} = \frac{x_0^2}{a^2} + \frac{y_0^2}{b^2} = 1\right)$$

有心曲线（椭圆、双曲线）的垂径定理统一为：

结论 9　直线 l 和曲线 $\dfrac{x^2}{m} + \dfrac{y^2}{n} = 1$（$mn \neq 0$）相交于 A，B 两点，M 为弦 AB 的

中点，O 为曲线的对称中心，若 k_{AB} 和 k_{OM} 存在，则

$$k_{AB} \cdot k_{OM} = -\frac{n}{m}.$$

以椭圆为例进行证明：如图 18，由结论 6
可知，

$$k_{AB} \cdot k_{OM} = k_{AB} \cdot k_{AC} = -\frac{b^2}{a^2} = -\frac{n^2}{m^2}.$$

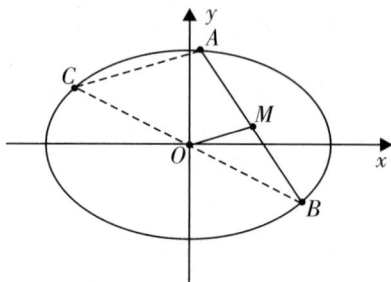

图 18

6.3.1.3　圆的切线性质

在圆的垂径定理中，当弦 AB 两端点重合
时，这时直线 AB 变为圆的切线，从而得到圆
的切线性质.

圆的切线性质定理　圆的切线垂直于过其切点的半径；经过半径的非圆心一
端，并且垂直于这条半径的直线，就是这个圆的一条切线.

圆的切线性质定理的推论：

（1）经过切点垂直于切线的线段必是此圆的直径或半径.

（2）圆的切线垂直于经过切点的半径.

6.3.1.4　椭圆的切线性质

在椭圆的垂径定理中，当弦 AB 两端点重合时，直线 AB 变为椭圆的切线，
从而得到椭圆的切线性质：

结论 10　已知中心为 O 的椭圆 $\dfrac{x^2}{m^2} + \dfrac{y^2}{n^2} = 1$ 上任一点 P 处的切线为 l，则切线

l 与直线 OP 的斜率之积 $k_l \cdot k_{OP} = -\dfrac{n^2}{m^2}$.

同理得到双曲线的切线性质：中心为 O 的双曲线 $\dfrac{x^2}{m^2} - \dfrac{y^2}{n^2} = \pm 1$ 上一点 P 处的

切线为 l，则切线 l 与直线 OP 的斜率之积 $k_l \cdot k_{OP} = \dfrac{n^2}{m^2}$.

一般性结论还有：

结论 11 直线 l 和曲线 $\dfrac{x^2}{m}+\dfrac{y^2}{n}=1(mn\neq 0)$ 相切于点 P，O 为曲线的对称中心，若 k_l 和 k_{OP} 存在，则 $k_l\cdot k_{OP}=-\dfrac{n}{m}$.

证明：设切点 $P(x_0,y_0)$，则 $k_l=-\dfrac{nx_0}{my_0}$，而 $k_{OP}=\dfrac{y_0}{x_0}$，则 $k_l\cdot k_{OP}=-\dfrac{n}{m}$，从而得证.

以上结论推广可得如下结论：

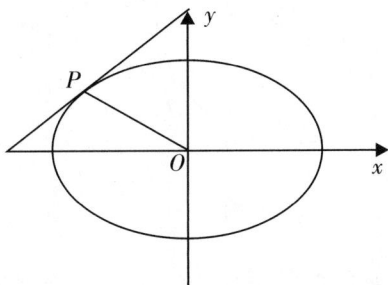

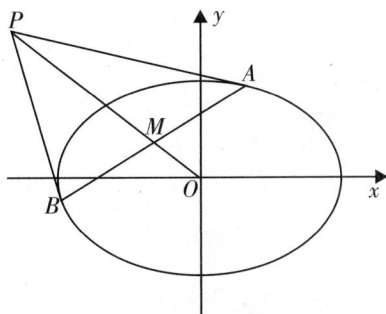

图 19   图 20

结论 12 若点 $P(x_0,y_0)$ 为曲线 $\dfrac{x^2}{m}+\dfrac{y^2}{n}=1(mn\neq 0)$ 外一点，过该点作 PA,PB 分别切曲线于点 A，B，若 k_{AB} 和 k_{OP} 存在，则 $k_{AB}\cdot k_{OP}=-\dfrac{n}{m}$，且直线 OP 平分弦 AB.

证明：切点弦 AB 所在直线的方程为 $\dfrac{x_0x}{m}+\dfrac{y_0y}{n}=1$，显然 $k_{AB}\cdot k_{OP}=-\dfrac{n}{m}$，设线段 AB 的中点为 M，则由结论 9 可知 $k_{AB}\cdot k_{OM}=-\dfrac{n}{m}$，所以 O，P，M 三点共线，所以 OP 平分弦 AB.

6.3.2 椭圆中的相交弦与切割线定理

6.3.2.1 圆的几个定理

圆中有一个优美的性质——相交弦定理，如下：

（1）相交弦定理：圆 O 的两弦 AB，CD 交于圆内一点 M，则 $MA\cdot MB=MC\cdot MD$. 如图 21 所示.

证明：$MA \cdot MB = MC \cdot MD \Leftrightarrow \dfrac{MA}{MC} = \dfrac{MD}{MB}$

$\Leftarrow \triangle AMC \backsim \triangle DMB \Leftarrow \begin{cases} \angle ACM = \angle DBM \text{（圆周角）}, \\ \angle AMC = \angle DMB \text{（对顶角）}, \end{cases}$

显然成立.

由此推广得到割线定理.

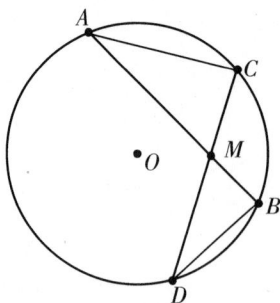 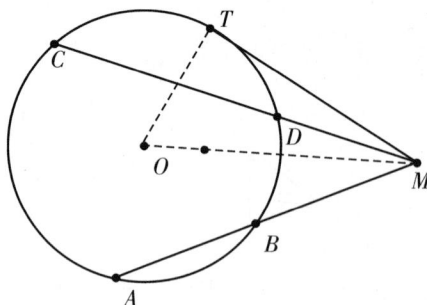

图 21   图 22

（2）割线定理：过圆 O 外一点 M 作圆的两条割线 AB,CD，与圆相交于 A,B，C,D，则 $MA \cdot MB = MC \cdot MD$.

考虑割线的特殊情况变成切线，得到切割线定理.

（3）切割线定理：过圆 O 外一点 M 作圆的一条割线交圆于 A，B 点，作圆的一条切线 MT，与圆切点为 T，则 $MA \cdot MB = MT^2$. 如图 22 所示

进一步又得切线长定理. 其实，这些定理本质一样，就是过一点作两直线与圆相交（或相切）的结论. 这一组美妙的性质在椭圆中会如何体现？在一般圆锥曲线中又如何体现？我们坚信在圆锥曲线中应该有统一的形式.

6.3.2.2　探讨相交弦定理在椭圆中的形式

在椭圆 $\dfrac{x^2}{a^2} + \dfrac{y^2}{b^2} = 1$ 中的长轴与短轴就是椭圆的两条弦，交于中心 O，因为 $aa \neq bb$，所以可知，圆中的相交弦定理在椭圆中不成立. 那么它会变成怎样的形式呢？

回到圆中分析，$MA \cdot MB = MC \cdot MD \Leftrightarrow \dfrac{MA \cdot MB}{MC \cdot MD} = 1$，是不是在圆锥曲线中这一比值会变为其他数呢？

如图 23，设过点 $P(x_0,y_0)$ 的直线 l，m 的倾斜角分别为 α，β，椭圆 E 为

$\dfrac{x^2}{a^2}+\dfrac{y^2}{b^2}=1(a>b>0)$，其焦点不妨设为 $F(c,0)(c=\sqrt{a^2-b^2})$，则可设直线 l：

$\begin{cases} x=x_0+t\cos\alpha \\ y=y_0+t\sin\alpha \end{cases}$（$t$ 为参数），代入椭圆 $\dfrac{x^2}{a^2}+\dfrac{y^2}{b^2}=1$，得

$(b^2\cos^2\alpha+a^2\sin^2\alpha)\cdot t^2+2(b^2x_0\cos\alpha+a^2y_0\sin\alpha)\cdot t+b^2x_0^2+a^2y_0^2-a^2b^2=0$

设点 A，B 对应的参数 t 分别为 t_1，t_2，则

$$t_1t_2=\dfrac{b^2x_0^2+a^2y_0^2-a^2b^2}{b^2\cos^2\alpha+a^2\sin^2\alpha}$$

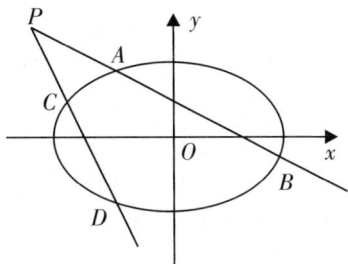

图 23

即 $|PA|\cdot|PB|=\dfrac{|b^2x_0^2+a^2y_0^2-a^2b^2|}{b^2\cos^2\alpha+a^2\sin^2\alpha}$，

同理有

$$|PC|\cdot|PD|=\dfrac{|b^2x_0^2+a^2y_0^2-a^2b^2|}{b^2\cos^2\beta+a^2\sin^2\beta}, \qquad ①$$

所以 $\dfrac{|PA|\cdot|PB|}{|PC|\cdot|PD|}=\dfrac{b^2\cos^2\beta+a^2\sin^2\beta}{b^2\cos^2\alpha+a^2\sin^2\alpha}.$ ②

式②就是我们得到的椭圆割线的初步结果. 在式②中若 $a=b$，椭圆变为圆，式②为圆的割线定理，$\dfrac{|PA|\cdot|PB|}{|PC|\cdot|PD|}=1$；若 $\beta=\pi-\alpha$，也有 $\dfrac{|PA|\cdot|PB|}{|PC|\cdot|PD|}=1$，这是高中数学选修 $4-4$ "坐标系与参数方程"（人教 A 版）第 38 页例 4 的内容.

我们还发现式①的比值只与椭圆长短轴长和直线的倾斜角有关，与点 P 的坐标无关. 所以很自然想到取点 P 为椭圆中心，易得结果. 但对抛物线来说没有中心，因而取椭圆的一个焦点更科学.

过焦点 F 作与直线 l 平行的焦点弦为 MN，即在式①中将 (x_0,y_0) 代为 $(c,0)$，得

$$|FM|\cdot|FN|=\dfrac{|b^2c^2-a^2b^2|}{b^2\cos^2\alpha+a^2\sin^2\alpha}=\dfrac{b^4}{b^2\cos^2\alpha+a^2\sin^2\alpha}, \qquad ③$$

而 $\dfrac{1}{|FM|}+\dfrac{1}{|FN|}=\dfrac{2}{ep}=\dfrac{2a}{b^2}$[注一]，

所以 $|MN|=|FM|+|FN|=\dfrac{2a}{b^2}|FM|\cdot|FN|$，

将③代入，得 $|MN|=\dfrac{2ab^2}{b^2\cos^2\alpha+a^2\sin^2\alpha}.$

即 $d_1=\dfrac{2ab^2}{b^2\cos^2\alpha+a^2\sin^2\alpha}.$

同理 $d_2=\dfrac{2ab^2}{b^2\cos^2\beta+a^2\sin^2\beta}.$

所以 $\dfrac{d_1}{d_2} = \dfrac{b^2\cos^2\beta + a^2\sin^2\beta}{b^2\cos^2\alpha + a^2\sin^2\alpha}$.

所以 $\dfrac{|PA|\cdot|PB|}{|PC|\cdot|PD|} = \dfrac{d_1}{d_2}$.

同理分析其他圆锥曲线，得到以下统一定理．

定理1　过点 P 的直线 l，m 分别交圆锥曲线 E 于点 A,B,C 和 D，d_1,d_2 为与直线 l，m 分别平行的焦点弦长，则 $\dfrac{|PA|\cdot|PB|}{|PC|\cdot|PD|} = \dfrac{d_1}{d_2}$.

当点 P 在圆锥曲线外（不含焦点的部分），且 C,D 重合于点 T 时，即得圆锥曲线的切割线定理．

定理2　点 P 在圆锥曲线外（不含焦点的部分），过点 P 的直线 l 与圆锥曲线 E 交于点 A,B，过点 P 的直线 m 与 E 切于点 T，d_1，d_2 为与直线 l，m 分别平行的焦点弦长，则 $\dfrac{|PA|\cdot|PB|}{PT^2} = \dfrac{d_1}{d_2}$.

类似地，还可得：

定理3　点 P 在圆锥曲线外（不含焦点的部分），过点 P 的直线 l，m 与圆锥曲线 E 分别切于点 A 和 B，d_1，d_2 为与直线 l，m 分别平行的焦点弦长，则 $\dfrac{PA^2}{PB^2} = \dfrac{d_1}{d_2}$.

注四：在极坐标系下，以焦点 F 为极点的圆锥曲线的方程为 $\rho = \dfrac{ep}{1 - e\cos\theta}$，过焦点的弦为 MN，则 $\dfrac{1}{FM} + \dfrac{1}{FN} = \dfrac{1 - e\cos\theta}{ep} + \dfrac{1 + e\cos\theta}{ep} = \dfrac{2}{ep}$，

而 p 为焦点到对应准线距离，$p = \dfrac{a^2}{c} - c = \dfrac{b^2}{c}$，$e = \dfrac{c}{a}$，

所以 $\dfrac{1}{FM} + \dfrac{1}{FN} = \dfrac{2}{ep} = \dfrac{2a}{b^2}$.

6.4 对直线 $x_0 x + y_0 y = r^2$ 与 $x^2 + y^2 = r^2$ 的几何关系的探讨

> 提出一个问题往往比解决一个问题更为重要.
>
> ——阿尔伯特·爱因斯坦

要认识一个数学问题的本质，可从它的特殊性与普遍性的辩证关系去分析，而特殊性与普遍性的关系往往联系着"数"与"形"的转化，从代数形式寻求几何意义无疑是数学发展的一条道路，也是学懂数学、认识数学的最好的思想方法.

如图 24，已知 a_1，a_2，$\cdots$，a_n；b_1，b_2，$\cdots$，b_n（n 是正整数），则 $a_1 b_1 + a_2 b_2 + \cdots + a_n b_n$ 表示图中的矩形面积和. 若令 $L_1 = b_1 + b_2 + \cdots + b_n$，$L_2 = b_2 + b_3 + \cdots + b_n$，$\cdots$，$L_n = b_n. c_k = a_k - a_{k-1}(2 \leq k \leq n)$. 则

$a_1 L_1 + c_2 L_2 + c_3 L_3 + \cdots + c_k L_k + \cdots + c_n L_n$ 也为图中矩形面积和. 由此得到恒等式：

$$a_1 b_1 + a_2 b_2 + \cdots + a_n b_n = a_1 L_1 + c_2 L_2 + c_3 L_3 + \cdots + c_k L_k + \cdots + c_n L_n.$$

计算两次，结果相等，这是列方程的主要思想，上面数形结合表现得更为明显. 这个变换称为阿贝尔变换，它体现出代数的形式与几何内容的关系. 我们用此数形结合的思想分析课本的每个问题会得到意想不到的收获.

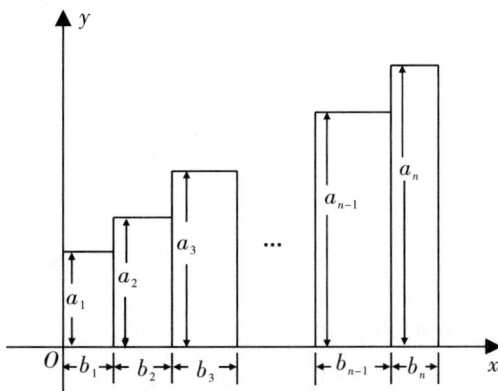

图 24

6.4.1 直线 $x_0x + y_0y = r^2$ 与圆 $x^2 + y^2 = r^2$ 的几何关系

6.4.1.1 问题的提出

高中数学课本上有一个重要结论，具体如下：

结论 13 过圆 $x^2 + y^2 = r^2$ 上一点 $P_0(x_0, y_0)$ 的切线方程为 $x_0x + y_0y = r^2$.

此切线方程 $x_0x + y_0y = r^2$ 好像是在已知的圆方程 $x^2 + y^2 = r^2$ 中作以下置换：$x^2 \rightarrow x_0x$，$y^2 \rightarrow y_0y$ 而得到. 那么当点 $P_0(x_0, y_0)$ 不在已知圆上时同样可以置换出直线 l：$x_0x + y_0y = r^2$，请问这时的直线 l：$x_0x + y_0y = r^2$ 与圆 O：$x^2 + y^2 = r^2$ 有什么几何关系？

6.4.1.2 探索问题

（1）当点 $P(x_0, y_0)$ 在圆 O 外时，如图 25.

首先我们分析直线 l 与圆 O 的位置关系：因为圆心 $O(0,0)$ 到直线 l：$x_0x + y_0y = r^2$ 的距离 $d = \dfrac{r^2}{\sqrt{x_0^2 + y_0^2}} < r$，即直线与圆相交. 又发现直线 l 与直线 OP 垂直，$K_{OP} = \dfrac{y_0}{x_0}, k_l = -\dfrac{x_0}{y_0}, K_{OP} \cdot k_l = -1$.

设此直线 l 上任一点为 $M(x, y)$，设 l 与 OP 的交点为 D，

$x_0x + y_0y = r^2 \Leftrightarrow r^2 = (x_0, y_0) \cdot (x, y) = \overrightarrow{OP} \cdot \overrightarrow{OM} = |\overrightarrow{OP}| \cdot |\overrightarrow{OM}| \cos \angle MOD = |OP| \cdot |OD|$，即 $|OP| \cdot |OD| = r^2$.

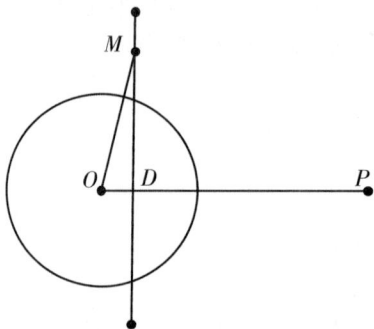

图 25

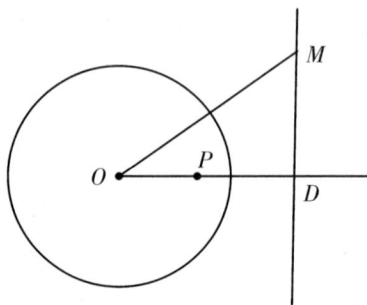

图 26

（2）当点 $P(x_0, y_0)$ 在圆 O 内时（非圆心），如图 26.

首先我们分析直线 l 与圆 O 的位置关系：

因为圆心 $O(0, 0)$ 到直线 $x_0x + y_0y = r^2$ 的距离 $d = \dfrac{r^2}{\sqrt{x_0^2 + y_0^2}} > r$，即直线与圆

相离.

又发现直线 l 与直线 OP 垂直，$K_{OP} = \dfrac{y_0}{x_0}, k_l = -\dfrac{x_0}{y_0}, K_{OP} \cdot k_l = -1$.

设此直线上任一点为 $M(x, y)$，l 与 OP 的交点为 D，如图27.

$$x_0 x + y_0 y = r^2 \Leftrightarrow r^2 = (x_0, y_0) \cdot (x, y)$$
$$= \overrightarrow{OP} \cdot \overrightarrow{OM} = |\overrightarrow{OP}| \cdot |\overrightarrow{OM}| \cos \angle MOD$$
$$= |OP| \cdot |OD|$$

得出与（1）同样的关系式：$|OP| \cdot |OD| = r^2$.

6.4.1.3　$|OP| \cdot |OD| = r^2$ 的作图

上面的问题都归到"已知圆 O 的半径 r 和 $|OP|$，在 OP 上求作点 D 满足 $|OP| \cdot |OD| = r^2$"的问题上.

设直线 l 与圆 O 的交点为 A，B，连接 OA，AP，由 $|OP| \cdot |OD| = r^2$，

得 $|OP| \cdot |OD| = |OA|^2 \Leftrightarrow \dfrac{|OP|}{|OA|} = \dfrac{|OA|}{|OD|}$.

而在 $\triangle ODA$ 与 $\triangle OAP$ 中（如图27），$\angle AOD = \angle POA$，

所以 $\triangle ODA \backsim \triangle OAP$

所以 $\angle OAP = \angle ODA = 90°$.

图 27

所以 PA 为圆 O 的切线，A 为切点.（点 D 与点 P 互为反演点，由一个可得另一个.）

由此得到直线 l 的几何意义及作图方法：

（1）若 P 在圆 O 外，自 P 向圆作两切线，连接两切点的直线就是直线 l：$x_0 x + y_0 y = r^2$.

（2）若 P 在圆 O 内，过 P 作 OP 的垂线，与圆交于点 A，B，过点 A 作圆的切线与 OP 延长线交于点 D，过点 D 作 OP 垂线，此线就是 l：$x_0 x + y_0 y = r^2$.

6.4.1.4　重要结论

由以上的分析，我们可得以下结论.

结论14　已知圆 $x^2 + y^2 = r^2$ 外一点 $P(x_0, y_0)$，过 P 作该圆的两条切线，设切点为 A，B，则过切点 A，B 的直线方程为 $x_0 x + y_0 y = r^2$，如图28.

结论15　已知圆 O：$x^2 + y^2 = r^2$ 内一点 $P(x_0, y_0)$，过 P 作 OP 的垂线交圆 O 于 A，B，过 A 作圆的切线交 OP 直线于 D，过 D 作直线 $l \perp OD$，则直线 l 的方程为 $x_0 x + y_0 y = r^2$.

结论14还可用解析法证明如下.

证明：设两切点的坐标为 $A(x_1, y_1)$，$B(x_2, y_2)$

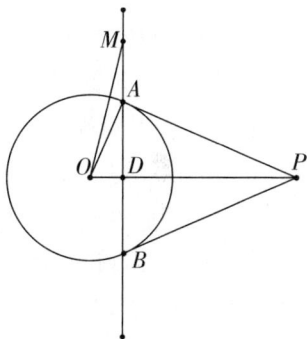

由结论 13 可知 l_{AP}：$x_1 x + y_1 y = r^2$；l_{BP}：$x_2 x + y_2 y = r^2$

而 l_{AP}，l_{BP} 交于 $P(x_0, y_0)$，即

$x_1 x_0 + y_1 y_0 = r^2$

$x_2 x_0 + y_2 y_0 = r^2$

观察以上两式，我们发现相当于在 $x_0 x + y_0 y = r^2$ 中将 (x_1, y_1)，(x_2, y_2) 代入得到的两式，而 $x_0 x + y_0 y = r^2$ 是一条直线，说明 $x_0 x + y_0 y = r^2$ 过 A，B 两点.

所以 AB 所在的直线方程为 $x_0 x + y_0 y = r^2$.

从轨迹的思想进一步得到以下结论.

结论 16 过圆 $x^2 + y^2 = r^2$ 内一点 $P(x_0, y_0)$（非圆心）任意作该圆的弦，则过该圆每一条弦两端点的两切线交点的轨迹方程为 $x_0 x + y_0 y = r^2$. 反之由直线 $x_0 x + y_0 y = r^2$ 上任一点向圆 $x^2 + y^2 = r^2$ 作两切线，切点弦必交于一点 $P(x_0, y_0)$.

图 28

证明：过 $P(x_0, y_0)$ 作一弦与圆 $x^2 + y^2 = r^2$ 交于 A，B，设 $A(x_1, y_1)$，$B(x_2, y_2)$. 分别过 A，B 作圆的两切线，设两切线交于 $M(x', y')$. 由结论 13 和结论 14 可知 A，B 所在直线方程为：

$x' x + y' y = r^2$.

点 $P(x_0, y_0)$ 满足，即 $x' x_0 + y' y_0 = r^2$.

这是 M 点的坐标 (x', y') 满足的关系式，即为 M 点的轨迹方程. 若设 M 点的坐标为 (x, y)，则 M 点的轨迹方程为 $x_0 x + y_0 y = r^2$.

反之同理证明.

结论 17 过圆 $x^2 + y^2 = r^2$ 外一点 $P(x_0, y_0)$ 任意作该圆的割线，再过两交点作该圆的切线，两切线交点所在的轨迹方程为 $x_0 x + y_0 y = r^2$. 反之由直线 $x_0 x + y_0 y = r^2$ 上任一点向圆 $x^2 + y^2 = r^2$ 作两切线，切点连线交于一点 $P(x_0, y_0)$.

证明略.

其实结论 16 与结论 17 可以统一为一个结论.

结论 18 过点 $P(x_0, y_0)$ 作直线与圆 $x^2 + y^2 = r^2$ 相交，过每对交点作圆切线，两切线交点的轨迹为直线 $x_0 x + y_0 y = r^2$；过直线 $x_0 x + y_0 y = r^2$ 上任一点作圆 $x^2 + y^2 = r^2$ 两切线（存在的话），切点弦交于点 $P(x_0, y_0)$.

以上性质完全可以推广到一般圆锥曲线中.

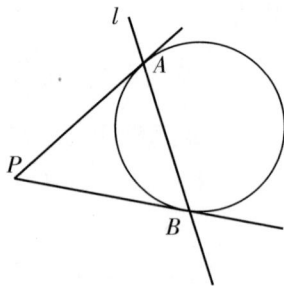

6.4.2 圆锥曲线的极点与极线及完全四边形定理

6.4.2.1 圆锥曲线的极点与极线定义

以上圆的性质就是圆锥曲线的极点与极线性质在圆中的体现，我们有必要系

统研究圆锥曲线的性质. 圆锥曲线（也称为"二次曲线"）有许多奇妙的性质，其中极点与极线就是最具代表性的特点之一. 为了方便掌握，我们从方程角度给出定义.

定义 对于圆锥曲线 $\Gamma: Ax^2 + Bxy + Cy^2 + Dx + Ey + F = 0$，已知点 $P(x_0, y_0)$（非中心）及直线 $L: Ax_0x + B\dfrac{x_0y + y_0x}{2} + Cy_0y + D\dfrac{x_0 + x}{2} + E\dfrac{y_0 + y}{2} + F = 0$，我们称点 $P(x_0, y_0)$ 为直线 L 关于圆锥曲线 Γ 的极点，称直线 L 为点 P 关于圆锥曲线 Γ 的极线.

从形式上看，直线 L 的方程是在圆锥曲线方程中按照以下置换：$x^2 \to x_0x$，$y^2 \to y_0y$，$xy \to \dfrac{x_0y + y_0x}{2}$，$x \to \dfrac{x_0 + x}{2}$，$y \to \dfrac{y_0 + y}{2}$ 得到的.

特例 1 以圆锥曲线焦点为极点的极线是该焦点所对应的准线. 反之亦真. 我们以抛物线为例来说明：

例 13 设 AB 是抛物线 $y^2 = 2px$ 的一条过焦点 $(\frac{p}{2}, 0)$ 的弦，A, B 在抛物线上，TA, QB 为其切线，则 TA, QB 交点 P 在准线 $l: x = -\dfrac{p}{2}$ 上.

证明：设 $A(x_1, y_1), B(x_2, y_2)$，则切线的方程与准线方程为

$$l_{AT}: y_1y = p(x + x_1) \qquad ①$$
$$l_{BQ}: y_2y = p(x + x_2) \qquad ②$$
$$l: x = -\frac{p}{2} \qquad ③$$

将③代入①得：$y = \dfrac{p}{y_1}\left(x_1 - \dfrac{p}{2}\right) = \dfrac{1}{y_1}\left(\dfrac{2px_1 - p^2}{2}\right) = \dfrac{1}{y_1}\left(\dfrac{y_1^2 + y_1y_2}{2}\right) = \dfrac{y_1 + y_2}{2}$

将③代入②得：

$$y = \frac{p}{y_2}\left(x_2 - \frac{p}{2}\right) = \frac{1}{y_2}\left(\frac{2px_2 - p^2}{2}\right) = \frac{1}{y_2}\left(\frac{y_2^2 + y_1y_2}{2}\right) = \frac{y_1 + y_2}{2}$$

即 l_{AT} 与 l_{BQ} 相交于准线上的一点 $\left(-\dfrac{p}{2}, \dfrac{y_1 + y_2}{2}\right)$. 得证.

6.4.2.2 完全四边形定理

完全四边形定理 一个四边形的四个顶点在一条二次曲线上，则这个四边形的对边延长线的交点（假设四边形对边不平行）及其对角线交点组成的三角形的任一顶点是其对边的极点.

如图 29 所示，点 Q 的极线是直线 PR，点 P 的极线是直线 QR，点 R 的极线是直线 PQ.

该定理的证明可通过后面的性质体现.

6.4.2.3　圆锥曲线的极点与极线性质

类比于圆的圆锥曲线的性质，归纳如下：

性质1　过二次曲线 $Ax^2 + Bxy + Cy^2 + Dx + Ey + F = 0$ 一点 $P(x_0, y_0)$ 的切线方程为

$$Ax_0x + B\frac{x_0y + y_0x}{2} + Cy_0y + D\frac{x_0 + x}{2} +$$

$$E\frac{y_0 + y}{2} + F = 0.$$ 即若极点在圆锥曲线上，

则极线为过该点的切线.（证明附后）

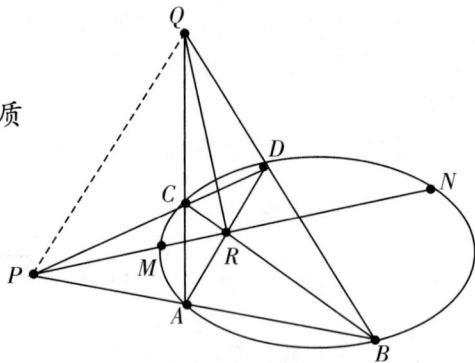

图 29

特例2　设 $P(x_0, y_0)$ 是椭圆 $\frac{x^2}{a^2} + \frac{y^2}{b^2} = 1(a > b > 0)$ 上一点，则过 P 点的椭圆切线方程为 $\frac{x_0x}{a^2} + \frac{y_0y}{b^2} = 1$.

可以设切线方程与椭圆方程联立，令 $\Delta = 0$ 求出斜率，然后求得切线方程，运算过程较麻烦. 若借助导数可快速证明如下：

证明：设椭圆方程为 $\frac{x^2}{a^2} + \frac{y^2}{b^2} = 1$，

两边对 x 取导，得：$\frac{2x}{a^2} + \frac{2yy'}{b^2} = 0$，

故椭圆上任意一点 (x, y) 处的切线的斜率 $k = y' = -\frac{b^2x}{a^2y}$；

若 $P(x_0, y_0)$ 是椭圆上的任意一点，那么过 P 的切线方程为：

$$y = -\frac{b^2x_0}{a^2y_0}(x - x_0) + y_0$$

化简为 $\frac{x_0x}{a^2} + \frac{y_0y}{b^2} = 1$

证毕.

后面的性质我们以椭圆的标准方程表述，当然在圆锥曲线的一般方程中都成立.

性质2　点 $P(x_0, y_0)$ 为圆锥曲线 $\frac{x^2}{a^2} + \frac{y^2}{b^2} = 1$ 外一点，过 P 作该圆锥曲线的两条切线，设切点为 A，B，则过切点 A，B 的直线方程为极线 $\frac{x_0x}{a^2} + \frac{y_0y}{b^2} = 1$.

性质 3 过点 $P(x_0, y_0)$ 作一直线与圆锥曲线 $\dfrac{x^2}{a^2} + \dfrac{y^2}{b^2} = 1$ 相交，过交点作圆锥曲线 $\dfrac{x^2}{a^2} + \dfrac{y^2}{b^2} = 1$ 的切线，两切线交点的轨迹方程为直线 $\dfrac{x_0 x}{a^2} + \dfrac{y_0 y}{b^2} = 1$；过直线 $\dfrac{x_0 x}{a^2} + \dfrac{y_0 y}{b^2} = 1$ 上任一点作圆锥曲线两切线（存在的话），切点弦交于点 $P(x_0, y_0)$.

特例 3 直线 PT 是 Q 点关于曲线 $\dfrac{x^2}{A} + \dfrac{y^2}{B} = 1$ 的极线，那么，直线 PT 过点 $K\left(\dfrac{A}{x_0}, 0\right)$ 的充要条件是 Q 在直线 $x = x_0$ 上.

在特例 1 中，若 $x = x_0 = \dfrac{A}{c}$ 即为准线，则 $K(c,0)$ 即为焦点 F，而且可证 $QF \perp PT$.

特例 4 过椭圆 $\dfrac{x^2}{a^2} + \dfrac{y^2}{b^2} = 1$ 准线 $x = \dfrac{a^2}{c}$ 上任一点作椭圆两切线，切点弦过定点，定点为该准线对应焦点 $F(c,0)$，且 $QF \perp PT$.

性质 2 与性质 3 与圆中的证明完全一样.

性质 4 设 $P(x_0, y_0)$ 是圆锥曲线 Γ $\left[\text{椭圆} \dfrac{x^2}{a^2} + \dfrac{y^2}{b^2} = 1(a > b > 0)\text{，双曲线} \dfrac{x^2}{a^2} - \dfrac{y^2}{b^2} = 1(a > 0, b > 0)\text{，抛物线} y^2 = 2px(p > 0)\right]$ 的一个极点，它对应的极线为 L，过 P 任意引一条直线，交 Γ 于点 A, B，交 L 于点 Q，若点 A 位于 P，Q 间，则

$$\frac{1}{PA} + \frac{1}{PB} = \frac{2}{PQ}.$$

若用距离表示，则

（1）当 P 在 Γ 外时，$\dfrac{1}{|PA|} + \dfrac{1}{|PB|} = \dfrac{2}{|PQ|}$；

（2）当 P 在 Γ 内时，$\dfrac{1}{|PA|} - \dfrac{1}{|PB|} = \dfrac{2}{|PQ|}$.

以下仅给出 Γ 为椭圆情形时定理的证明，对于 Γ 为双曲线或抛物线的情形，证明可仿照进行.

证明：点 P, A, B 共线，且 $P(x_0, y_0)$，设 AB 的参数方程为

$$\begin{cases} x = x_0 + t\cos\alpha \\ y = y_0 + t\sin\alpha \end{cases} \quad (\alpha \text{ 为直线的倾斜角，} t \text{ 为参数}) \qquad ①$$

代入 Γ 的方程 $\dfrac{x^2}{a^2} + \dfrac{y^2}{b^2} = 1$，整理得

$$(b^2\cos^2\alpha + a^2\sin^2\alpha)t^2 + 2(b^2 x_0\cos\alpha + a^2 y_0\sin\alpha)t + b^2 x_0^2 + a^2 y_0^2 - a^2 b^2 = 0 \qquad ②$$

设以上关于 t 的二次方程的两根为 t_1，t_2，则由参数方程中 t 的几何意义知 $t_1 = PA$，$t_2 = PB$（有向线段的数量），由韦达定理得

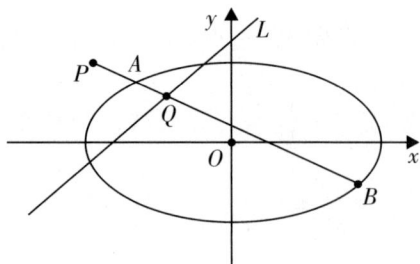

$$t_1 + t_2 = -\frac{2(b^2 x_0 \cos \alpha + a^2 y_0 \sin \alpha)}{b^2 \cos^2 \alpha + a^2 \sin^2 \alpha}$$

$$t_1 \cdot t_2 = \frac{b^2 x_0^2 + a^2 y_0^2 - a^2 b^2}{b^2 \cos^2 \alpha + a^2 \sin^2 \alpha}$$

两式相除得

$$\frac{1}{PA} + \frac{1}{PB} = \frac{1}{t_1} + \frac{1}{t_2}$$

$$= \frac{t_1 + t_2}{t_1 \cdot t_2}$$

$$= -\frac{2(b^2 x_0 \cos \alpha + a^2 y_0 \sin \alpha)}{b^2 x_0^2 + a^2 y_0^2 - a^2 b^2}$$

图 30

将方程①代入 L 的方程 $\dfrac{x_0 x}{a^2} + \dfrac{y_0 y}{b^2} = 1$ 整理得

$$(b^2 x_0 \cos \alpha + a^2 y_0 \sin \alpha)t + b^2 x_0^2 + a^2 y_0^2 - a^2 b^2 = 0$$

$$\frac{1}{PQ} = \frac{1}{t} = -\frac{b^2 x_0 \cos \alpha + a^2 y_0 \sin \alpha}{b^2 x_0^2 + a^2 y_0^2 - a^2 b^2}$$

所以 $\dfrac{1}{PA} + \dfrac{1}{PB} = \dfrac{2}{PQ}$.

注意数量表示的正负，可得距离表达式.

性质 5 设 $P(x_0, y_0)$ 是圆锥曲线 $\Gamma\left[\text{椭圆} \dfrac{x^2}{a^2} + \dfrac{y^2}{b^2} = 1 \ (a > b > 0)\text{，双曲线}\right.$

$\dfrac{x^2}{a^2} - \dfrac{y^2}{b^2} = 1 \ (a > 0,\ b > 0)$，抛物线 $y^2 = 2px \ (p > 0)\Big]$ 的一个极点，它对应的极线

为 L.

（1）若 Γ 为椭圆或双曲线，OP（O 为中心）或 OP 的延长线交 Γ 于 R，交 L 于 Q，则 $|OP| \cdot |OQ| = |OR|^2$；

（2）若 Γ 为抛物线，l 是 Γ 在顶点 O 处的切线（即 y 轴），过点 P 作 l 的垂线，交 L 于 Q，交 Γ 于 R，则 $|PR| = |QR|$.

证明：（1）以椭圆为例证明. 如图 31，$|OS| = |OR|$，根据定理有

$$\frac{1}{|PR|} + \frac{1}{|PS|} = \frac{2}{|PQ|}$$

$$\Leftrightarrow |PQ| \cdot (|PR| + |PS|) = 2|PR| \cdot |PS|$$

$$\Leftrightarrow (|OP| - |OQ|) \cdot (|OP| - |OR| + |OP| + |OR|)$$
$$= 2(|OP| - |OR|) \cdot (|OP| + |OR|)$$
$$\Leftrightarrow 2(|OP|^2 - |OQ| \cdot |OP|) = 2(|OP|^2 - |OR|^2)$$
$$\Leftrightarrow |OP| \cdot |OQ| = |OR|^2$$

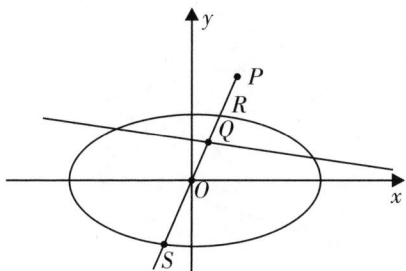

图 31

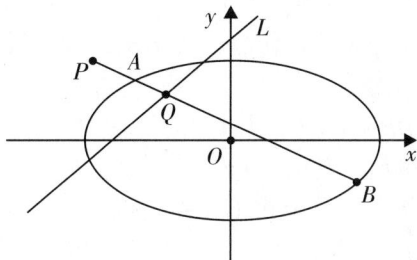

图 32

（2）较易，从略.

在性质 4 中，过一点 $P(x_0, y_0)$ 引一条直线 l 与椭圆 Γ：$\dfrac{x^2}{a^2} + \dfrac{y^2}{b^2} = 1$ 交于点 A，

B，交极线 L：$\dfrac{x_0 x}{a^2} + \dfrac{y_0 y}{b^2} = 1$ 于点 Q，若点 A 位于 P，Q 之间，则 $\dfrac{1}{PA} + \dfrac{1}{PB} = \dfrac{2}{PQ}$.

而 $\dfrac{1}{PA} + \dfrac{1}{PB} = \dfrac{2}{PQ} \Leftrightarrow 2 = \dfrac{PQ}{PA} + \dfrac{PQ}{PB} = \dfrac{PA + AQ}{PA} + \dfrac{PB + BQ}{PB} = 2 + \dfrac{AQ}{PA} + \dfrac{BQ}{PB}$，

即 $\dfrac{PA}{AQ} = -\dfrac{PB}{BQ}$ 或 $\dfrac{\frac{PA}{AQ}}{\frac{PB}{BQ}} = -1$（调和比）.

即点 P，Q 调和分割 A，B. 由此得以下性质.

性质 6 过点 P 作圆锥曲线的割线 l，交点为 A，B，在直线 l 上有一点 Q 满足 $\dfrac{PA}{AQ} + \dfrac{PB}{BQ} = 0$，则点 Q 在点 P 的极线上.

有时调和比 $\dfrac{PA}{AQ} + \dfrac{PB}{BQ} = 0$ 写成距离表示式：$\dfrac{|PA|}{|PB|} = \dfrac{|AQ|}{|BQ|}$.

性质 7 过点 P 作动直线 l 与圆锥曲线交于 A, B，在该直线上有一点 Q 满足 $\dfrac{PA}{AQ} + \dfrac{PB}{BQ} = 0$，则点 Q 的轨迹是点 P 的极线的一段.

性质 8 过点 P 作两条直线分别与圆锥曲线交于 A_1, B_1 与 A_2, B_2，若 $A_1 A_2 \cap B_1 B_2 = D, A_1 B_2 \cap A_2 B_1 = C$，连 CD 交 $A_1 B_1$ 于 R，交 $A_2 B_2$ 于 S，则

$$\frac{PA_1}{A_1R} + \frac{PB_1}{B_1R} = 0, \quad \frac{PA_2}{A_2S} + \frac{PB_2}{B_2S} = 0.$$

即 P，R 调和分割 A_1，B_1，即 P，S 调和分割 A_2，B_2.

证明：在 $\triangle A_1 B_1 D$ 中，由塞瓦定理得

$$\frac{A_1R}{RB_1} \cdot \frac{B_1B_2}{B_2D} \cdot \frac{DA_2}{A_2A_1} = 1,$$

由梅涅劳斯定理，$\triangle A_1 B_1 D$ 被直线 PB_2 所截，得

$$\frac{DB_2}{B_2B_1} \cdot \frac{B_1P}{PA_1} \cdot \frac{A_1A_2}{A_2D} = -1.$$

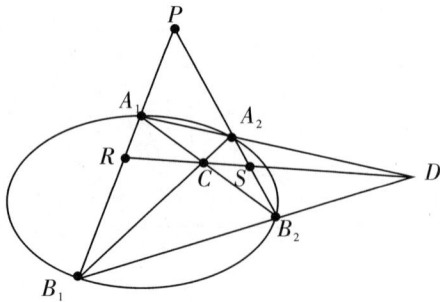

图 33

将上面两个式子相乘，得

$$\frac{A_1R}{RB_1} \cdot \frac{B_1P}{PA_1} = -1, \quad 即 \frac{PA_1}{A_1R} + \frac{PB_1}{B_1R} = 0.$$

即 P，R 调和分割 A_1，B_1.

在 $\triangle A_2 B_2 D$ 中，取三角形外的点 C，由塞瓦定理得

$$\frac{DA_1}{A_1A_2} \cdot \frac{A_2S}{SB_2} \cdot \frac{B_2B_1}{B_1D} = 1,$$

由梅涅劳斯定理，$\triangle A_2 B_2 D$ 被直线 PB_1 所截，得

$$\frac{A_2P}{PB_2} \cdot \frac{B_2B_1}{B_1D} \cdot \frac{DA_1}{A_1A_2} = -1.$$

将上面两个式子相除，得

$$\frac{A_2S}{SB_2} \cdot \frac{B_2P}{PA_2} = -1, \quad 即 \frac{PA_2}{A_2S} + \frac{PB_2}{B_2S} = 0.$$

即 P，S 调和分割 A_2，B_2.

由于 P,R 调和分割 A_1，B_1，即 P，S 调和分割 A_2，B_2，即 RS 为点 P 的极线，从而点 C 与点 D 都是点 P 极线上的点.

此性质的证明与圆锥曲线无关，它是完全四边形的性质. 由于调和分割，当四边形放在圆锥曲线内时，极点与极线的关系就呈现出来. 到此也就证明了前面的定理.

完全四边形定理 一个四边形的四个顶点在一条二次曲线上，则这个四边形的对边延长线的交点（假设四边形对边不平行）及其对角线交点组成的三角形的任一顶点是其对边的极点.

如图 34 所示，点 Q 的极线是直线 PR，点 P 的极线是直线 QR，点 R 的极线是直线 PQ.

另外，由以上性质可知，点 P，R 调和分割 M,N，且点 P,R 调和分割 S,T；

点 Q,S 调和分割 C,A；点 Q,R 调和分割 UV 等.

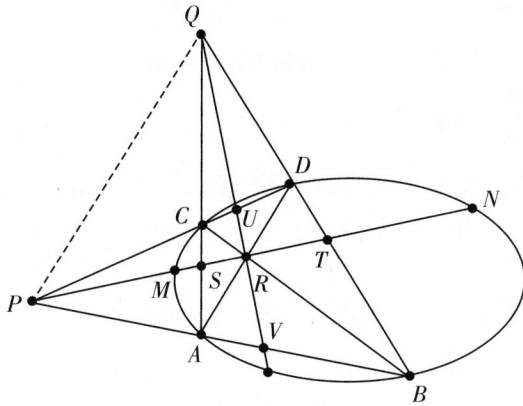

图 34

性质 9 过 $P(x_0,y_0)$ 作圆锥曲线的两条割线，设交点分别为 A，B，C，D，则直线 AD 与 BC 的交点 R 在点 P 的极线上，且直线 AC 与 BD 的交点 Q 也在点 P 的极线上，由此可知，直线 RQ 就是点 P 的极线.

由以上结论，可得过圆锥曲线外一点作圆锥曲线切线的方法：

性质 10 过 $P(x_0,y_0)$ 作圆锥曲线的两条割线 PAB，PCD，设交点分别为 A，B，C，D，若直线 AC 与 BD 的交点为 Q，直线 AD 与 BC 的交点为 R，连接 R，Q 的直线与圆锥曲线交于 T，S，连接 PT，PS，则直线 PT，PS 为圆锥曲线的切线，T，S 为切点（如图 35 所示）.

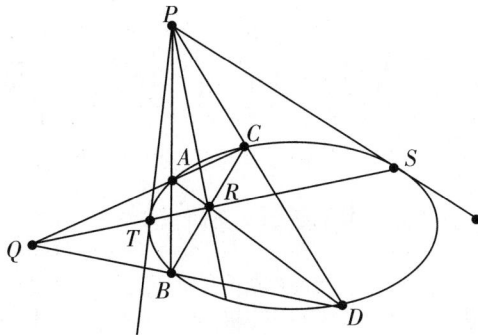

图 35

由以上性质，我们又可发现以下性质：

性质11 （1）如果 P 的极线通过 Q，则 Q 点的极线通过 P.

（2）两点连线的极点是此二点极线的交点；两直线交点的极线是此二直线极点的连线；

（3）共线点的极线必共点；共点线的极点必共线.

6.4.3 极点与极线的应用

许多高考题是以极点与极线为背景编制的，只是未出现极点、极线这两个词语. 有了上面的知识，对待这类高考题如掌上观纹，一眼可看出答案，剩下的问题只需用常规书写.

例14 （2012年北京高考卷第19题）已知曲线 $C:(5-m)x^2+(m-2)y^2=8(m\in\mathbf{R})$，

（1）若曲线 C 是焦点在 x 轴上的椭圆，求 m 的取值范围；（答案：$\dfrac{7}{2}<m<5$.）

（2）设 $m=4$，曲线 C 与 y 轴的交点为 A，B（点 A 位于点 B 的上方），直线 $y=kx+4$ 与曲线 C 交于不同的两点 M，N，直线 $y=1$ 与直线 BM 交于点 G. 求证：A，G，N 三点共线.

分析（2）：$m=4$ 时的椭圆方程为 $x^2+2y^2=8$，直线 $y=kx+4$ 过定点 $(0,4)$，而点 $(0,4)$ 关于椭圆 $x^2+2y^2=8$ 的极线为 $y=1$，所以，A，G，N 三点自然共线.

例15 （2010年江苏高考卷第18题）在平面直角坐标系 xOy 中，如图，已知椭圆 $\dfrac{x^2}{9}+\dfrac{y^2}{5}=1$ 的左、右顶点为 A，B，右焦点为 F. 设过点 $T(t,m)$ 的直线 TA，TB 与椭圆分别交于点 $M(x_1,y_1)$，$N(x_2,y_2)$，其中 $m>0$，$y_1>0$，$y_2>0$.

（1）设动点 P 满足 $PF^2-PB^2=4$，求点 P 的轨迹；（答案：$x=\dfrac{9}{2}$.）

（2）设 $x_1=2$，$x_2=\dfrac{1}{3}$，求点 T 的坐标；〔答案：$(7,\dfrac{10}{3})$.〕

（3）设 $t=9$，求证：直线 MN 必过 x 轴上的一定点（其坐标与 m 无关）.

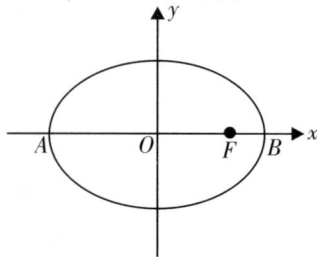

图36

分析（3）：因为点 $(9,m)$ 关于椭圆的极线为 $x+\dfrac{m}{5}y=1$，此极线与 x 轴交于点 $(1,0)$，这就是 MN 所过的定点.

例16 （1995年全国高考卷）已知椭圆：$\dfrac{x^2}{24}+\dfrac{y^2}{16}=1$，直线 $l:\dfrac{x}{12}+\dfrac{y}{8}=1$，

P 是 l 上的点，射线 OP 交椭圆于点 R，又点 Q 在 OP 上，且满足 $|OQ| \cdot |OP| = |OR|^2$，当点 P 在 l 上运动时，求点 Q 的轨迹.

分析：该题答案为：$\dfrac{x^2}{24} + \dfrac{y^2}{16} = \dfrac{x}{12} + \dfrac{y}{8}$. 就是原来两个方程右端 $1 = 1$ 代换的结果. 多么奇妙！这个轨迹就是当极点在直线 l 上运动时，对应的极线与 OP 线的交点轨迹.

例 17 （2012 年福建高考卷）如图，椭圆 $E: \dfrac{x^2}{a^2} + \dfrac{y^2}{b^2} = 1$ 的左焦点为 F_1，右焦点为 F_2，离心率 $e = \dfrac{1}{2}$. 过 F_1 的直线交椭圆于 A，B 两点，且 $\triangle ABF_2$ 的周长为 8.

（1）求椭圆 E 的方程；（答案：$\dfrac{x^2}{4} + \dfrac{y^2}{3} = 1$.）

（2）设动直线 $l: y = kx + m$ 与椭圆 E 有且只有一个公共点 P，且与直线 $x = 4$ 相交于点 Q. 试探究：在坐标平面内是否存在定点 M，使得以 PQ 为直径的圆恒过点 M？若存在，求出点 M 的坐标；若不存在，说明理由.

分析（2）：我们发现 $x = 4$ 是椭圆的一条准线，设 QT 是椭圆的异于 $l: y = kx + m$ 的另一条切线，T 为切点. 我们知道：Q 点关于椭圆的极线过焦点 $F(1,0)$，且 $QF_2 \perp PT$，即以 PQ 为直径的圆恒过定点 $(1, 0)$.

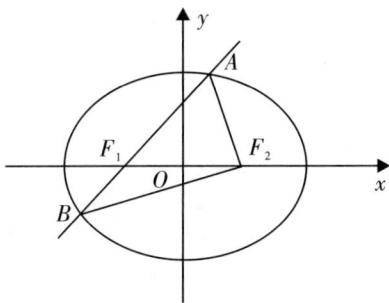

图 37

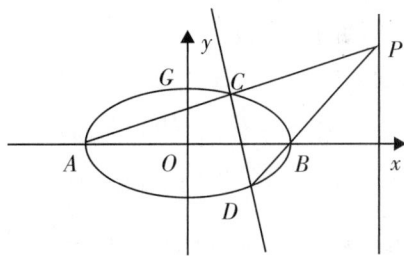

图 38

例 18 （2020 年全国高考卷 I 第 20 题）已知 A，B 分别为椭圆 $E: \dfrac{x^2}{a^2} + y^2 = 1$ $(a > 1)$ 的左、右顶点，G 为 E 的上顶点，$\overrightarrow{AG} \cdot \overrightarrow{GB} = 8$，$P$ 为直线 $x = 6$ 上动点，PA 与 E 的另一个交点为 C，PB 与 E 的另一个交点为 D.

（1）求 E 的方程；

（2）证明：直线 CD 过定点.

解：（1）由 $\vec{AG} \cdot \vec{GB} = 8$ 易得 $a = 3$，则椭圆 E 的方程为 $\dfrac{x^2}{9} + y^2 = 1$.

（2）点 P 在 $x = 6$ 上运动，将 $x = 6$ 看成极线，则关于椭圆 $\dfrac{x^2}{9} + y^2 = 1$ 的极点为 $\left(\dfrac{9}{6}, 0 \right)$ 即 $\left(\dfrac{3}{2}, 0 \right)$，此点就是 CD 与 AB 交点，AB 固定，则 CD 过定点 $\left(\dfrac{3}{2}, 0 \right)$.

如果从更高的层次看我们所遇到的数学问题，往往会看透其本质，有一种"原来一直在黑暗中摸索"的感觉，真希望我们能真正感受这数学世界的光明.

附 录

关于性质 1 的证明

性质 1 一般化：过二次曲线 $Ax^2 + Bxy + Cy^2 + Dx + Ey + F = 0$ 一点 $P(x_0, y_0)$ 的切线方程为 $Ax_0x + B\dfrac{x_0y + y_0x}{2} + Cy_0y + D\dfrac{x_0 + x}{2} + E\dfrac{y_0 + y}{2} + F = 0$.

证明：对 $Ax^2 + Bxy + Cy^2 + Dx + Ey + F = 0$ 求微分（也可设切线方程与曲线联立，由 $\Delta = 0$ 得到切线斜率）.

$2Ax\mathrm{d}x + By\mathrm{d}x + Bx\mathrm{d}y + 2Cy\mathrm{d}x + D\mathrm{d}x + E\mathrm{d}y = 0$

当 $Bx_0 + 2Cy_0 + E \neq 0$ 时，

$\dfrac{\mathrm{d}y}{\mathrm{d}x} = -\dfrac{2Ax + By + D}{Bx + 2Cy + E}$，$K_{(x_0, y_0)} = -\dfrac{2Ax_0 + By_0 + D}{Bx_0 + 2Cy_0 + E}$

切线方程 $y - y_0 = k(x - x_0)$

$(y - y_0)(Bx_0 + 2Cy_0 + E) + (x - x_0)(2Ax_0 + By_0 + D) = 0$

$2Ax_0x + B(x_0y + y_0x) + 2Cy_0y + D(x_0 + x) + E(y_0 + y) - 2(Ax_0^2 + Bx_0y_0 + Cy_0^2 + Dx_0 + Ey_0) = 0$

即 $Ax_0x + B\dfrac{x_0y + y_0x}{2} + Cy_0y + D\dfrac{x_0 + x}{2} + E\dfrac{y_0 + y}{2} + F = 0$

当 $Bx_0 + 2Cy_0 + E = 0$ 时，可验证成立.

由此证明结论成立.

7 "图进标退"规律

7.1 坐标系与阿基米德螺线

几何无王者之道.

——欧几里德

7.1.1 坐标系

7.1.1.1 坐标系创建的由来

据说有一天，法国哲学家、数学家、物理学家笛卡尔虽然生病卧床，但他并没有休息，而是在反复思考一个问题：几何图形是直观的，而代数方程则比较抽象，它能不能通过几何图形来表示呢？问题的关键是如何把组成几何图形的点和满足方程的每一组"数"挂上钩. 他拼命琢磨着. 突然，他看见屋顶上的一只蜘蛛拉着丝垂了下来，不一会儿，又顺着丝爬上去，在上边左右拉丝织网. 蜘蛛的"表演"令笛卡尔豁然开朗. 他想，可以把蜘蛛看作一个点，它在屋子里可以上、下、左、右运动，那么能不能把蜘蛛的每个位置用一组数确定下来呢？接着他又想，屋子里相邻的两面墙与地面相交出了三条直线，如果把墙角作为起点，把相交的三条线作为三根数轴，那么空间中任意一点的位置，不是都可以用这三根数轴上找到的有顺序的三个数来表示吗？反过来，任意给一组三个有顺序的数，例如 3，2，1，也可以用空间中的一个点 P 来表示它们. 同样，用一组数 $(a，b)$ 可以表示平面上的一个点，平面上的一个点也可以用两个有顺序的数来表示. 于是笛卡尔就这样创建了直角坐标系.

7.1.1.2 平面直角坐标系

在平面内画两条互相垂直并且有公共原点的数轴，简称平面直角坐标系. 平面直角坐标系有两个坐标轴，其中横轴为 x 轴，取向右为正方向；纵轴为 y 轴，取向上为正方向. 坐标系所在平面叫作坐标平面，两个坐标轴的公共原点叫作平面直角坐标系的原点. x 轴、y 轴将坐标平面分成了四个象限，右上方的部分叫作第一象限，其他三个部分按逆时针方向依次叫作第二象限、第三象限和第四象限. 象限以数轴为界，横轴、纵轴上的点及原点不在任何一个象限内. 一般情况下，x 轴、y 轴取相同的单位长度，但在特殊的情况下，也可以取不同的单位长度.

7.1.1.3 点的坐标.

在平面直角坐标系中，对于平面上的任意一点，都有唯一的一个有序数对（点的坐标）与它对应；反过来，对于任意一个有序数对，都有平面上唯一的一点与它对应.

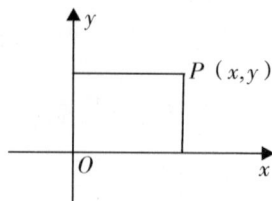

图 1

对于平面内任意一点 P，过点 P 分别向 x 轴、y 轴作垂线，垂足在 x 轴、y 轴上的对应点 a，b 分别叫作点 P 的横坐标、纵坐标，有序数对 (a, b) 叫作点 P 的坐标.

从数学学习与发展的角度分析，"过点 P 分别向 x 轴、y 轴作垂线"这句话不科学，我们可能遇到非直角的坐标系，或者一组向量基底下的坐标等. 正确的做法是：过点 P 作 y 轴平行线与 x 轴交于点 x，过点 P 作 x 轴平行线与 y 轴交于点 y，所以点 P 的坐标为 (x, y).

7.1.1.4 空间直角坐标系

空间任意选定一点 O，过点 O 作三条互相垂直的数轴 Ox，Oy，Oz，它们都以 O 为原点且具有相同的长度单位. 这三条轴分别称作 x 轴（横轴）、y 轴（纵轴）、z 轴（竖轴），统称为坐标轴. 它们的正方向符合右手规则，即以右手握住 z 轴，当右手的四个手指指 x 轴的正向以 $\frac{\pi}{2}$ 角度转向 y 轴正向时，大拇指的指向就是 z 轴的正向. 这样就构成了一个空间直角坐标系，称为空间直角坐标系 $O-xyz$. 定点 O 称为该坐标系的原点. 与之相对应的是左手空间直角坐标系. 一般在数学中更常用右手空间直角坐标系，在其他学科方面因应用方便而异.

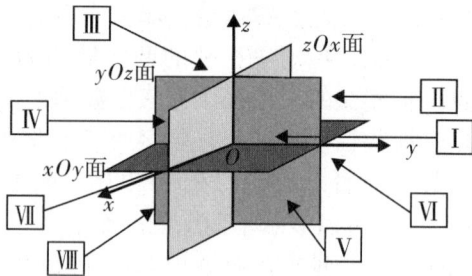

图 2

任意两条坐标轴确定一个平面，这样可确定三个互相垂直的平面，统称为坐标面. 其中 x 轴与 y 轴所确定的坐标面称为 xOy 面，类似地有 yOz 面和 zOx 面. 三个坐标面把空间分成八个部分，每一部分称为一个卦限. 如图 2 所示，八个卦限分别用字母 I，II，…，VIII表示，其中含 x 轴、y 轴和 z 轴正半轴的是第 I 卦限，在 xOy 面上的其他三个卦限按逆时针方向排定，依次为第 II、III、IV 卦限；在 xOy 面下方与第 I 卦限相邻的为第 V 卦限，然后也按逆时针方向排定，依次为第 VI、VII、VIII 卦限.

7.1.1.5 空间点的直角坐标

取定空间直角坐标系 $O-xyz$ 后，就可以建立空间的点与一个有序数组之间的一一对应关系.

设点 M 为空间的一点，过点 M 分别作垂直于 x 轴、y 轴和 z 轴的平面. 设三个平面与 x 轴、y 轴和 z 轴的交点依次为 A，B，C，点 A，B，C 分别称为点 M 在 x 轴、y 轴和 z 轴上的投影. 又设点 A，B，C 在 x 轴、y 轴和 z 轴上的坐标依次为 x，y，z，于是点 M 确定了一个有序数组 x，y，z. 反之，如果给定一个有序数组 x，y，z，可以在 x 轴上取坐标为 x 的点 A，在 y 轴上取坐标为 y 的点 B，在 z 轴上取坐标为 z 的点 C，然后点 A，B，C 分别作垂直于 x 轴、y 轴和 z

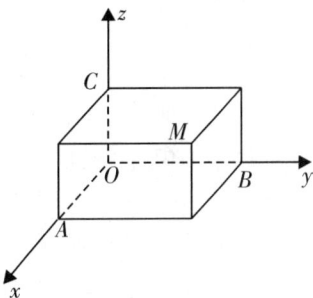

图 3

轴的三个平面，它们相交于空间的一点 M，点 M 就是由有序数组 x，y，z 所确定的点. 这样一来，空间的点 M 与有序数组 x，y，z 之间就建立了一一对应的关系. 把有序数组 x，y，z 称为点 M 的坐标，记作 $M(x,y,z)$，其中 x 称为横坐标、y 称为纵坐标、z 称为竖坐标.

从严格数学意义上讲，以上由点找坐标或由坐标找点的说法不科学，应该是设点 M 为空间的一点，过点 M 分别作与 yOz 面、zOx 面、xOy 面平行的平面，设三个平面与 x 轴、y 轴和 z 轴的交点依次为 A，B，C，点 A，B，C 分别称为点 M 在 x 轴、y 轴和 z 轴上的投影.

原点的坐标为 $(0,0,0)$；若点 M 在 x 轴上，则其坐标为 $(x,0,0)$；对于 y 轴上的点，其坐标是 $(0,y,0)$；对于 z 轴上的点，其坐标为 $(0,0,z)$. 同样，位于 xOy 平面上的点，其坐标为 $(x,y,0)$；位于 yOz 平面上的点，其坐标为 $(0,y,z)$；位于 xOz 平面上的点，其坐标为 $(x,0,z)$. 可见，位于坐标轴上、坐标面上和各卦限内的点，其坐标各有特点.

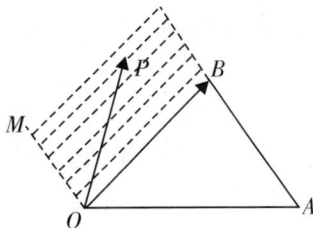

图 4

例 1 如图 4，$OM /\!/ AB$，点 P 在由射线 OM，线

段 OB 及 AB 的延长线围成的阴影区域内（不含边界）运动，且 $\overrightarrow{OP} = x\overrightarrow{OA} + y$ $\overrightarrow{OB}$，则 x 的取值范围是_____；当 $x = -\dfrac{1}{2}$ 时，y 的取值范围是_____.

解析：此题可理解为由点找坐标，利用做平行线的方法可得答案：$(-\infty, 0)$；$\left(\dfrac{1}{2}, \dfrac{3}{2}\right)$.

7.1.2　直角坐标系中曲线方程

在直角坐标系中，如果某曲线 C（看作点的集合或适合某种条件的点的轨迹）上的点与一个二元方程 $f(x, y) = 0$ 的实数解建立了如下关系：

（1）曲线上点的坐标都是这个方程的解；

（2）以这个方程的解为坐标的点都是曲线上的点.

那么，这个方程叫作曲线的方程，这条曲线叫作方程的曲线.

以下有几个特殊方程：

（1）方程 $x = 1$，方程中没有 y，意味着 y 任意，是一条过点（1，0）且平行于 y 轴的直线，即保证 $x = 1$，让 y 任意变的点的集合.

（2）方程 $y = 2$，方程中没有 x，意味着 x 任意，是一条过点（0，2）且平行于 x 轴的直线，即保证 $y = 2$，让 x 任意变的点的集合.

（3）方程 $x = 1$ 与 $x = 2$ 表示的两条直线平行.

（4）方程 $y = x$，两坐标相等，即方程为（Ⅰ）与（Ⅲ）象限的角平分线.

（5）方程 $xy = 1$，双曲线.

7.1.3　极坐标系的概念

极坐标系是坐标系的一种，是在平面内由极点、极轴和极径组成的坐标系.

在平面上取一定点 O 称为极点，由 O 出发的一条射线 Ox，称为极轴. 再取定一个长度单位，通常规定角度取逆时针方向为正. 这样，平面上任一点 P 的位置就可

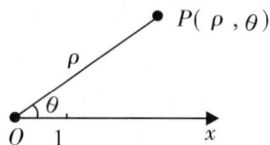

图5

以用线段 OP 的长度 ρ 以及从 Ox 到 OP 的角度 θ 来确定，有序数对 (ρ, θ) 就称为 P 点的极坐标，记为 $P(\rho, \theta)$；ρ 称为 P 点的极径，θ 称为 P 点的极角. 当限制 $\rho \geqslant 0$，$0 \leqslant \theta < 2\pi$ 时，平面上除极点 O 以外，其他每一点都是唯一的.

一个极坐标，极点的极径为零，极角任意. 若除去上述限制，平面上每一点都有无数多组极坐标.

有时我们需要 $\rho < 0$（数学自身发展的需要），这时点 (ρ, θ) 与点 $(-\rho, \theta)$ 关于

极点对称. 如何找到点 $\left(-2,\dfrac{\pi}{3}\right)$? 应分两步: ①先找到点 $\left(2,\dfrac{\pi}{3}\right)$; ②作出点 $\left(2,\dfrac{\pi}{3}\right)$ 关于极点的对称点, 这就是点 $\left(-2,\dfrac{\pi}{3}\right)$.

对于 $\rho<0$ 的理解可以借助上抛运动. 站在高台上, 上抛一球, 球上升到一定高度就会向下落, 当时间允许时, 球会落到所站平台之下. 若把平台规定为 0, 向上运行距离为正, 当球低于平台时, 可理解为距离为负. 其实就是当作位移来理解.

$\rho<0$ 是数学教学时需要引入的, 在双曲线中表现得更加突出[注一]. 数学自身发展演变改变着人们的思维.

一般地, 如果 (ρ,θ) 是一个点的极坐标, 那么 $(\rho,\theta+2n\pi)$, $[-\rho,\theta+(2n+1)\pi]$ 都可作为它的极坐标, 这里 n 是任意整数.

7.1.4 曲线的极坐标方程

用极坐标系描述的曲线方程称作极坐标方程, 通常表示为以 ρ 为自变量 θ 的函数 $\rho=f(\theta)$ [或 $\rho(\theta)=0$, 或 $f(\rho,\theta)=0$].

平面上有些曲线采用极坐标时, 方程比较简单. 例如:

(1) 以原点为中心, r 为半径的圆的极坐标方程为 $\rho=1$. 类比直角坐标系中的 $x=1$, $\rho=1$ 相当于与极角平行的线, 即保证 $\rho=1$ 不变, 极角任意的点的集合.

(2) 方程 $\theta=\dfrac{\pi}{3}$ 表示一条射线. 如果允许极径 $\rho<0$, 则 $\theta=\dfrac{\pi}{3}$ 表示一条直线. 类比直角坐标系中的 $y=2$, $\theta=\dfrac{\pi}{3}$ 相当于与极径平行的线, 即保证 $\theta=\dfrac{\pi}{3}$ 不变, 极径任意的点的集合.

(3) 可以类比于直角坐标系 $x=1$ 与 $x=2$, 认为极坐标系方程 $\rho=1$ 与 $\rho=2$ 所表示的两个圆是平行关系. 可以类比于直角坐标系 $y=1$ 与 $y=2$, 认为极坐标系方程 $\theta=\dfrac{\pi}{3}$ 与 $\theta=\dfrac{\pi}{6}$ 所表示的两条线是平行关系(都交于极点).

类比于直角坐标系, 可得到以下特殊曲线:

(4) $\rho=\theta$ 是极径与极角相等的点的集合, 其图形叫等速螺线(阿基米德螺线), 等速螺线的一般极坐标方程为 $\rho=b+a\theta$, 类比于 $y=x$ 与 $y=kx+b$.

(5) 在极坐标系中, 极径和极角成反比例的点的轨迹叫作双曲螺线(倒数螺线), 方程为 $\rho\cdot\theta=a$.

(6) 等角螺线、对数螺线或生长螺线是在自然界中常见的螺线, 在极坐

系 (ρ,θ) 中，这个曲线可以写为 $\rho = ae^{b\theta}$.

极坐标方程经常会表现出不同的对称形式，如果 $f(-\theta)=f(\theta)$，则曲线关于极轴 $\theta=0$(或 π) 对称，如果 $f(\pi-\theta)=f(\theta)$，则曲线关于直线 $\theta=\dfrac{\pi}{2}\left($ 或 $\theta=\dfrac{3\pi}{2}\right)$ 对称，如果 $f(\theta+\alpha)=f(\theta)$，则曲线相当于每转 α 重复出现，相当于周期函数.

7.1.5 阿基米德螺线

顾名思义，阿基米德螺线是由阿基米德（Archimedes）发现的，定义如下：

有一条射线绕着它的顶点从某初始位置逆时针角速度旋转，同时射线上的一点相对射线本身朝远离顶点的方向匀速运动，那么，这个点的运动轨迹就是阿基米德螺线.

在极坐标系下，阿基米德螺线的方程是：$\rho = a\theta + b$，其中 b 是开始时动点到极点 O 的距离. b 若不等于 0，说明初始点不在极点.

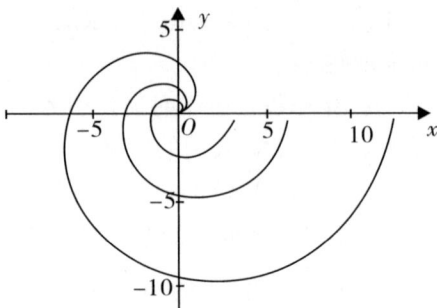

图 6

图 6 的图形从小到大分别是 $\rho = 0.5\theta$，$\rho = \theta$，$\rho = 2\theta$，当 θ 在 $[0, 2\pi]$ 取值时对应的螺线.

图 7 的图形是 $\rho = 1 + \theta$，当 θ 在 $[0, 2\pi]$ 取值时对应的螺线.

图 8 的图形是 $\rho = \theta$，当 θ 在 $[-2\pi, 2\pi]$ 取值时对应的螺线.

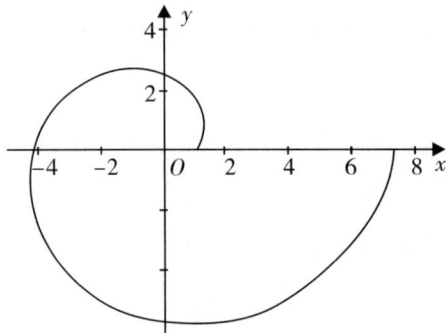

图 7

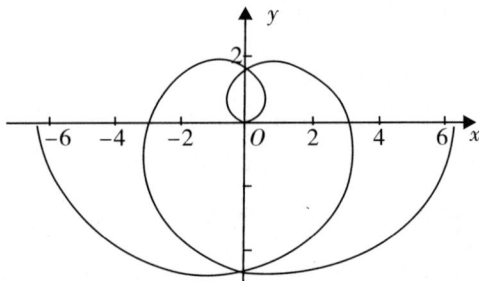

图 8

7.1.6　用阿基米德螺线解决三等分角问题

如图9所示,以阿基米德螺线为工具解决三等分角问题的步骤如下:

(1) 让∠*AOB* 的 *OA* 边与极轴重合,让∠*AOB* 的 *OB* 边位于 *OA* 的上方.

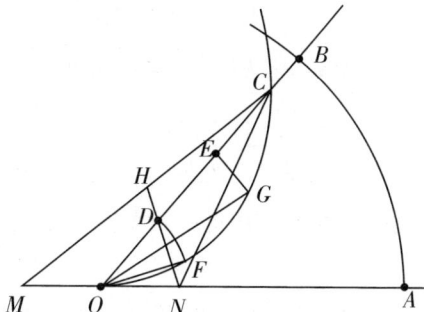

(2) 作 *b* = 0 情况下的阿基米德螺线(图中的曲线①. 这里只给出了一部分,但足够我们解决问题了). 曲线①与∠*AOB* 的 *OB* 边相交于点 *C*.

(3) 把线段 *OC* 三等分. (有关三等分一条线段的方法有很多[注二],这里给出一种:让被分线段成为某任意三角形一边上的

图9

中线,那么这个三角形的中心就是三等分点之一. 如图中的△*CMN*,其中 *OM* = *ON*,*MH* = *HC*,两条中线 *OC* 和 *HN* 的交点 *D* 为所求的三等分点. 另一个三等分点为线段 *CD* 的中点 *E*.)

(4) 以点 *O* 为圆心,分别以 *OD* 和 *OE* 为半径作圆,分别与阿基米德螺线交于点 *F* 和 *G*. 连接 *OF* 和 *OG*. 则 *OF* 和 *OG* 就是∠*AOB* 的两条三等分线.

为什么这样作出来的线段 *OF* 和 *OG* 就是∠*AOB* 的三等分线呢? 由阿基米德螺线的定义,射线每转过一个定角,射线上的动点就在射线上相对射线而言向外运动相同的距离. 反之,动点在射线上走过相同的距离,射线也都转过相同的角度. 由于点 *D* 和点 *E* 分别是线段 *OC* 的三等分点,所以,*OD* = *DE* = *EC*. 因为 *b* = 0,所以有∠*AOF* = ∠*FOG* = ∠*GOC* = ∠*GOB*.

注一:圆锥曲线统一定义与统一方程:

椭圆、双曲线、抛物线可以统一定义为:与一定点(焦点)的距离和一条直线(准线)的距离的比等于常数 *e* 的点的集合,当 0 < *e* < 1 时曲线是椭圆;*e* = 1 是抛物线;*e* > 1 时是双曲线.

以圆锥曲线的焦点为极点 *O*,由 *O* 向相应准线作垂线交准线于 *K*,离心率为 *e*,*OK* 的反向延长线为极轴,建立极坐标系. 设 *M*(*ρ*,*θ*)为圆锥曲线上任意一点,作 *MA*⊥*l*,*MB*⊥*Ox*,

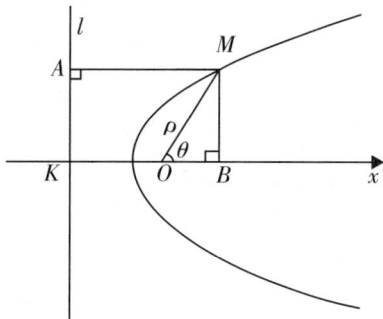

图10

垂足分别为 A，B，

那么 $\dfrac{|MO|}{|MA|} = e$.

设 $|OK| = p$，$|MO| = \rho$，

$|MA| = |BK| = p + \rho\cos\theta$，得 $\dfrac{\rho}{p + \rho\cos\theta} = e$，

即 $\rho = \dfrac{ep}{1 - e\cos\theta}$.

为圆锥曲线统一的极坐标方程.

例2 已知双曲线的极坐标方程为 $\rho = \dfrac{6}{1 - \sqrt{3}\cos\theta}$.

（1）将它化为直角坐标系下的方程；

（2）求当 $\theta = \dfrac{\pi}{6}$ 时对应曲线上点的极坐标，并画图说明.

答案：（1）$\dfrac{(x - 3\sqrt{3})^2}{9} - \dfrac{y^2}{18} = 1$.

（2）$\theta = \dfrac{\pi}{6}$ 时，$\rho = -12$，射线 $\theta = \dfrac{\pi}{6}$ 反向与双曲线另一支的交点是 $D\left(-12, \dfrac{\pi}{6}\right)$，

不是图 11 中的点 E. 点 E 对应的极角 $\theta = \dfrac{7\pi}{6}$，$E\left(\dfrac{12}{5}, \dfrac{7\pi}{6}\right)$.

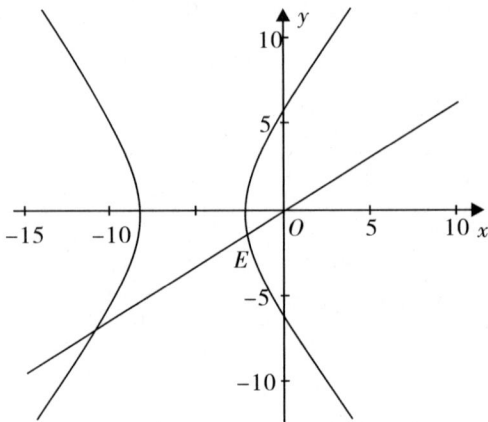

图 11

注二：三等分线段的做法：可用直尺和圆规把线段 AB 分为三等分.

方法 1 （平行线分线段成比例定理）几何上有个平行线分线段成比例定理，利用这个定理就可以解决这个问题．方法是这样的：设线段 AB，从其中一个端点（不妨设为 A）出发引一条直线 AP，用圆规在 AP 上依次截取线段 $AE = EF = FG$，连接 GB，分别过 E，F 作 GB 的平行线，交 AB 于 C，D．

证明：因为 $CE /\!/ DF /\!/ BG$，

所以 $\dfrac{AC}{AE} = \dfrac{CD}{EF} = \dfrac{DB}{FG}$，

因为 $AE = EF = FG$，

所以 $AC = CD = DB$．

这样，我们利用平行线分线段成比例定理把 AB 平分为

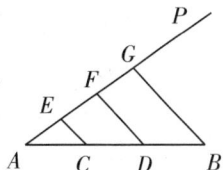

图 12

三等分．

方法 2 （三角形重心）我们也可以从线段的三等分点入手，如果能找到线段的三等分点，问题就解决了．这就要求我们在学过的知识中搜索一下有关三等分的线索．只要对三角形的性质熟悉，这个问题也是容易解决的．我们知道，三角形的重心把中线分成 $1:2$ 的两条线段．我们可以构造一个三角形，把线段 AB 作为这个三角形的中线，则三等分问题就转化为二等分问题了．

解：过 A 作线段 EF，使得 A 为 EF 的中点．$\triangle EFB$ 中，作 BF 边上的中线 GE，交 AB 于 C，在 CB 上截取 $CD = AC$．

$\triangle EFB$ 中，AB，GE 为中线，交点为 C，

则 C 为 $\triangle EFB$ 的重心，

所以 $AC:CB = 1:2$，

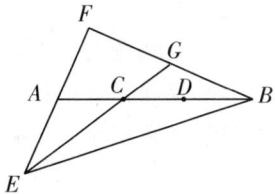

图 13

所以 $AC = \dfrac{1}{3}AB$，

所以 $AC = CD = DB = \dfrac{1}{3}AB$，即 C，D 把 AB 三等分．

7.2 图形变换的"图进标退、图伸标缩"规律

> 如果欧几里得几何未能激起你少年时代的热情，那么，你就不是一个天生的科学思想家.
>
> ——爱因斯坦

7.2.1 图进标退

7.2.1.1 问题的提出

原始问题："画函数 $y=(x-2)^2+1$ 的图像，说明与函数 $y=x^2$ 的图像关系，并总结一般规律."

解：如图 14，将函数 $y=x^2$ 的图像向右平移 2 个单位，再向上平移 1 个单位得到函数 $y=(x-2)^2+1$ 的图像. 规律："左加右减，上加下减."

以上问题的答案没有错，解题角度也没有问题. 但对数学的认识有问题，所总结的规律是片面的，是数学的假象不是本质，离开函数就不对了. 一些善于思考的学生会提出："为什么圆不适用'左加右减，上加下减'？比如 $x^2+y^2=1$ 变成 $(x-2)^2+(y+1)^2=1$ 就是先向右再向下平移." 这个错误更大的影响是在高二学习极坐标系问题时，学生不知道方程 $\rho=2\cos\left(\theta-\dfrac{\pi}{3}\right)$ 与 $\rho=2\cos\theta+2$ 的图形都是由方程 $\rho=2\cos\theta$ 的图形"平移"得到的.

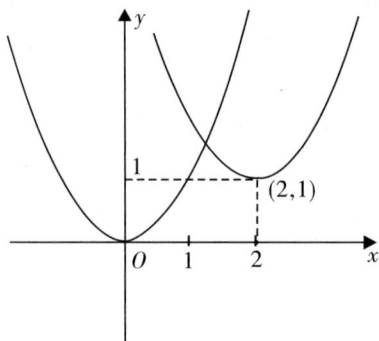

图 14

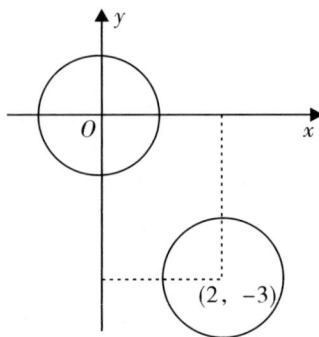

图 15

7.2.1.2　正确认识图像变换

首先，直角坐标系中"左负右正，上正下负"这个基础是不动摇的，而"左加右减"好像与"左负右正"相反，但"上加下减"好像与"上正下负"又是一致的. 一句话前半句与后半句相悖，很不自然. 一般不自然的东西大多有问题，我们详细分析如下：

因为 $y=(x-2)^2+1 \Leftrightarrow y-1=(x-2)^2$，数 1 应与字母 y 归到一起. 在 $y-1=(x-2)^2$ 中，当 $x=2$，$y=1$ 时相当于在 $y=x^2$ 中 $x=0$，$y=0$ 的情况. 所以要得到 $y-1=(x-2)^2$ 的图像只需将 $y=x^2$ 的图像向右平移 2 个单位，再向上平移 1 个单位即可得到. 即只要是 x，y 减就往其正方向平移，这样在 x 轴，y 轴方向上平移规律完全统一.

这种规律可概括为"图进标退"，即图形向坐标轴正方向平移 a 个单位，相应方程(函数)中对应的变量（坐标）减去 a. 反之亦然.

以上规律具有普遍性，我们称为图形平移变换. 不过在变换之前，首先必须对常数进行归类.

常数有三部分来源：随变量 x 的常数、随变量 y 的常数、方程自身的常数.

如：方程 $x^2+y^2-4x+6y+12=0$ 中的 $12=4+9-1$，其中右端 4 归到 x 在 $(x-2)^2$ 中，9 归到 y 在 $(y+3)^2$ 中，-1 是本身常量，即化为 $(x-2)^2+(y+3)^2=1$，从而用"图进标退"，即将 $x^2+y^2=1$ 的图形向右平移 2 个单位再向下平移 3 个单位得 $(x-2)^2+(y+3)^2=1$ 图形（见图 15）.

7.2.1.3　推广"图进标退"

"图进标退"是普遍规律，无论是函数还是方程，无论是直角坐标系、极坐标系还是仿射坐标系都是正确的，它是数学的本质规律.

例 3　求极坐标系中的圆方程 $\rho=2\cos\left(\theta-\dfrac{\pi}{3}\right)$ 的圆心坐标.

解析：在极坐标系中方程 $\rho=2\cos\left(\theta-\dfrac{\pi}{3}\right)$ 的图形与方程 $\rho=2\cos\theta$ 的图形依然符合"图进标退"的规律，不过现在的"$\theta-\dfrac{\pi}{3}$"是将基本图形圆 $\rho=2\cos\theta$ 沿 θ 的正向"平移"（逆时针绕极点旋转）$\dfrac{\pi}{3}$（见图 16）. 圆 $\rho=2\cos\theta$ 的圆心 $C(1,0)$ 旋转到 $D\left(1,\dfrac{\pi}{3}\right)$，所以圆 $\rho=2\cos\left(\theta-\dfrac{\pi}{3}\right)$ 的圆心坐标为 $\left(1,\dfrac{\pi}{3}\right)$.

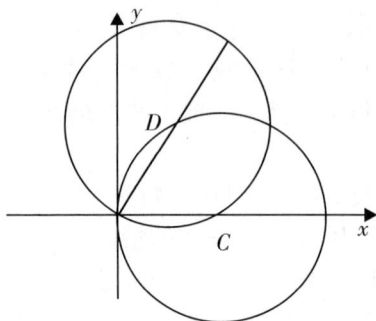

图 16

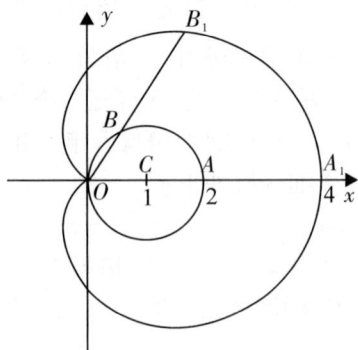

图 17

例 4 试分析极坐标系中方程 $\rho = 2\cos\theta + 2$ 图形的形状.

解析：由于 $\rho = 2\cos\theta + 2 \Leftrightarrow \rho - 2 = 2\cos\theta$，图形 $\rho - 2 = 2\cos\theta$ 与 $\rho = 2\cos\theta$ 仍然符合"图进标退"的规律. 即将图形 $\rho = 2\cos\theta$ 沿 ρ 的正向"平移" 2 个单位. 而 ρ 的正向就是从极点出发向外的任意一条射线的方向.

用"图进标退"画出 $\rho - 2 = 2\cos\theta$ 的图形的具体方法如下（见图 17）：

（1）先画出圆 C：$\rho = 2\cos\theta$；

（2）作极角为 θ 的射线与圆 C 交于点 B（正向不交反向找，反向时 $\rho < 0$），从点 B 开始沿射线正向截得 B_1，使 $|BB_1| = 2$；

（3）当极角 θ 从小到大变化时，B 在圆 C 上变动，得到一系列 B_1，用平滑的曲线顺次连接这些 B_1 点得到曲线 $\rho = 2\cos\theta + 2$ 的图形（方程 $\rho = 2\cos\theta + 2$ 的曲线称为心脏线）.

例 2 这种曲线的一般方程形式为 $\rho = a\cos\theta + b$，称为帕斯卡蜗线，它的曲线可以说是极坐标系下圆通过"图进标退"得到的.

例 5 试分析极坐标系中方程 $(\rho - 1) \cdot \cos\theta = 1$ 图形的形状.

解析：我们知道 $\rho \cdot \cos\theta = 1$ 表示一条直线（就是

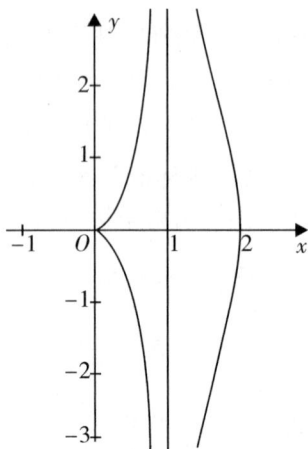

图 18

$x = 1$），若方程变为 $(\rho - 1) \cdot \cos\theta = 1$（即 $\rho = \sec\theta + 1$），此时按照"图进标退"原理，线 $\rho \cdot \cos\theta = 1$ 上每一点的极径向外延长 1 个单位. 可画出如图 18 的曲线，称为尼科梅德斯蚌线（也叫尼哥米德蚌线或蚌线）.

7.2.2 图伸标缩

在高中数学课本中学习了三角函数 $y = A\sin(\omega x + \varphi)$ 的图像变换.

"$y = \sin\left(2x + \dfrac{\pi}{3}\right)$ 的图像,可以看作把 $y = \sin\left(x + \dfrac{\pi}{3}\right)$ 的图像上所有点的横坐标缩短到原来的 $\dfrac{1}{2}$ 倍而得到." "$y = 3\sin\left(2x + \dfrac{\pi}{3}\right)$ 的图像,可以看作把 $y = \sin\left(2x + \dfrac{\pi}{3}\right)$ 的图像上所有点的纵坐标伸长到原来的 3 倍而得到." 课本上的这两段话中一个 2 是缩 $\dfrac{1}{2}$,一个 3 是 3 倍,又不一致.

其实,3 是给 y 除以 3,即 $y = 3\sin\left(2x + \dfrac{\pi}{3}\right) \Leftrightarrow \dfrac{y}{3} = \sin\left(2x + \dfrac{\pi}{3}\right)$,由于是给 y 乘 $\dfrac{1}{3}$,所以将 $y = \sin\left(2x + \dfrac{\pi}{3}\right)$ 的图像上所有点的纵坐标伸长到原来的 3 倍而得到 $\dfrac{y}{3} = \sin\left(2x + \dfrac{\pi}{3}\right)$ $\left[$即 $y = 3\sin\left(2x + \dfrac{\pi}{3}\right)\right]$ 的图像. 这样理解,x,y 就统一了,可以概括为"图伸标缩",从而具有普遍意义.

例 6 如何由方程 $x^2 + y^2 = 1$ 的图形变换得到方程 $\dfrac{x^2}{9} + \dfrac{y^2}{4} = 1$ 的图形?

解析:因为 $\dfrac{x^2}{9} + \dfrac{y^2}{4} = 1 \Leftrightarrow \left(\dfrac{x}{3}\right)^2 + \left(\dfrac{y}{2}\right)^2 = 1$,所以只需将方程 $x^2 + y^2 = 1$ 的图形中的所有点的横坐标伸长到原来的 3 倍,纵坐标伸长到原来的 2 倍,即可得到方程 $\dfrac{x^2}{9} + \dfrac{y^2}{4} = 1$ 的图形(见图 19).

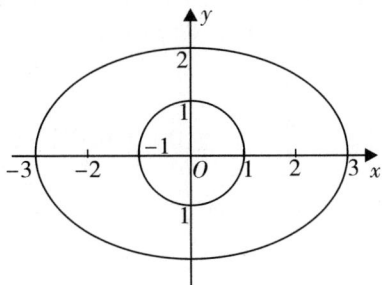

图 19

例 7 在极坐标系中如何由方程 $\rho = 2\cos\theta$ 的图形变换得到 $\rho = 2\cos 2\theta$ 的

图形.

解析：在方程 $\rho = 2\cos\theta$ 的变量 θ 前乘以 2 得到方程 $\rho = 2\cos2\theta$，按照"图伸标缩"规律，只需将方程 $\rho = 2\cos\theta$ 的图形上每一个 OM 的极角缩为原来的 $\frac{1}{2}$ 即可.

即图中 $\angle M_1Ox = \frac{1}{2}\angle MOx$，$OM_1 = OM$，当点 M 在 $\rho = 2\cos\theta$ 的图形上运动时，对应的点 M_1 的图形就画出来了（见图 20），称为四叶玫瑰线.

仿照例 7 也可画出方程 $\rho = 2\cos\frac{1}{2}\theta$ 的部分图形（见图 21）.

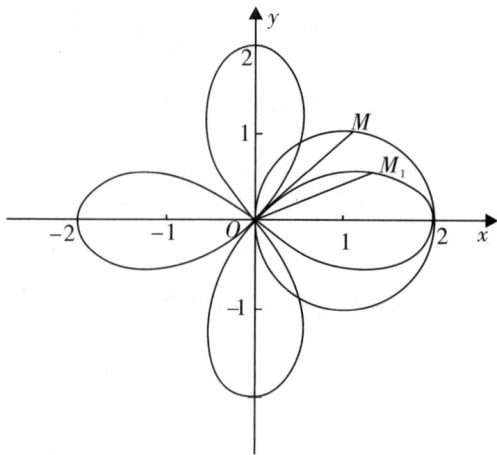

图 20

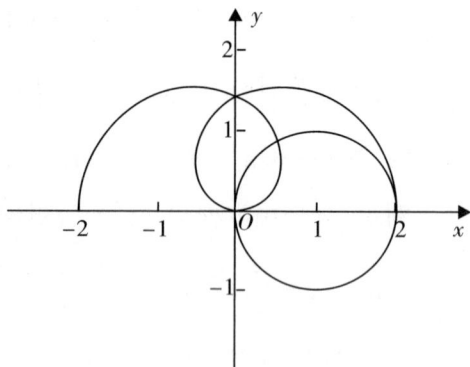

图 21

明白"图进标退""图伸标缩"规律，许多函数或方程的图形都可以想清楚、画得出. 可以说"图进标退"与"图伸标缩"使我们认识了方程与图形关系的本质，进入到理性思维.

例 8　画函数 $y = 3\sin\left(2x + \dfrac{\pi}{3}\right)$（$x \in \mathbf{R}$）的简图.

解析：$\boxed{\text{解析式}} \xrightarrow[\text{或变换法}]{\text{五点法}} \boxed{\text{图像}}$

解法一（五点法）：

列表可知：

$2x + \dfrac{\pi}{3}$	0	$\dfrac{\pi}{2}$	π	$\dfrac{3\pi}{2}$	2π
x	$-\dfrac{\pi}{6}$	$\dfrac{\pi}{12}$	$\dfrac{\pi}{3}$	$\dfrac{7\pi}{12}$	$\dfrac{5\pi}{6}$
$3\sin\left(2x + \dfrac{\pi}{3}\right)$	0	3	0	-3	0

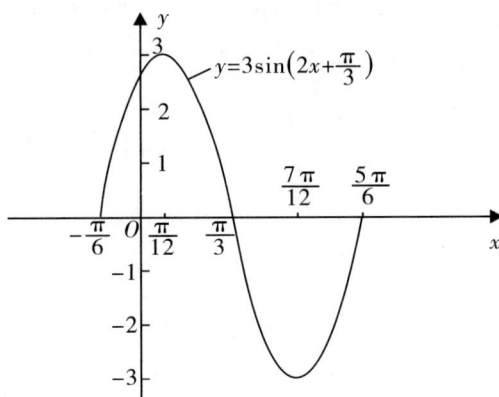

图 22

描点连线得到函数在一个周期内的简图，利用函数的周期性，可以把上述简图向左、右扩展，就得到 $y = 3\sin\left(2x + \dfrac{\pi}{3}\right)$，$x \in \mathbf{R}$ 的简图.

解法二 （图像变换法）：

$y = 3\sin\left(2x + \dfrac{\pi}{3}\right)$ 的图像可用下面方法得到.

方法①：$x \to x + \dfrac{\pi}{3} \to 2x + \dfrac{\pi}{3}$.

$y = \sin x$ 的图像 $\xrightarrow[\quad\quad]{\text{向左平移} \frac{\pi}{3} \text{个单位}}$ $y = \sin\left(x + \dfrac{\pi}{3}\right)$ 的图像 $\xrightarrow[\text{纵坐标不变}]{\text{横坐标缩短到原来的} \frac{1}{2}}$

$y = \sin\left(2x + \dfrac{\pi}{3}\right)$ 的图像 $\xrightarrow[\text{纵坐标伸长到原来的 3 倍}]{\text{横坐标不变}}$ $y = 3\sin\left(2x + \dfrac{\pi}{3}\right)$ 的图像.

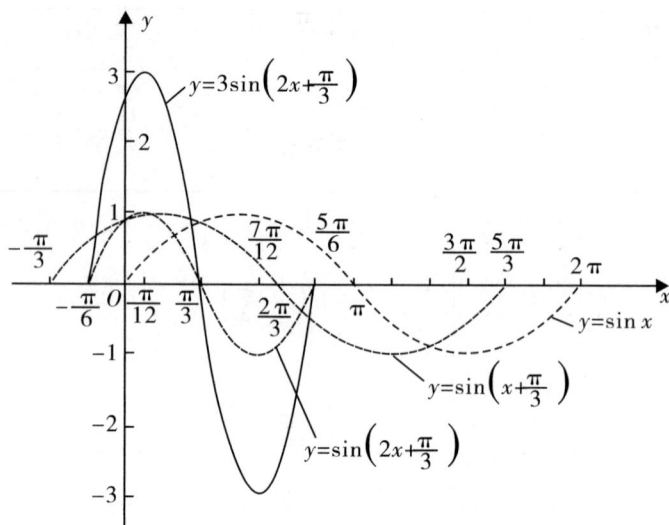

图 23

方法②：$x \rightarrow 2x \rightarrow 2\left(x + \dfrac{\pi}{6}\right) = 2x + \dfrac{\pi}{3}$.

$y = \sin x$ 的图像 $\xrightarrow[\text{纵坐标不变}]{\text{横坐标缩短到原来的} \frac{1}{2}}$ $y = \sin 2x$ 的图像 $\xrightarrow{\text{向左平移} \frac{\pi}{6} \text{个单位}}$

$y = \sin\left[2\left(x + \dfrac{\pi}{6}\right)\right] = \sin\left(2x + \dfrac{\pi}{3}\right)$ 的图像 $\xrightarrow[\text{纵坐标伸长到原来的 3 倍}]{\text{横坐标不变}}$ $y = 3\sin\left(2x + \dfrac{\pi}{3}\right)$ 的图像

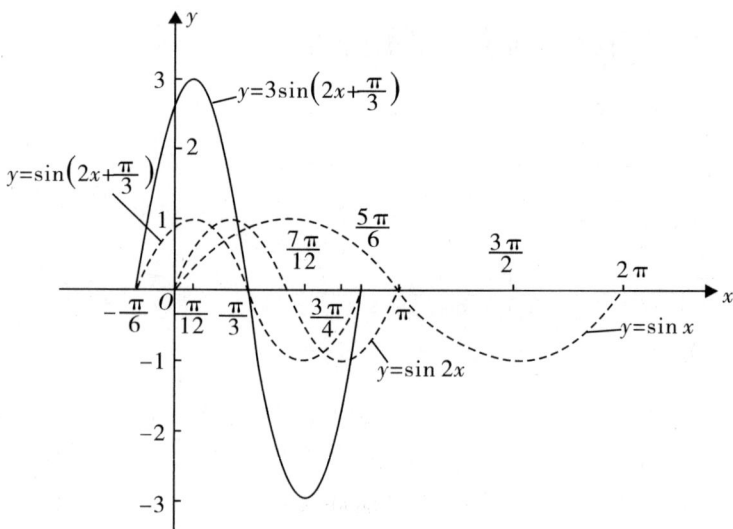

图 24

反思与感悟 对于函数 $y = 3\sin\left(2x + \dfrac{\pi}{3}\right)$ 的图像，上面我们用两种变换方法得到.

方法①：$x \to x + \dfrac{\pi}{3} \to 2x + \dfrac{\pi}{3}$. 即先平移后伸缩，也是先加减后乘除。

方法②：$x \to 2x \to 2\left(x + \dfrac{\pi}{6}\right) = 2x + \dfrac{\pi}{3}$. 即先伸缩后平移，也是先乘除后加减.

两种方法对比感到方法①更简单，不易出错. 方法①是先加减后乘除，符合小学学习的次序，但四则运算的次序应是先乘除后加减，即方法②. 哪种方法更好呢？

更复杂一些的题目如：$y = 3\sin\left(2x + \dfrac{\pi}{3}\right) + 2$，即 $\dfrac{y-2}{3} = \sin\left(2x + \dfrac{\pi}{3}\right)$. 更一般的题目如：$\left(\dfrac{1}{5}x + \dfrac{2}{5}\right)^2 + \left(\dfrac{1}{3}y - \dfrac{1}{3}\right)^2 = 1$，图像如何？显然想到通过图像 $x^2 + y^2 = 1$ 进行变换.

如果走"先加减后乘除"的道路，比较麻烦. 但如果将原方程变为

$$\left(\dfrac{1}{5}x + \dfrac{2}{5}\right)^2 + \left(\dfrac{1}{3}y - \dfrac{1}{3}\right)^2 = 1 \Leftrightarrow \left(\dfrac{x+2}{5}\right)^2 + \left(\dfrac{y-1}{3}\right)^2 = 1,$$

这样先画 $x^2 + y^2 = 1$ 的图，再画 $\left(\dfrac{x}{5}\right)^2 + \left(\dfrac{y}{3}\right)^2 = 1$，最后画 $\left(\dfrac{x+2}{5}\right)^2 + \left(\dfrac{y-1}{3}\right)^2 = 1$ 的图，解题就比较简单了. 即走"先乘除后加减"的道路，这样与四则运算法则相一致. 归于自然状态，才是最好的方法.

7.3　"图进标退"与三等分角

> 笛卡儿的解析几何于牛顿的微积分已被扩张到罗巴切夫斯基、黎曼、高斯和塞尔维斯托的奇异的数学方法中. 事实上，数学不仅是各门学科所必不可少的工具，而且它从不顾及直观感觉的约束而自由地飞翔着.
>
> ——尼古拉斯·默里·巴特勒

前面我们通过"图进标退"原理，由圆 $\rho = 2\cos\theta$ 得到帕斯卡蜗线 $\rho - 2 = 2\cos\theta$（心脏线）. 由直线 $\rho \cdot \cos\theta = 1$ 得到尼科梅德斯蚌线 $(\rho - 1) \cdot \cos\theta = 1$（即 $\rho = \sec\theta + 1$）.

在数学上，帕斯卡蜗线与尼科梅德斯蚌线都有单独的定义. 它们的定义不是按照"图进标退"给出的，因为"图进标退"是我们自己发现的理解数学的一

种思维.

7.3.1 帕斯卡蜗线

7.3.1.1 帕斯卡蜗线定义与方程

帕斯卡蜗线是帕斯卡（Pascal Blaise）提出的，定义如下：

已知圆 C 的直径为 a，圆周上一点 O，取 O 为极点，过 O 的直径 OC 为极轴. 考虑割线 OP 与圆交于另一点 P，延长 OP 到 Q，使 $PQ = b$，则 Q 的轨迹为帕斯卡蜗线.

帕斯卡蜗线的极坐标方程：$\rho = a\cos\theta + b$，

直角坐标方程：$(x^2 + y^2 - ax)^2 = b^2(x^2 + y^2)$.

7.3.1.2 帕斯卡蜗线曲线各种形状

帕斯卡蜗线 $\rho = a\cos\theta + b$ 根据 a，b 的大小可以分为五种情况.

①$b < a$ 曲线有一个大圈和一个小圈；

②$b = a$ 曲线有一个尖点（原点）. 此时为心脏线；

③$a < b < 2a$ 曲线的尖点开始离开原点，且逐渐由凹变平；

④$b = 2a$ 曲线的左端完全变平；

⑤$b > 2a$ 曲线的左端由平变凸；

图 25 从里到外的五种曲线分别对应 b 由小变大的情况.

帕斯卡蜗线就是外旋轮线的特殊情况.[附录1]

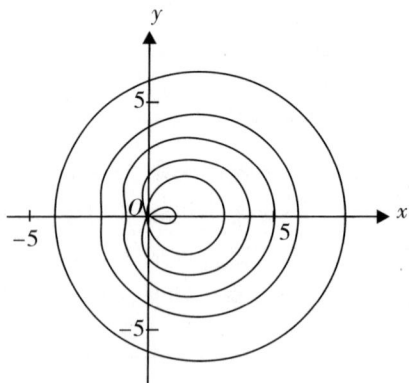

图 25

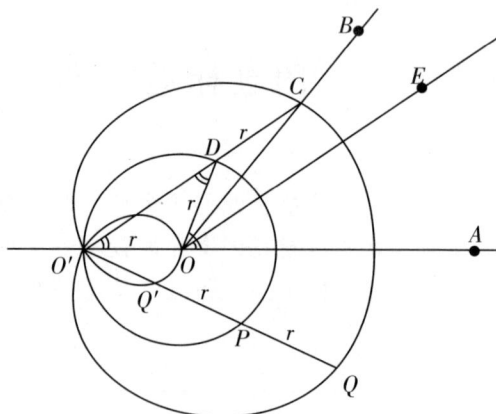

图 26

7.3.1.3 借助帕斯卡蜗线解决三等分角问题

借助帕斯卡蜗线可三等分任意角，步骤如下（如图 26 所示）：

（1）把要三等分的∠AOB 的 OA 边置于水平方向朝右，点 B 在水平线上方.

（2）以点 O 为圆心、r 为半径作圆，与 OA 的反向延长线交于点 O'.

（3）以圆 O 为定圆，以点 O' 为定点，以 r 为定长，作出帕斯卡蜗线.（这里所作的帕斯卡蜗线属于上面所说 b < a = 2r 的情况，b = r. 它有一个绕环.）

（4）∠AOB 的边 OB 与帕斯卡蜗线的交点为 C（点 C 的确定是问题的关键）. 连接 O'C，O'C 与定圆的交点为 D. 由帕斯卡蜗线的定义知 CD = r. 连接 OD，显然，OD = r. 当然，OO' = r.

（5）过点 O 作与 O'C 平行的直线 OE.

（6）△OO'D 和△OCD 都是等腰三角形. 所以有：∠AOE = ∠OO'D = ∠ODO' = 2∠OCD = 2∠BOE.

（7）OE 为∠AOB 的三等分线之一. 另一条三等分线为∠AOE 的角平分线，尺规作图很容易作出.

7.3.2　尼科梅德斯蚌线

按照"图进标退"思想，由直线 l 产生了尼科梅德斯蚌线，一般简称为蚌线. 它的极坐标方程一般写成 $\rho = a\sec\theta \pm b$，蚌线有两支，都以定直线 l 为渐近线，一支与定点 O 位于定直线的同侧，称为蚌线的内支，另一支与定点 O 位于定直线的异侧，称为蚌线的外支. 它们都关于极轴对称，在广义极坐标系（允许 $\rho < 0$）下，方程 $\rho = a\sec\theta + b$ 与 $\rho = a\sec\theta - b$ 表示相同的曲线，化为直角坐标方程就是 $(x^2 + y^2)(x - a)^2 = b^2 x^2$.

7.3.2.1　蚌线定义

有一条定直线 m，直线外一个定点 O. 定点与定直线的距离为 a. 过定点 O 作一条直线 n 与定直线 m 交于点 P. 在直线 n 上点 P 的两侧分别取到点 P 的距离为 b 的点 Q 和点 Q'. 那么，点 P 在直线 m 上运动时，点 Q 和 Q' 的运动轨迹合在一起就叫作蚌线. 蚌线分三种可能的情况：①b < a；②b = a；③b > a. 对应的曲线如图 27 所示：

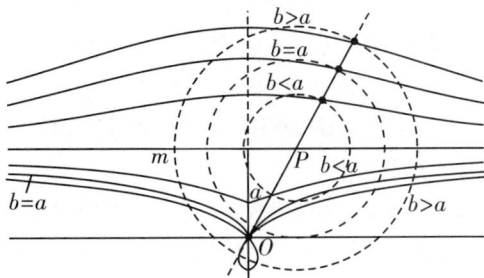

图 27

对上述每一种情况，蚌线都是由两支曲线组成. b < a 时，蚌线的两支都不经过点 O. b = a 时，蚌线有一支有一个尖点经过点 O. b > a 时，蚌线有一支经过点 O 且在 O 处有一个小绕环.

7.3.2.2 蚌线可解决三等分角问题

利用蚌线解决三等分角问题，有两套具体方案：

第一套方案具体步骤如下：

（1）把我们要把∠AOB 三等分，边 OA 边置于水平方向朝右，点 B 在水平线上方.

（2）在 OB 上取一定点 C，设 OC 的长度为 b. 过点 C 作直线 m 平行于 OA. 设直线 m 到点 O 的距离为 a.

（3）以点 O 为定点，以直线 m 为定直线，以 b 为定长，作出蚌线，如图 28 所示.

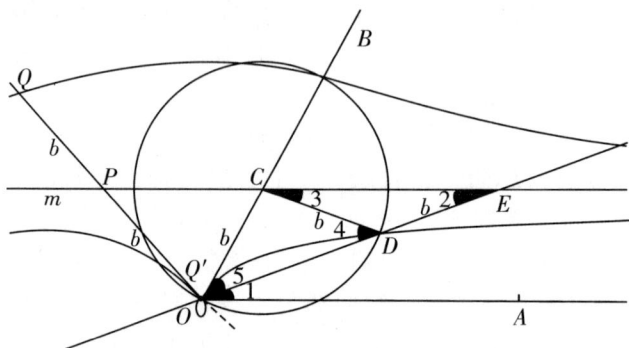

图 28

（4）以点 C 为圆心作半径为 b 的圆，圆必过点 O. 设圆与夹在∠AOB 内的蚌线部分交于点 D（点 D 的确定是问题的关键）. 连接 OD 并延长，与直线 m 交于点 E. 由蚌线的定义知 DE = b. 连接 CD，显然，CD = b. 那么，OC = b.

（5）△OCD 和△CDE 都是等腰三角形. 所以有：

$$\angle 5 = \angle 4 = \angle 3 + \angle 2 = 2\angle 2 = 2\angle 1.$$

（6）OE 为∠AOB 的三等分线之一. 另一条三等分线为∠BOE 的角平分线，尺规作图很容易作出.

第二套方案具体步骤如下：

（1）让已知角的一边 OA 的顶点为点 O，方向指向蚌线定直线 m 且与它垂直，垂足为 C. 如图 29 所示.

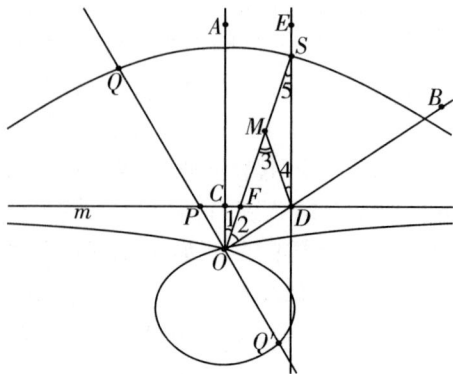

图 29

（2）设角的另一边 OB 与定直线交于点 D. 过点 D 作与 OA 平行的直线 DE.

（3）以点 O 为定点，以 m 为定直线，以 OD 的长度的两倍即 $2OD$ 为定长，作蚌线. 曲线不过点 O 的一支与直线 DE 相交于点 S. 连接 OS，OS 与 CD 相交于点 F. 取 FS 的中点 M.

（4）根据蚌线的作图，可知 $FS = 2OD$. 所以，$FM = MS = OD$. 而 $\triangle FDS$ 是直角三角形，所以，$DM = FM = MS$. 所以，$\triangle ODM$ 和 $\triangle DMS$ 都是等腰三角形. 从而有 $\angle 2 = \angle 3 = \angle 4 + \angle 5 = 2\angle 5 = 2\angle 1$，即 $\angle 2 = 2\angle 1$.

所以 OS 为 $\angle AOB$ 的三等分线.

7.3.2.3 广义蚌线

更一般的蚌线定义如下：

沿给定平面曲线 C：$\rho = f(\theta)$ 的极径方向增加或减少一个定长线段 b，这样得到的曲线 $\rho = f(\theta) \pm b$ 称为曲线 C 的蚌线，或称为一般蚌线，圆的蚌线就是帕斯卡蜗线.

我们看到阿基米德螺线、帕斯卡蜗线（蚶线）、尼科梅德斯蚌线这些曲线都跟有壳软体动物（螺、蜗、蚶、蚌）有关，可以说，极坐标系更贴近现实世界.

附录 ❶

外旋轮线

追踪围绕半径为 R 的固定的圆外侧滚转的半径为 r 的圆上的一个点而得到的轨迹线，这个点距离外部滚动的圆的中心的距离是 d.

外旋轮线的参数方程是：

$$x = (R + r)\cos t - d\cos\left[(R + r)t/r\right]$$
$$y = (R + r)\sin t - d\sin\left[(R + r)t/r\right]$$

特殊情况包括 $R = r$ 的蜗线和 $d = r$ 的外摆线.

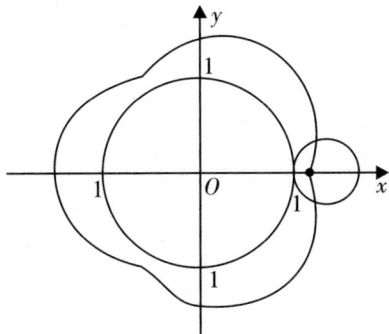

图30

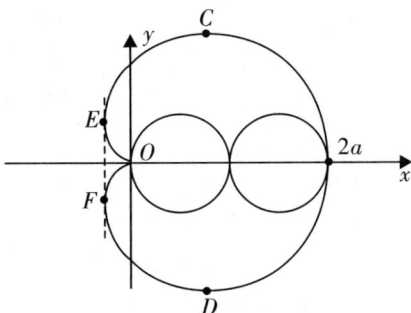

图31

附录 ❷

几何作图三大难题

著名的尺规作图三大难题是指如下三个问题：

（1）立方倍积：求作一立方体，使其体积是已知立方体体积的两倍；

（2）三等分任意角；

（3）化圆为方：求作一正方形，使其面积等于一已知圆的面积.

古希腊人在数学史上的地位无人可以替代．他们研究的主要目标之一是用数学来了解宇宙是怎样运转的，而且把重点放在抽象推理方面．古希腊人认为直线和圆是基本图形，而直尺和圆规能使其具体化，因此用这两种工具作图比较好．其他机械工具过于依赖感觉境界而不甚依赖思想境界，这与他们崇尚理性的风格背道而驰．因此，他们立下规矩：几何作图只能用直尺和圆规.

两千多年来，尺规作图三大难题引起了许多数学家的兴趣，对其深入研究也引出了大量的新发现．例如，导致了许多二次曲线、三次曲线以及几种超越曲线的发现，促进了关于有理数域、代数数和超越数、群论等理论的发展，并促进了微积分的先导——穷竭法的发展．1837 年，法国数学家旺策尔（Wantzel）证明了三等分任意角和立方倍积问题都不可能用尺规作图．化圆为方问题相当于用尺规作出 π 的值．1882 年，德国数学家林德曼（Lindemann）证明了 π 是超越数（它不是任何一个整系数多项式方程的根），从而证明了化圆为方不可能.

近代数学欣赏

我们在本书前文中，通过大量的篇幅探究了数的发展规律：自然数—整数—有理数—实数—复数。一直到复数，可以说数的发展到头了，同时，也得出了代数基本定理："任何复系数一元 n 次多项式方程在复数域上至少有一根（$n \geq 1$）."由此推出，n 次复系数多项式方程在复数域内有且只有 n 个根（重根按重数计算）。通过代数的形式，我们把复数称为二元数，也很自然会联想到形式上的三元数、四元数等问题。我们在网上读到转自《环球科学》的一篇文章《超越三维空间的奇异数系：没有它，就没有现代代数》（撰文：查理·伍德，翻译：潘磊，审校：杨心舟，本书笔者对该文略作删改），现录于此，大家一起来欣赏现代代数的魅力吧。

超越三维空间的奇异数系：没有它，就没有现代代数

我们在 1.4 中分析了数集 $Q(\sqrt{2}) = \{a + b\sqrt{2}; a, b \in \mathbf{Q}\}$，对加、减、乘、除运算封闭。自然想到，若在 $Q(\sqrt{2})$ 中再扔进 $\sqrt{3}$ 成 $Q(\sqrt{2}, \sqrt{3})$ 会如何？发现形如 $a + b\sqrt{2} + c\sqrt{3}$ 这样的两个数做乘法，会产生 $\sqrt{6}$，所以这样的 $Q(\sqrt{2}, \sqrt{3})$ 不封闭。但 $Q(\sqrt{2}, \sqrt{3}, \sqrt{6}) = \{a + b\sqrt{2} + c\sqrt{3} + d\sqrt{6}; (a, b, c, d \in \mathbf{Q})\}$ 对加、减、乘、除运算封闭。

如果将 $a + b\sqrt{2}$ 此类数看成二元数，将 $a + b\sqrt{2} + c\sqrt{3}$ 此类数看成三元数，将 $a + b\sqrt{2} + c\sqrt{3} + d\sqrt{6}$ 此类数看成四元数，发现这样的二元数与四元数对加、减、乘、除运算封闭，而三元数不封闭，那么是不是无三元数？

类比于此，复数是真正的二元数，那么有三元数与四元数吗？这个想法由数学家威廉·哈密顿（William Rowan Hamilton）实现了。

19 世纪发现的"四元数"永久地改变了物理学和数学，它给予了数学家们一种描述空间旋转的新方式。

如果把指向 3 点的时针往回拨动到 12 点，会经历怎样的过程？数学家早就知道如何将这种旋转简化成一个乘法运算：用一个数表示时针在平面上的初始位置，再乘上另一个常数 i。那么用相同的技巧描述三维空间中的转动可行吗？常识认为是可以的，但 19 世纪最杰出多产的数学家之一威廉·哈密顿却花费了十多年的时间才找到用于描述三维空间旋转的数学概念。数学中仅有四个数系能准确遵循标准算法的近似模拟，哈密顿解决的方法是第三个，这一成果促进了现代代数的兴起。

1. 三维乘法问题

第一个数系是实数系。实数包括了我们在中学学到的所有数，比如 -3.7 和

42；这一系列数字可以有序地从最小排列到最大．文艺复兴时期的代数学家偶然发现了第二个可以用来加、减、乘、除的数系．如果想让一些方程存在解，就必须引入一个新的数——虚数 i，一个完全不存在于实数系中的数．如果把实数想象成一条直线，那第二个数系就是一步踏进了"复平面"．在这个平面世界中，"复数"表示一个个类似箭头的矢量，可以通过加法和减法来滑移，或通过乘法和除法进行转动和拉伸．

在经典力学和量子力学中有一个与哈密顿同名的算法，叫作"哈密顿函数"，这位数学家曾希望通过添加一个假想的 j 轴从复平面变换至三维空间．但三维空间中一些奇特的性质推翻了哈密顿想到的一个又一个体系．"他一定尝试过千百次但没有一个体系成功．"加州大学河滨分校的数学家约翰·拜艾兹（John Carlos Baez）感慨道．问题就在于乘法，在复平面里，矢量的转动要通过乘法实现．无论哈密顿如何定义三维中的乘法，始终无法反过来让对应的除法重现有意义的结果．

要理解三维转动为何如此复杂，可以对比转动方向盘和旋转地球仪：方向盘外周的所有点以相同方式一起运动，所以它们的矢量只需要乘同一个（复）数；但地球仪（球体）上的点，靠近赤道的速度最快，而越往两极越慢，更关键的是，两极不会有任何运动．拜艾兹解释说，如果三维旋转和二维一样，理论上所有的点都会移动．

2. 四元数的诞生

1843 年 10 月 16 日，一个惊人的解决方法在哈密顿脑中乍现，兴奋的哈密顿立刻将相关方程刻在了都柏林的金雀花桥上．只要把球体放在一个更高的维度里，它的转动就会更接近于二维的运动．首先需要三个虚数轴 i, j, k，再加上一个实数轴 a，就可以定义四维空间的矢量．哈密顿命名这一类新的数为"四元数"（quaternions）．在当天夜幕降临时，他已经勾勒出三维矢量转动的大致图景：简洁的四元数能表示这些复杂的转动，其中只需要一个不等于 0 的实数 a 和三个虚数 i、j、k，同时他把代表三个方向的虚数称作"矢量"．转动一个三维矢量等同于乘一个有序的四元数，四元数包含了转动方向和角度的信息．

所有对实数和复数有效的操作都可以作用在四元数上，除了一个难以调和的差异．在实数系中 3×2 等同于 2×3，但在四元数系中乘法顺序不可交换．尽管四元数确实有效描述了现实物体的转动，但数学家从未在数系中发现过这样奇特的性质．举个例子，把你的手机正面朝上水平放置；让它向左转 90°，然后向远离你的方向翻转，注意此时手机摄像头的朝向；然后将手机正面重新朝上水平放置在最初的位置，先让手机向远离你的方向翻转再向左旋转，观察现在的朝向．那么现在的摄像头为什么指向右边？这令人惊讶的现象，即非交换性，被证明是四元数与现实共有的特性.

但新数系中蛰伏着一个问题. 当手机或矢量以任何方式转动了360°, 而在四维空间中, 四元数只是描述其转动了180°. 你需要两次完全的旋转才能让表示手机或矢量空间位置的四元数回到最初的状态.(只翻转一次, 四元数的符号会相反, 因为虚数的平方是 −1.)

颠倒的矢量会产生虚假的负信号, 这可能会严重破坏物理体系, 因此哈密顿在桥上刻下发现后的近四十年, 物理学家彼此论战欲阻止四元数成为描述转动的标准. 而耶鲁大学教授约西亚·吉布斯(Josiah Willard Gibbs)定义现代矢量时, 抵制行为爆发了. 要确定第四维度非常麻烦, 吉布斯通过完全删去变量 a 以精简哈密顿的发现: 吉布斯得到的"四元数系"在保留 i, j, k 三个符号, 没有实数变量 a 的情况下, 把四元数乘法简化拆分成独立的矢量相乘, 即现在每个数学、物理专业本科生都会学到的点乘(数量积)和叉积(向量积). 一些哈密顿的支持者把新的系统看作"怪物", 而现代矢量拥护者则贬低四元数是"无理纠缠"和"纯粹的邪恶". 论战在期刊和文册上持续多年, 最终现代矢量凭借其易用性走向胜利.

四元数就是形如 $a+bi+cj+dk$ 的数, a, b, c, d 是实数. 四元数的乘法不符合交换律.

$i^2 = j^2 = k^2 = i \cdot j \cdot k = -1$, $i^0 = j^0 = k^0 = 1$;

$ij = k$, $ji = -k$, $jk = i$, $kj = -i$, $ki = j$, $ik = -j$.

$\sqrt{a^2 + b^2 + c^2 + d^2}$ 称为四元数的模.

对于 i, j, k 本身的几何意义可以理解为一种旋转.

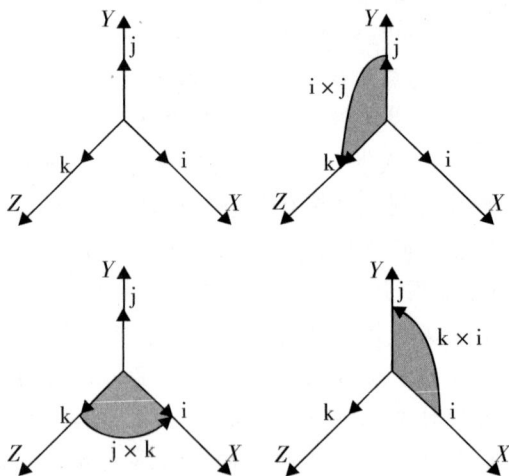

图1

3. 四元数新应用

四元数本会随着新系统的应用逐渐消失，但 20 世纪 20 年代量子力学揭开了它的真正身份．对光子和其他传递作用力的粒子（玻色子）来说，旋转一周就是正常的 360°；但电子和其他构成物质的粒子（费米子）需要旋转两周才能回到最初位置．哈密顿建立的数系一直描述的就是这些类似费米子，尚未发现却真实存在的物质特性，它们现在被称为"旋量"．

尽管如此，物理学家在日常计算中从不会采用四元数，因为以矩阵理论为基础，目前已经发展出了解决复杂旋量的替代运算方式．只是在最近几十年，四元数有了复苏的迹象．它们不仅被应用到计算机图形学中，作为计算转动的有效工具，还存在研究高维空间复杂表面的几何领域．

超凯勒流形（Hyper Khler manifold）是一类特殊表面，能够可逆地在矢量群和旋量群之间转换——统一了那场矢量代数战争的双方；超凯勒流形有独特的魅力，因为一直以来矢量描述玻色子的运动，而旋量只描述费米子的运动．物理学家对超凯勒流形有极大的兴趣，他们想知道自然界中的物质和力之间是否存在对称性，即"超对称性"．（如果真的存在，超对称性在我们的宇宙中必然要被严重破坏．）

同时对数学家来说，四元数从未真正失去它的光芒．"从哈密顿创造四元数的那一刻起，每个人包括他的兄弟决定去建立他们自己的代数体系，"拜艾兹说，"大部分完全无用，但最终……他们发展出了现在我们所知的抽象代数，也就是现代代数．"今天，抽象代数学家研究多种多样的数系，这些系统具有多种维度和各异的性质．

第四个也是迄今为止的最后一个数系，由哈密顿的朋友约翰·格雷夫斯（John Graves）在四元数出现后不久建立，目前存在潜在的巨大价值．它允许乘法模拟和相应的除法运算．一些物理学家猜想这些奇特的八维空间"八元数"可能在基础物理学中发挥着重要作用．

牛津大学的几何学家奈杰尔·希钦（Nigel J. Hitchin）说了他的看法："基于四元数，还有很多的几何学研究等待发掘……但如果你想要触摸新的前沿，那将是八元数的空间．"

参考文献

［1］菲赫金哥尔茨．微积分学教程［M］．徐献瑜，冷生明，梁文骐，等译．北京：人民教育出版社，1979.

［2］谈祥柏．乐在其中的数学［M］．北京：科学出版社，2005.

［3］乔治·波利亚．数学的发现：对解题的理解、研究和讲授：第一卷［M］．欧阳绛，译．北京：科学出版社，1982.

［4］梅向明，等．高等几何［M］．3版．北京：高等教育出版社，2012.

［5］罗碎海．数学探究与欣赏［M］．广州：暨南大学出版社，2010.

［6］微信公众号：马同学高等数学、哆嗒数学网.